ファイナンスを
めぐる冒険

組織のパーパスに
適した資金調達は
どうすればできるのか

Aunnie Patton Power
オーニー・パットン・パワー

Zebras and Company 監訳
月谷真紀 翻訳

Adventure
Finance
How to Create a Funding Journey
That Blends Profit and Purpose

英治出版

ファイナンスをめぐる冒険

組織のパーパスに適した資本調達はどうすればできるのか

First published in English under the title

Adventure Finance;
How to Create a Funding Journey That Blends Profit and Purpose

by Aunnie Patton Power, edition: 1

Copyright © The Editor(s) (if applicable) and The Author(s), under exclusive license to
Springer Nature Switzerland AG, 2021 *

This edition has been translated and published under licence from
Springer Nature Switzerland AG
through Japan UNI Agency, Inc., Tokyo.

Springer Nature Switzerland AG takes no responsibility and shall not be made liable for
the accuracy of the translation.

*to be reproduced exactly as it appears in the original work

》 監訳者まえがき

こんにちは。
ファイナンスをめぐる冒険へようこそ。

「会社を始めるから元手となる資金を調達したい」
「事業が成長してきたので、次なる成長のための資金が欲しい」

　起業家・経営者であれば、誰しも向き合うことになるのがファイナンス。ところが未来を明るくさし示すピカピカのビジネスモデルや、社会的インパクトを生み出すまで絶対にやり遂げるというコミットメントがある方はたくさんいる一方で、ファイナンスにまで長けた起業家・経営者は少ないのが現状でしょう。

　未上場／非上場企業のファイナンスの選択肢と言えば「デット（銀行融資）」か「エクイティ（エンジェル及びVCによる投資）」の2つ、それにせいぜい助成金の活用があるくらいで、他の選択肢はほとんど知られていません。このことは本書のイントロダクションでも触れられており、海外も日本も状況は変わらないということでしょう。勘の良い方から「つまり、可能性しかないということか」という声が聞こえてきそうです。

　この本が提示する多種多様なファイナンス手法は、現在の少々退屈なファイナンスの在り方を一変させ、「このような形もあり得るんだ」「この手法なら無理なく資金調達できそう」などという希望を与えてくれるでしょう。

　起業家・経営者はもちろん、彼らを応援したいと思っている資金提供者にも新しい選択肢や気づきをもたらし、両者が長期的に手を携えて、共に美しい未来を創造していく可能性を秘めています。

改めまして。英治出版と共にこの本の出版を企画し、監訳をつとめた株式会社ゼブラアンドカンパニーの田淵良敬と阿座上陽平です。
　私たちは社会性と経済性を両立する会社を「ゼブラ企業」と呼び、そういった会社を増やしていくために、投資や経営支援などを行なっています。短期間に急成長を遂げる企業を「ユニコーン」と表現するのに対して、長期的に社会的インパクトを生み出しながら成長するのが「ゼブラ企業」です。
　本書にはそのような「ゼブラ企業」がたくさん出てきます。
　著者のオーニー・パットン・パワーは、ゼブラ企業をエンパワーメントする世界的な組織でゼブラアンドカンパニーのパートナーでもある「Zebras Unite」に関わっています（その日本支部は私たちが運営しています）。それゆえ本書には、社会性と経済性を両立する事業の事例が多く登場し、その成長や収益性、経営者の哲学や企業のパーパスに合わせたファイナンスのあり方が綴られています。ユニコーンのためのVC型ファイナンスや、これまでの一般企業向けの銀行融資でもなく、VC型ファイナンスではイグジットの可能性が低いとされてきた社会的企業向けに創意工夫したファイナンス手法の集積なのです。

　では実際にどのような手法があるのでしょうか？　ざっと挙げるだけでも、コンバーティブル・デット契約、将来株式取得略式契約（SAFE）、メザニン・デット、償還可能株式、レベニュー・ベースド・ファイナンス（RBF）、返済免除条件付融資、転換権付助成金、エクイティ（株式投資型）・クラウドファンディング……。エクイティ、デット、助成金、クラウドファンディングの中でもさまざまな種類があり、それらを組み合わせた多種多様の手法があるので、まさに選択肢は無限です。
　実際に日本でも、オルタナティブなファイナンス手法にチャレンジしている企業が既に出現しています。例えば海藻養殖のスタートアップである合同会社シーベジタブルは、本書の第3章でも説明している「サプライチェーン・ファイナンス」という手法を活用しています。
　彼らは磯焼けによって減少している海藻を、環境負荷の少ない陸上栽培

と海面栽培によって蘇らせ、海藻の新しい食べ方を提案していますが、その施設を作るためには初期投資が必要です。ところが合同会社なので株式による増資の選択肢がなく、金融機関からの借入も株式会社よりハードルが高い。そこで、海藻の仕入れ業者に先行投資分のお金の一部を借りて長期の売買契約を締結することで、商品を供給しながら返済するという「サプライチェーン・ファイナンス」を利用しているのです。海藻の仕入れ業者は気候変動により海藻の収穫量が減っていることから、資金力があっても安定した仕入れが非常に難しい状況に陥っています。一方でシーベジタブルは養殖によって、安定供給が可能という優位性を持ち合わせています。シーベジタブルは返済計画をもとに取り決めた期間に海藻の安定供給を行い、海藻の仕入れ業者はその期間に安心してビジネスを推進することができる。さらに販路が確約できているので金融機関も融資しやすくなるということで、実際に彼らは地銀からの資金調達も実現しています。まさに理想的なファイナンススキームと言えるでしょう。

　本書の版元である英治出版も事業承継の目的に沿う手法として、種類株の中でも拒否権をもつ「黄金株（拒否権付き株式）」を活用することで、パーパスや組織文化を守りながら株式譲渡を行うというスキームを、ゼブラアンドカンパニーが提案・サポートして実施に至っています。

　ベンチャーだからエクイティ、事業会社だから銀行融資というような従来の前提を取り払い、さまざまな選択肢の中から、自分たちに一番フィットするファイナンス手法を選択して事業の成長をデザインしていくべきです。

　特にスタートアップが資金調達を行う際、すぐにでもキャッシュが必要なので時間軸が優先になりがちです。またファイナンスの知識が乏しい場合、事業のステージ毎に発生するリスクや回避方法まで想定してから調達することはなかなか難しい。そのため、後に出資者との齟齬が生まれたり、VCの意向が事業をドライブさせる足枷になったりして揉めてしまうようなケースも見受けられます。そのような場合、さもVCが悪者のように扱われることがありますが、そもそも他のファイナンス手法を知らず

に、起業家・経営者が意思決定したことにも問題があるでしょう。

　起業家・経営者と資金提供者の間で、まずはビジョンやパーパスに対する相互理解を深めることが大切です。その上でガバナンスを元にファイナンスの戦略を組み立ていく訳ですが、ファイナンスは事業が拡大するにつれてどんどん重要度が高まっていく傾向があります。ですから起業家・経営者の方々は、資金調達時には想像しにくいリスクが潜んでいることを認識し、ぜひ本書をもとにファイナンス手法についてインプットしてください。

　本書の読み方ですが、一旦全体にざっと目を通してどんなファイナンス手法があるのかを俯瞰し、その上で興味のある手法について深掘りしていくと良いかもしれません。というのも、読み進めていくと所々で資金調達時における企業評価額や返済の目論見に関する数字が出てくるため、少し読みづらいと感じることがありそうだからです。実務として評価額やコストの計算に携わる方でなければ、ひとまずは該当部分を飛ばしながら最後まで読んだ後、飛ばした部分をじっくりと読み返すようにしてみてください。巻末の用語解説も理解を深めるのに役立つでしょう。

　本書によって新しいファイナンスの選択肢と出合い、自分たちらしい事業運営ができる起業家・経営者、そして企業の世界観やニーズを満たせるような資金提供を行う投資家・金融機関・財団等が増え、その相互作用で社会的インパクトを生み出していければ、より明るい未来が拓けます。本書は単に多様なファイナンス手法を紹介するだけではなく、すべてのステークホルダーが共生して美しい社会を描き出すための指南書といえるでしょう。

　本書が「お金とパーパスの接続性」やその「事業の持続可能性」について、セクターを超えて考え学び合うきっかけになることを願っています。

2024年10月
株式会社ゼブラアンドカンパニー
田淵良敬、阿座上陽平

» イントロダクション

　こんにちは！　革新的な資金調達の世界にようこそ。この本を手に取ってくださったのなら、きっとあなたは自分の組織のために資金調達したいか、組織に資金を投資したい人でしょう。あるいは、当事者ではないけれど**スタートアップ**や**中小企業**への新しい投資方法を知りたいと関心を持っている人のはず。この本を選んでくださって正解です。

　本書はあなたを資金調達の世界にご案内します。この旅では、ありとあらゆる組織や企業のニーズに合った選択肢を探訪します。道中では、**創業者**、**資金提供者**、コミュニティにとって妥当な資本配分に創意工夫を凝らしている、場合によっては少々のテクノロジーを活かしている、さまざまなタイプのファイナンス・ストラクチャーを評価していきます。また、あなた自身の資金調達や投資の目標を見きわめ、計画するために必要なツールも探っていきましょう。

　この本を読み進めるあなたに、『オズの魔法使い』のあのシーンのような感覚を味わってもらえたらと願っています。冒頭の、すべてがモノクロで始まり、ドロシーの家が地面に降りて彼女がドアを開けたとたん、すべてがあざやかな色彩で目に飛び込んでくるシーンを覚えていますか？　今のあなたは資金調達の選択肢がベンチャーキャピタルと**銀行融資**と**助成金**しかないと思っているかもしれません。でも実は、検討対象となる選択肢は虹のように多彩に存在するのです。

この本の目的

　本書を手に取ったということは、私と一緒にこの旅に出たい理由がきっとあなたにはあるのでしょう。

　あなたが**創業者**だとしたら、万策尽きているのかもしれません。自分の

事業にふさわしい資金調達方法を見つけられずに悩んでいる。従来のベンチャーキャピタル・モデルに取り込まれたくない、かといって銀行融資の資格条件を満たすには**資産**も実績も足りない。たぶんあなたは、ミッションに忠実であり続けるパーパスドリブンな企業か、持続可能な**収入源**作りを目指す**非営利団体**か、外部の株主を入れないコミュニティ重視型の組織を作ろうとしている。

あなたが**資金提供者**だとしたら、手持ちのツールに同様の物足りなさを感じているかもしれません。従来のエクイティ〔資本金〕やデット〔借入〕や助成金の枠におさまらないビジョンを持つ有望な創業者が目の前にいて、その人の事業構築を助ける方法がないものかと思っている。

もしかしたらあなたは、アーリーステージの資金調達にまつわる問題を見てきた政策担当者、学者、学生、あるいは顧問で、雇用創出と経済成長のエンジンとなる将来有望な若い企業を支援するための、もっと良い方法を見つけたいと決意しているのかもしれません。

私は10年以上前からパーパスドリブンな企業の資金調達を支援してきたので、あなたの気持ちがよくわかります。この本を書くために私は150人以上の創業者と資金提供者をインタビューしましたが、取材では必ず、同じような不満を聞きました。

資金調達に苦しんだクリエイティブ・アクション・ネットワーク

一例として、クリエイティブ・アクション・ネットワーク（Creative Action Network, CAN）のアーロン・ペリー・ザッカーとマックス・スラヴキンを紹介しましょう。CANはパーパスをもってパーパスのためにアートを制作するアーティストとデザイナーの世界的なコミュニティを中心に作られた、営利の**社会的企業**です。CANはまさにこの本を書くきっかけとなったタイプの企業です。同社は従来のベンチャーキャピタルにはそぐわないけれど、事業を成長させるために資本と応援してくれる資金提供者を必要としていた、パーパスドリブンな企業なのです。

アーロンとマックスはグラフィックデザイナーですが、政治にも熱心

で、2008年にアメリカ大統領選のために誰でもポスターアートをアップロードでき、無料でその作品をダウンロードして印刷できるウェブサイトを立ち上げる、というすばらしいアイデアを思いつきました。このサイトは大成功しました（そう、あの有名なオバマのポスターを知っているでしょう？　あれはアーロンとマックスのウェブサイトだったのです。実はサイトはもともと「デザイン・フォー・オバマ」という名前でした）。あのウェブサイトが発展してCANになったのです。

　多くの起業家と同じように、マックスとアーロンもスタートアップが成功するための手段は知っているつもりでした。**アクセラレーター**プログラムに参加して、ベンチャーキャピタルから多額の資金を調達し、ひたすら成長を続け、その後自分たちの事業をもっと大きな会社に売却するか株式市場に上場させる。だから2人はそのルートにチャレンジしました。2人はあるアクセラレーター（「メディアに良い変化を起こす」企業を対象としたマター・Vcというプログラム）に参加できました。**資金提供者向けプレゼン資料**も作成しました。つてをたどってサンフランシスコのベンチャーキャピタル企業に接触しました。しかし50回面談して50回断られてから、マックスとアーロンはさとったのです。CANはこのような投資家に向かないのだと。2人が面会したベンチャーキャピタル企業は、社会課題に取り組むアート市場におけるCANの規模拡大（と利益）の可能性に興味をそそられず、マックスとアーロンが会社の**社会的ミッション**にかける思いを理解できませんでした。CANのミッションにはアーティストに長期的に会社の**所有権**を持たせることも含まれていました。

　CANが遭遇した資金調達の難しさは、社会的企業に、いや、成長のスピードがゆるやかな組織にも共通しています。多くの主流のベンチャー投資家は、**社会的インパクト**と収益性がいかに両立できるかを理解していないのです。

「こんな資金調達方法があったのか！」

　CAN を**ブートストラッピング**してささやかな収益を増やしながら 3 年目にしてようやく、アーロンとマックスは**インパクト投資**の世界を知りました。インパクト投資とは、企業が社会貢献をしながら利益を上げられるはず——そして実際にその 2 つを両立すべきだという考えに基づいた資金源です。CAN の創業者 2 人はパーパス・ベンチャーズ（Purpose Ventures）というベンチャー投資会社を紹介され、そこで初めて、資本を必要としているけれど独立性を保ち**従業員所有権**を守りたい企業向けの、ユニークな所有権モデルについて耳にしました。**スチュワード・オーナーシップ**と呼ばれるこのモデルは、存在意義が株主利益の最大化にとどまらない CAN のような企業にとって理想的でした。パーパス・ベンチャーズはアーロンとマックスに、CAN がミッションを手放すことなく必要な資本を獲得できるような投資契約を構成するプロセスを、喜んで手ほどきしてくれました。

　あなたがこの話を読んで「私もパーパス・ベンチャーズのような会社を見つけなくては！」「私もパーパス・ベンチャーズのような会社になりたい！」と思ったとしたら、とても嬉しいことです。これこそ多くの会社が求めているのにほとんどの資金提供者が応えられていないことなのです。主流の**ベンチャーファイナンス**の現場においては、ベンチャーキャピタル出資は**リスク資本**と同義であり、昨今では CAN のような若い企業にとって唯一の資金調達方法と思われがちです（同じくほとんどの企業には利用できない従来の銀行融資を除いて）。問題は、従来のベンチャーキャピタル出資は対象が狭いことです。**アセットライト**で、テクノロジーを活用し、**指数関数的成長**を目指す企業が好まれます。ほとんどの企業はこれに当てはまりません。

　だから、この本を書きました。あなたは創業者として、あるいは資金提供者として、自分と自分が作りたい会社や組織にふさわしい資金調達の道筋を計画できなければなりません。この本は、マックスとアーロンの話のようなさまざまな事例を詳しく紹介していき、ツールとリソースと役に立

つフレームワークを山ほど示しながら、あなたのお手伝いをすることを目指しています[1]。

コミュニティ重視型の資金調達はどうすればできるか

　本題に入る前に、マックスとアーロンの CAN とパーパス・ベンチャーズが資金調達をめぐってどうなったのか、その後を見てみましょう。パーパス・ベンチャーズとの出会いは間違いなく、CAN の創業者 2 人がずっと探していた突破口となりました。パーパス・ベンチャーズは 2 人のビジョンとミッションに合致する資金提供に喜んで応じてくれる投資家だったのです。両社は、CAN が成長するためのリスク資本にアクセスでき、しかもマックスとアーロンが会社の利益で投資家の持ち株を買い戻すことによって長期的に会社の所有権を維持できる投資モデルの契約書を作成しました。

　もちろん、このモデルが具体的に形になるには時間がかかりましたし、簡単ではありませんでした。投資家を獲得するのに 6 カ月、法的書類を整えるのにさらに 6 カ月かかりました。しかし最終的に、この新しいストラクチャーのおかげで CAN は 38 万ドル調達できました。マックスとアーロンが CAN のアーリーステージの資金ニーズを満たすために目標にしていた金額を 3 万ドル上回ったのです。

　マックスとアーロンのように条件交渉に 1 年もかけるなんてあまりにも大変だと思うかもしれません。しかし、2 人はその時間と労力に見合う価値があると感じたのです。なぜか。「このモデルを利用することによって、もし創業者がクリエイティブ・アクション・ネットワークを去ることになったとしても、会社の経営権が投資家ではなく所属アーティストとコミュニティのものであり続けることを保証できたからです」とマックスは説明してくれました。

---

1) 投資契約の締結にオタク的な関心のある人、教科書の補遺が大好きな人には、オンライン・コンパニオン〔補足解説のウェブサイト〕を用意しました。https://www.adventure.finance/online-companion.〔オンライン・コンパニオンは英語版のみになりますが、日本語版の補足解説のウェブサイトでは日本の事例などを載せています。https://www.adventurefinance.help〕

こうした「オルタナティブな」資金調達の選択肢がともすれば大変そう、わかりにくそうに見えてしまうのはたしかです。でもこわがらないで。その旅を私がお手伝いします。このような資金調達手段の中には、誰でも利用できるものもあれば、創業者と資金提供者の双方が積極的に動かなければならないものもあります。すでに触れたように、この本では手段の分析をするだけでなく、資金調達プロセスにも踏み込んで、いかにもっと包摂的でパーパスドリブンにできるかを理解していただくつもりです。ベンチャーファイナンスの難しさは、時としてそのストラクチャーではなくプロセス自体が、有望な創業者を排除してしまうところにもあるのです。

ファイナンスをめぐる冒険
もくじ

監訳者まえがき　3
イントロダクション　7
この本の使い方　17
本文に入る前に——あなたの資金調達の地図を描きましょう　19

Part 1
エクイティとデット
——資本金と借入、どちらがいいの？　22

第1章　エクイティ〔資本金〕による資金調達
　　　　——ヘリウム・ヘルス　24

第2章　デット〔借入〕による資金調達——SOKO　39

第3章　トレードファイナンス
　　　　——パワード・バイ・ピープルとイコール・エクスチェンジ　53

第4章　創業者の自己評価チェックリスト　64

第5章　 Part1まとめ エクイティ〔資本金〕とデット〔借入〕　82

Part 2
リスク資本を創業者のニーズに合わせて設計する　90

第6章　ストラクチャードイグジット
　　　　——キャンディード・グループ　94

第7章　償還可能株式——マイターン　105

第8章　優先株式——イコール・エクスチェンジ　117

第9章　レベニュー・ベースド・メザニン・デット
　　　　——プロヴァイヴ　126

第 10 章　ディマンド配当――マヤ・マウンテン・カカオ　141

第 11 章　レベニュー・ベースド・ファイナンス
　　　　　――ゲットヴァンテージと VIWALA　152

第 12 章　(Part 2 まとめ) リスク資本の再設計　163

Part 3
助成金でイノベーションを起こす　172

第 13 章　プログラム関連投資――ハーレム・スタジオ美術館　174

第 14 章　借入保証――ライダーズ・フォー・ヘルス　183

第 15 章　回収可能な助成金
　　　　　――ウパヤ・ソーシャル・ベンチャーズ　193

第 16 章　返済免除条件付融資――イカンヴァユース　202

第 17 章　転換権付助成金――トラッカソーラス　209

第 18 章　(Part 3 まとめ) 革新的な助成金　218

Part 4
資金調達をインパクトにリンクさせたい場合はどうする?　226

第 19 章　金利優遇――マイケル&スーザン・デル財団　229

第 20 章　ソーシャル・インパクト・インセンティブ
　　　　　――クリニカス・デル・アスカル　237

第 21 章　アウトカムベースド・ファイナンス――私の経験　246

第 22 章　(Part 4 まとめ) 資金調達をインパクトにリンクさせる　256

Part 5
資金調達プロセスをまるごと再設計する 264

第 23 章　クラウドファンディング──コード・フォー・オール　267

第 24 章　コミュニティ主導型資本──ヴィレッジ・キャピタル　277

第 25 章　労働者所有協同組合──カル・ソーラー　284

第 26 章　(Part 5 まとめ) 資金調達のプロセス全体を再設計する　296

第 27 章　ミッションを契約に埋め込む　300

Part 6
旅のプランを立てる 308

第 28 章　あなたは何者で、何を必要としているのか？　310

第 29 章　あなたにふさわしい資金提供者のタイプは？　328

第 30 章　あなたに適した資金調達方法は？　339

終わりに　346
謝辞　347
用語解説　351

» この本の使い方

　この本の内容は、私が学生を教え研究してきた10年にわたる経験がもとになっています。そして私は研究者としてなかなかせっかちなたちなので、数多くの実践経験も本書の材料になっています（実践家の学者〔practical academic〕、略して「プラカデミック」とよく名乗っています）。安心してください、この本は教科書ではありません。むしろ、従来の資金調達の方法を改良して、従来のベンチャーキャピタルや**銀行融資**には合わない99％の企業や**非営利団体**にとって、**ベンチャーファイナンス**を使えるものにした**創業者**たちと**資金提供者**たちの事例集と言っていいでしょう。収録した事例は、何ができるのかについてあなたのヒントとなることを目指しています。あなたが自分の選択肢を評価検討してご自身の壮大な資金調達の旅を計画する時間を短縮できるよう、事例の中にツールとフレームワークをちりばめました。

　教え子や同僚が知っている通り、私の授業とワークショップはいつも創業者と資金提供者を混ぜて取り上げています。こうすると、ファイナンスというどこか無味乾燥なトピックがもう少し身近で具体的になり、知識の共有と学習が促進されるからです。この本では、創業者と資金提供者の双方に読んでいただけるよう心がけていますが、第一に想定している読者は創業者です。なぜなら、創業者のニーズがアーリーステージの資金調達オプションの基盤となるべきだからです。

　また、この本はあなたの金融の知識と経験のレベルに関係なく、できるだけわかりやすく親しみやすいものになるよう努めました。とはいえ、もしあなたがアーリーステージの資金調達や金融全般の初心者であれば、巻末の「用語解説」を本全体の参考資料として活用してください。文中の**太字の用語**をリストにしています。補足情報としても役に立つでしょう。

創業者の皆さんへ。個々の事情に合う資金調達の方法を導き出せる簡単な方程式は、残念ながら存在しません。でも、この先の各章の情報が、あなたの組織に最もふさわしい資金調達について大事な意思決定をする際のガイドとして役立つことを願っています。この本を読んだ最大の収穫が、あなた自身の資金調達を計画する自信がつくことであったら最高です。自分が何を必要としていて、どんな資金提供者が自分の会社や組織の成長を最も的確に支援できるのかについて確信が持てれば、あなたの旅路のパートナーとなってくれる資金提供者を見つけやすいし、付き合いやすくなるはずです。

資金提供者の皆さんへ。前半の章に書かれている定義はあまりにも初心者向けだと思われるかもしれませんので、どうぞ飛ばしてください。ただし、創業者と関わる段階になったら改めて読むとよいでしょう。というのも、資金調達の契約を交渉する際に、創業者と資金提供者の間に重大な誤解と意思疎通の齟齬が起きることが多いからです。資金提供者は創業者が投資の基本を理解していると当然のように思いがちで、そのため、自分たちが検討中あるいは交渉中の契約の意味を平易な言葉で説明しないのです。

この本の内容が頭に入ったら、あなたはいよいよ実際の契約締結に臨む意欲がわいているでしょう[1]。

それでは、始めていきましょう！

---

1) オンライン・コンパニオンに、出資契約を構成し、内容を詰め、交渉するために役立つリソース集があります。この資料は世界中の会計制度、税制、規制の変更に応じて今後も更新していきます。

» 本文に入る前に

あなたの資金調達の地図を描きましょう

　他の人たちの資金調達の体験談に飛び込む前に、まずは少し時間をとってあなたの資金調達について考えておきましょう。あなたの組織、資金調達ニーズ、関わってほしい**資金提供者**のタイプについてわかっていること（学ぶ必要があること）は何か。自分の事業の資金調達と言われても、まったく知らない山道を目の前にしたときみたいな気持ちになるかもしれません。でも、前に進むのです。装備を買いに行く前に、出発地点、行き先、そこに行くまでの手段については考えておくようにしましょう。

　表0-1（次頁）に示すのは、**創業者**の自己評価に使える質問リストです。これを頭の片隅に置いてこの本を読み進めるとよいでしょう。本書のところどころで、このリストを見返してもらいます。まず第4章で、一緒にリストの分析を行います（リストの質問に答えるために情報が必要でしたら、どうぞ一気に第4章に飛んでください）。そして最後はパート6で、それまでにご案内した内容と検討してきた資金調達の選択肢を踏まえて、もう一度質問をおさらいします。

　この本を探検しながら自問すべき項目を手元に置いてもらったところで、この先の各章をめぐる冒険のあらましをお伝えしておきましょう。それぞれの章で、あなたが検討できる新しい資金調達オプションを紹介します（図0-1、p.21）。

　いくつかの章では、**投資プロセス**自体をさらに包摂的でミッション重視型にするための選択肢も探求していきます（表0-2、次頁）。

　さて、これで今回の資金調達をめぐる冒険の旅を始めるにあたって必要なツールがすべて揃いました。出発しましょう！

表 0-1　創業者の自己評価チェックリスト

あなたは何者か？	» あなたの会社はどのように登記されているか。 » どのような形で利益を上げるのか。顧客は誰か。 » 会社はどのステージにあるのか。 » 成長の見通しは？
あなたはどのくらいミッションドリブンか？	» 会社にミッションがどのように埋め込まれているか。 » 社会的・環境的インパクトの実績があるか。
あなたの資金調達ニーズは何か？	» 必要な資金はいくらか。 » 何に資金を使う必要があるのか。 » どんな方法で返済したいか。 » 短／中期、長期的に所有権をどうしたいか。 » 資金提供者にどの程度関与してほしいか。
あなたにふさわしい資金提供者のタイプは？	» どのようなタイプの資金提供者がいるのか。 » 資金提供者はどのようなリソースを提供してくれるのか。 » 資金提供者はどの程度のリスクを許容してくれるのか。 » 資金提供者はどのようなリターンを、いつ求めるのか。 » 資金提供者のステークホルダーは誰か。資金提供の承認はどのようになされるのか。

表 0-2　投資プロセスに関する章

第 23 章： クラウドファンディング	第 24 章： ピアベースの意思決定	第 25 章： 従業員所有権への移行

図0-1 ファイナンス・ジャーニーのマップ

章	手段	エクイティ	デット	助成金
第1章	株式	■		
第1章	SAFE / KISS	■		
第1章	コンバーティブル・デット	■	■	
第2章	無担保融資		■	
第2章	担保付融資		■	
第2章	ベンチャーデット	■	■	
第2章	メザニン・デット	■	■	
第3章	インボイスファクタリング		■	
第3章	サプライチェーン・ファイナンス		■	
第7・8章	償還可能株式	■		
第9・10章	コンバーティブル・レベニュー・ベースド・ファイナンス（コンバーティブルRBF）	■	■	
第11章	レベニュー・ベースド・ファイナンス（RBF）		■	
第13章	プログラム関連投資（PRI）	■	■	■
第14章	保証		■	
第15章	回収可能な助成金			■
第16章	返済免除条件付融資		■	■
第17章	転換権付助成金	■		■
第19・20章	インパクト・リンクド・ファイナンス	■	■	■
第21章	ソーシャル・インパクト・ボンド		■	■
第23章	エクイティ〔株式投資型〕・クラウドファンディング	■		
第23章	デット〔借入型〕・クラウドファンディング		■	
第23章	購入型クラウドファンディング		■	
第23章	寄付型クラウドファンディング			■

Part 1

エクイティとデット
──資本金と借入、どちらがいいの？

このパートでは、エクイティ〔資本金〕とデット〔借入〕による資金調達の基本を、少し応用を加えつつ探っていきます。第1章では、ヘリウム・ヘルスの**創業者**に伴走しながらエクイティ〔資本金〕による資金調達の旅を体験します。簡単に言うと、エクイティとは会社の**所有権**のこと。エクイティ資本を調達する場合には、あなたの会社の所有権を売ることになります。

　第2章と第3章では、SOKO、パワード・バイ・ピープル、イコール・エクスチェンジの創業者と一緒にデット〔借入〕による資金調達の旅に出かけます。デット〔借入〕とは会社のための資金を借りて、借りたお金を返済する約束をすること。一般的には利息をつけて返済します。借入金を提供する側は、もしその会社が**債務不履行**、つまり借入金の返済をしない場合には差し押さえることができる**担保**を価値のある有形資産という形で求めることがよくあります。また、借入金提供者は信用履歴、つまり複数年の監査済財務諸表か他の借入金の返済履歴も求めます。この2つの章で見ていくように、従来の担保を入れなくても、**ファクタリングやサプライチェーン・ファイナンス**を使うことによって、借入契約を行える革新的な方法がいくつかあります。**メザニン・デットとベンチャーデット**という選択肢も見ていきます。これらは、借入金の提供者に対して**アップサイド**（追加のリターン）を約束することにより、急成長中の会社につきものの追加的リスクを取るインセンティブを与える選択肢です。

第1章 Equity Financing: Helium Health

エクイティ〔資本金〕による資金調達
――ヘリウム・ヘルス

　では、出発しましょう。最初の旅の行き先はナイジェリアです。この国で、ディメジ・ソフォウォラ、ティト・オヴィア、アデゴケ・オルブシは2016年にヘリウム・ヘルス（Helium Health）を創業しました。きっかけは、ナイジェリアの医療システムにまつわる自身の体験と不満でした。会社のエクイティ〔株式〕を売却することによって資金調達する選択肢を模索した彼らの道のりを、一緒にたどりましょう。

　この先を読むとわかるように、ヘリウム・ヘルスはロケットシップ企業、つまり**指数関数的成長**を見込んでいる企業であり、ベンチャーキャピタリスト（VC）から資金調達しています。この本はロケット並みの急成長を見込んでいない99％の企業のためのものです、とイントロダクションで言ったのになぜ、彼らの話から始めるのか。本書を通してお話ししていく革新的な資金調達ストラクチャーの多くは、エクイティファイナンス〔株式を売却することによる資金調達〕の要素を使っています。ですから、これを創意工夫する前にまず通常のエクイティ〔資本金〕の基本的な仕組みを理解することが大切です。ヘリウム・ヘルスの話はあらゆるエクイティ〔資本金〕の選択肢のよい紹介になるのです[1]。

「ここにはチャンスがある」

　ヘリウム・ヘルスの出発点は、ナイジェリアの医療セクターが危機に瀕しているという事実にありました。ナイジェリアは世界7位の人口を擁しており、医療システムは国民のニーズの大きさに比べて資金が圧倒的に

1）エクイティ〔資本金〕による資金調達について、より詳しくは第4章にまとめています。

足りていません。ヘリウム社を創業したディメジとティトとアデゴケはこの危機を身をもって体験し、2016年に、解決策を編み出せないかとシステムの裏にある課題を調査し始めました。

　そしてわかったのは、ナイジェリアの医療セクターがデータに大きな問題を抱えているということでした。利用できるデータがきわめて断片的なうえに、その正確さを判断するのはほとんど不可能でした。ディメジとティトとアデゴケは、この問題を解決するにはデータ連携の起点から手をつけ、患者が病院に入ってから出るまでの経緯をすべて追跡し記録するしかない、とすぐに理解しました。

　3人は、病院と診療所の電子カルテ管理を支援することを目指すSaaS（Software-as-a-Service）プラットフォームとしてヘリウム・ヘルスを創業しました。会社は、電子カルテ（EMR）システムの設計と試験導入にまずは取り組みました。ナイジェリアの医療セクターのデジタルリテラシーが低いことは早い段階でわかりました。しかしナイジェリア人はソーシャルメディアを熱心に利用します。そこでヘリウム社はEMRの第1バージョンをソーシャルメディアに使い勝手の似た設計にし、備考欄にチャットのような機能をつけ、単純なユーザーインターフェース（UI）にしました。非常に直感的に使えるインターフェースだったおかげで、看護師にシステムのデモンストレーションを始めてみると、数日でスタッフのトレーニングを完了できました。

　パイロット版は大成功をおさめ、1年目の末にヘリウム社はナイジェリア大統領から将来有望な**スタートアップ**に贈られる賞を受賞し、誰もがうらやむエティサラット・イノベーション賞を獲得しました。多くの起業家と同じく、ディメジとティトとアデゴケは会社の創業資金を**友人、家族、「愚か者（Fools）」**（一般的に**3Fs**と呼ばれる）に頼りました。この最初期段階の資本のおかげで、3人は会社の黎明期にプロトタイプを作ることができたのです。

　しかしヘリウム社がEMRシステムを作り続けるためにはまとまった金額の資金が必要でした。そこで創業者たちは次の段階、エクイティ〔株式〕発行による資金調達の第1ラウンドに進むタイミングだと判断しました。

このような「プレシード」または「シード」ラウンドで調達する金額は一般的に100万ドル未満で、**エンジェル投資家**、ベンチャーキャピタリスト（VC）、ないし**インキュベーター**から出資を受けます。エンジェル投資家は多額の金融資産を持つ個人（HNWI：ハイ・ネット・ワース・インディビジュアルズ）もしくはHNWIのネットワークで、この人たちが生まれたての企業に資本を投入し、企業が知的財産を開発したり顧客を獲得したりして自分たちの**ビジネスモデル**の実効性を確かめるのを支援します。ベンチャーキャピタリスト（VC）は他の人々の資本を集めて管理し、プールした資金を利益を上げる目的でアーリーステージの企業に投資します。インキュベーターは出資するだけでなく、ビジネスを立ち上げたい創業者の集団（コホート）を対象としたプログラムも提供することがよくあります。エンジェル投資家は自分のお金を管理しているので、他のタイプの投資家よりも投資判断を早く行えることがしばしばあります。

見ず知らずの投資家へのアプローチに成功

　ヘリウム社の創業者たちは自社への投資に関心を持ってくれそうだと思った人に片っ端から接触を始めました。アデゴケはニュースを見ていて、ニコール・イェンブラという女性がフィンテックのスタートアップを立ち上げ、グリーンハウス・キャピタル社（Greenhouse Capital）での投資経験をもとに新興のフィンテック企業への投資に関心を持っていることを知りました。問題は、彼がニコールと面識がなく、知り合いの中に彼女とつてのある人を見つけられなかったことでした。そこで「コールドメール」〔面識のない相手に送るメール〕を書こうと思い立ち、彼女の名前をいろいろ変えてあてずっぽうに作ったメールアドレスに送ってみました。そしてついにヒット！　ニコールは返信してくれ、面談する運びになりました。

　ニコールが当初ヘリウム社に関心を持ったのは、同社がヘルステックに注力していたからでした。彼女はヘリウムが構築していた医療データの価値を見てとり、将来的に収益化が可能だと踏みました。医療データは獲得

するのに最も費用がかかる類いのデータだからです。

　ニコールと話を進めている間に、ヘリウム社の創業者たちはYコンビネーター（Y Combinator, YC）に応募して採択されました。YCはアメリカのスタートアップ・**アクセラレーター**で、エアビーアンドビー、インスタカート、ドロップボックスなど10億ドル企業（いわゆる**ユニコーン**）となったスタートアップを世に送り出し、投資していることで有名です。ニコールはヘリウム社への投資に前向きで、Yコンビネーターに採択されたことで同社の魅力がさらに高まったため、創業者チームに投資ストラクチャーの観点から目の前にある選択肢を説明してくれました。

　ヘリウム社の第1の選択肢は、会社の**株式**を売却することでした。株式は普通株と優先株のいずれかになります。普通株は common shares とも ordinary shares ともいい、会社の**所有権**を持つことを意味します。優先株は普通株にはない特典をつけたもので、特典には例えば優先的な**配当金**（会社の利益から株主に分配されるお金）や、**残余財産優先分配権**（**会社の売却**か**倒産**の際に優先株主が普通株主に先立って残余財産の分配を受けられる）があります[2]。

　ヘリウムの創業者たちが会社の株式を売却することにした場合は、会社のどれだけの割合をいくらで売るのか、投資家と交渉して合意しなければなりません。例えば、会社の10%を5万ドルで売るつもりだ、と言う必要があります。すると、プレマネーで45万ドル、ポストマネーで50万ドルが**企業価値評価**となります。プレマネー評価額とは投資資本を含まない会社の暗黙的な価値、ポストマネー評価額とは投資資本を含む会社の価値のことです。

　ヘリウム社にとって、評価額を出すのはあまりにも難しく、時間とコストがかかりすぎるように思われました。同社はまだごくアーリーステージの企業で、医療データソリューションの販売にも至っていなかったからです。会社の評価額を低くしすぎれば、安い株価で多数の株を売ることになり、後になって会社の意思決定権を失う可能性があるのではないか、と創業者たちは懸念しました。

2）優先株の条件について詳しくは、オンライン・コンパニオンのタームシート・ガイドを参照してください。

所有権の希薄化

ここでいったんヘリウム社の話から離れて、会社の株式売却が創業者にどんな意味を持つのかについてお話ししましょう。創業者にとって、会社の一部を投資家に売ることによって会社の所有権が減少することを、**希薄化**と言います。バケツの水の中に染料が溶かしてある状態をイメージしてください。その中に水をさらに注ぐと、染料の濃度が薄まります——つまり色が薄くなります。会社が**株式資本**を調達するラウンドを重ねるごとに、創業者の所有権は希薄化していきます。創業者であるあなたの所有権が50％を切ったら、他の株主があなたの承認なしに会社の戦略的意思決定を行える可能性があります。

ヘリウム社はまだ市場進出のごく初期の段階にあったため、創業者は自分たちの所有権の希薄化をできる限り少なく抑えて資本を調達したいと望んでいました。

コンバーティブル・デット契約

ニコールが提案した2つ目の選択肢は**コンバーティブル・デット契約**（**コンバーティブル・ノート**ともいう）でした。コンバーティブル・デット契約をする場合、ニコールはヘリウムに対して利息付きで返済してもらえる融資を行いますが、将来、同社が株式資本の調達に成功した際には、この融資をヘリウム社の株式に転換できます。この選択肢の大きな利点は、ヘリウムの創業者たちが現時点で会社の評価額に同意しなくてよいことです。ニコールは仮の例を使って3人に説明しました。

ニコールがコンバーティブル・デット契約を使ってシードラウンドでヘリウムに5万ドル投資することに合意した場合、コンバーティブル・デットの契約書に融資額5万ドル、利息は年率5％と記載します。利率は転換権付融資に一般的なものですが、利息は必ずしも現金の形で返済されるとは限りません。このストラクチャーでは、利息は「繰り延べ」られるので、現金で返済されるかわりに時間の経過とともに融資額に追加されていき

ます。

　この契約には、転換権付融資が株式に転換される場合に適用される25％のディスカウントも含まれます。これは、ニコールが新たな投資家よりも25％安い株価で株式を買えるという意味で、他の投資家よりも早い段階で投資する追加的リスクを埋め合わせるための条項です。エクイティ・ラウンドが完了するまでは、ニコールにヘリウムの株式の所有権はありません。彼女のコンバーティブル・デット契約は他のタイプの融資と同様に、会社の貸借対照表上は負債（デット）として記載されます。

　これらの条件をつけると、最初の投資から1年後に、ニコールの融資残高の総額は5万2500ドル（5万ドルに利息5％に相当する2500ドルを足した額）になる、と彼女は説明しました。ヘリウム社が次のエクイティ・ラウンド（シリーズAラウンド）で資金調達する際に、ニコールは貸し付けている5万2500ドルを株式に転換する意思決定ができます。

　ポストマネー評価額150万ドルで50万ドルのシリーズAラウンドを実施する場合、新たなシリーズAの投資家がヘリウム社の株を1株5ドルで10万株買うのに対して、ニコールは1株3.75ドルで買えることになります。ニコールが買う株価は、シリーズAの投資家が支払う1株5ドルを25％割り引いた額として決まります（$5 × 75\% = \$3.75$）。

　株価がこの金額であれば、彼女は5万2500ドルで1万4000株買えます。すると彼女は会社の4.5％を所有することになり、シリーズAの

表1-1　資本政策表

	シードラウンド		シリーズA		
	所有権の割合（％）	株数	所有権の割合（％）	株数	投資額（ドル）
ヘリウム社	100	200,000	63.7	200,000	
ニコール	0		4.5	14,000	52,500[a]
シリーズAの投資家			31.8	100,000	500,000
合計	100	200,000	100	314,000	552,500

a) この金額は、シードラウンドでコンバーティブル・デットの形で調達した現金（5万ドル）に金利（2500ドル）を足した総額を表す。シリーズAで会社が調達した新たな資金ではない。

投資家が 31.8％ を所有するので、創業者の持ち分は 63.7％ となります。表 1-1（前頁）はそれぞれの所有権を示しており、これを**資本政策表**（キャップテーブル）といいます。

将来株式取得略式契約（SAFE）

コンバーティブル・デット契約は簡単に締結できる可能性がありましたが、ニコールはヘリウム社の創業者たちにもっと早く使えそうな 3 つ目の選択肢を紹介しました。このストラクチャーは**将来株式取得略式契約（SAFE）** と呼ばれています。SAFE とは創業者と資金提供者の間で、資金提供者はその企業に投資するけれど、投資の主要な条件は株式への出資を募る次のラウンドまでに決めればよいと規定している契約です。SAFE は 2013 年後半に Y コンビネーターによって考案されました。以来、ほぼすべての Y コンビネーター出身のスタートアップやその他多くの企業によって、アーリーステージの資金調達に利用されてきました[3]。

　ここで再び少し立ち止まって、SAFE の仕組みを手短にお話ししましょう。SAFE において、交渉する必要があるのは**バリュエーション・キャップ**〔転換価額〕と**割引率**の 2 つだけです。バリュエーション・キャップとは、次回ラウンドで SAFE が転換される価額の上限です。これにより SAFE の投資家が支払う株価の最大値が設定されるので、SAFE の投資家にとっては希薄化を抑えることができます。コンバーティブル・デットとは違って、SAFE では投資家と被資金提供者が会社の評価額について合意する必要があります。

　前述のコンバーティブル・デットの例と同じ数字を使ってバリュエーション・キャップの説明をしましょう。ニコールが 25％ の割引のかわりに、112 万 5000 ドルのポストマネー・バリュエーション・キャップを持っていたとします。この場合も彼女は 1 株 5 ドルではなく 3.75 ドル支払います。

---

3) SAFE は時とともに進化してきました。最新版の手引書は Y コンビネーターのウェブサイトで閲覧できます。例えば、投資家と起業家の視点からこの契約の項目を詳しく説明した SAFE のユーザーガイドがあります。

割引率とは、SAFEの投資家がシリーズAの投資家に比べて支払う金額がどれだけ少ないかをいいます。コンバーティブル・デットと同じ論理がSAFEにも当てはまり、SAFEの投資家は企業に初期段階で投資してより大きなリスクを取るので、株式を安い価格で購入できてしかるべきだ、ということになります。SAFEの場合、割引率は10～70％の間になるでしょう。

　自分の経験からSAFEにはいくつかの利点がある、とニコールはヘリウム社の創業者たちに話しました。それは単純であること、コスト、締結までの早さです。SAFEは交渉すべき条件の数が少ない非常に短い文書なので、ヘリウム社とニコールの双方にとって弁護士費用が節約でき、投資の条件を交渉する時間も少なくて済みます。第2に、SAFEは両者が契約書に署名する準備が整い、投資家がお金を振り込む用意ができれば、すぐに締結できます。ヘリウム社にとっては、他の投資家が本格的な資金調達ラウンドに参加するのを待たずに、必要な資金をすぐにニコールから提供してもらえることになります。

　この話し合いをもとに、ヘリウム社の創業者たちはプレシードラウンドの資金調達手段としてはSAFEがふさわしいと確信しました。

投資契約の締結

　交渉に入るにあたって、ニコールは割引率は求めないと言いました。つまりヘリウム社の創業者たちはバリュエーション・キャップの条件一つだけを交渉すればよいということです。SAFEでバリュエーション・キャップを設定すれば、もしヘリウム社が次のエクイティ・ラウンドで多額の資本を調達することになったとしても、ニコールの所有権が過大に希薄化するのを防げます。バリュエーション・キャップは穏当な金額で、会社にごく早い段階で投資して取ったリスクに見合う持ち株比率に転換できるものであるべきだ、とニコールは説明しました。

　ヘリウム社の創業者たちにはバリュエーション・キャップを下げすぎないようにする必要もありました。バリュエーション・キャップがあまりに

低いと、SAFEの投資家の契約が有利すぎるように見えて他の投資家が敬遠しかねないからです（同じ論理はSAFEの割引率にも当てはまります。割引率の設定が高すぎると将来の投資家が手を出したがらないおそれがあります）。

ヘリウム側はニコールに1000万ドルのバリュエーション・キャップを提示しました。受注を見込んでいる案件と他のグローバルな医療テクノロジー系スタートアップの評価額を根拠に決めた金額です。ニコール側も独自の計算モデルを使って、400万ドルのバリュエーション・キャップを弾き出しました。ヘリウム社はたしかに販売契約を取り付けているがまだ締結には至っていないこと、ヘリウム社がこれから大掛かりな技術インフラを構築しなければならないことがその根拠でした。交渉ののち、両者はニコールの評価額で合意しました。契約締結までにかかった期間は3週間でした。それからまもなく、ディメジとティトとアデゴケはシリコンバレーに旅立ち、Yコンビネーターに参加しました。

Yコンビネーター、さらにその先へ

ヘリウム社はYコンビネーターを2017年9月に卒業する際、SAFEを使って、Yコンビネーターとテンセント（Tencent）とウェスタン・テック（Western Tech）から追加の200万ドルの資金調達を受ける契約を締結しました。この資金調達のおかげでヘリウム社は自社のEMRシステムを販売し、最初の全国的な契約を獲得し、やがて西アフリカ最大のEMRプロバイダーとして市場支配力を確立することができました。

ヘリウム社が会社を発展させている間に、ニコールも自分の会社を成長させていました。彼女は2019年にグリーンハウス・キャピタルから分離独立し、クリサリス・キャピタル（Chrysalis Capital）という自身のファンドを立ち上げました。教育、再生可能エネルギー、医療、農業、セキュリティ、フィンテックのエコシステムの変革を目指す、フィンテックを活用したファンドです。

2020年までにヘリウム社は複数の新製品を発売していましたが、世界的な新型コロナのパンデミックの発生によって、ヘリウム社が西アフリカ

市場に提供していたような医療データとテクノロジーの価値が明らかになりました。グローバル・ベンチャーズ（Global Ventures）とアフリカ・ヘルスケア・マスターファンド（Africa Healthcare Masterfund, AAIC）が共同主導し、テンセント、大原薬品工業株式会社、ベンチャースーク（VentureSouq）が参加したシリーズAラウンドで、同社は1000万ドルの資金を調達しました。この2回目の資金調達ラウンドで、ヘリウム・ヘルスは最初の資金提供者であるYコンビネーターとニコールの引き留めにも成功しました。今回、ニコールは自分の新しい投資会社クリサリス・キャピタルを通じて投資してくれました。

　この新しいエクイティ投資のシリーズAラウンドによって、ヘリウム社は事業拠点を拡大し、ナイジェリア、ガーナ、リベリアの顧客基盤を成長させることができるでしょう。また同社が北アフリカ、東アフリカ、フランス語圏西アフリカの新市場や、自社データの収益化を可能にする新たな事業分野に進出する支えともなるはずです。例えば、ヘリウム社は患者の医療費支払を支援するためにヘリウム・クレジット（Helium Credit）の提供を始めています。

　再投資した理由について、ニコールは「すべてが実を結びつつあるからです」と説明します。「彼らならできるはず、と3、4年前に思ったことを、今実際に彼らは実現しています。まさにあのデータのおかげでね」

　ディメジは振り返って、SAFEが提供する主な価値は「資金調達プロセスで時間を浪費せずに済むこと、会社が契約や**タームシート**〔条件規定書〕の条件設定に多大な時間を費やさず、すぐに本業に取り掛かれる」ところにある、と考えています。

エクイティによる資金調達はあなたに適しているか

創業者へ

　あなたが取るべき選択肢かどうか判断する一助として、エクイティ〔資本金〕の特徴を確認してみましょう。一般的に、アーリーステージのエクイティ〔資本金〕投資家が投資ラウンドで獲得する会社の議決権は50％を

超えません。これは、アーリーステージの投資家は多くの企業に投資する必要があり、すべての投資先企業を管理する時間も専門知識もないからです。しかし、複数回の投資ラウンドを経た後に、創業者であるあなたが持っている会社の議決権は50％を切るかもしれません。つまりあなたには会社の最終意思決定権がなくなるということです。

アーリーステージ投資は「**バック・ザ・ジョッキー**（馬ではなく騎手を応援する）**精神**」に頼ることが多いものです。初期のエクイティ投資家は、自分が信じる起業家を見つけて、ビジネスモデルがまだ完成していなくても投資します。投資家は、優れた起業家が成功する企業を作り上げるためにいつでも軌道修正できると信じているのです。

エクイティ投資家は出資先の企業に深く関与し、**メンターシップ**と貴重な人脈を提供するつもりでいます。エクイティ投資においては資金提供者と被資金提供者の両方に企業を成長させるインセンティブがあります[4]。

エクイティ投資資本は非常に柔軟性が高く、指定がない限り、起業家が使いたい用途に使えます。一般的には、用途に一定の制約が設けられています[5]。

エクイティ投資家が**投資収益**を得るためには**イグジット**イベントがなくてはなりません。通常、VCは**トレードセール**、**セカンダリー・セール**、**新規株式公開（IPO）**という3種類のイグジットのいずれかを求めます。

トレードセールとは会社（「ターゲット」ともいう）をまるごと別の買い手に売却することです。買い手は、ターゲットと同じ業界にいて買収によって自社の市場シェアを伸ばそうと考えている企業である場合と、将来転売する目的でその会社に投資しようと考えているプライベート・エクイティ会社のような金融企業である場合があります。

セカンダリー・セールとは、投資家が持っている株式をベンチャーキャピタル企業など別の金融機関に売却することです。セカンダリー・セールは一般的に、会社が実施した大規模な資金調達の一環として、新しい投資家が会社の所有権を単純化するために、それまでの投資家から持ち株を買

---

4) 同じことは、自分の投資をエクイティ〔株式〕に転換することを期待しているコンバーティブル・デット投資家、すなわちエンジェル投資家とVCについても言えます。

5) 詳しくはオンライン・コンパニオンの「タームシート」セクションを参照してください。

い取りたい場合に行われます。

　IPOとは証券取引所に上場することです。「株式公開」とも呼ばれます。IPOでは、証券会社を通じて会社の株を一般に販売します。IPOが実施されるのはベンチャーキャピタルによる投資ラウンドを何回も経た後であり、実のところ実施に至らないこともめずらしくないのですが、実現が稀とはいえ、一般的にほとんどのVC投資家がIPOを主な目標としています[6]。

　エクイティ投資に共通する問題点は、多くの創業者と資金提供者が大規模なイグジットによって収益を得る計画で投資を構成しても、そのようなイグジットイベントが起こる確率は統計上、一般に期待されるよりもはるかに低いことです。この問題は、特に新興市場において創業者と資金提供者がともに抱える問題です。したがって、エクイティ〔資本金〕は**中小企業**にとって「聖杯〔理想とする目標〕」と見られがちですが、現実にはごく限られたタイプの企業、つまり指数関数的成長を目指す野心的なユニコーンにしか向きません。

　指数関数的成長について手短にお話ししておきましょう。『オックスフォード英語辞典』では指数関数的成長とは「成長している総体的な数や大きさに比例してスピードがさらに増していく成長」と定義されています。つまり、大きくなるにつれて成長がいっそう加速し続けるという意味です。創業者にとって、顧客が1人から100人に増えるまでの速さ、もしかすると1000人や1万人に増えるまでの速さなら想像しやすいでしょう。でも、100万人になるまでその勢いで成長し続けられるでしょうか？　1000万人になるまでは？　非常にユニークで有用性が高く長期間にわたって非常なスピードで成長できる製品を作れるスタートアップはわずかに存在しますが、そのような企業であっても永久に指数関数的成長を続けることはできません（できたら世界を征服するでしょう）。ほとんどの企業は事業を始めて採算が取れるようになるために資本を必要としますが、黒字化を達成しても指数関数的成長はしません。

　この章でお話ししてきたように、エクイティ〔資本金〕による資金調達

6）　イグジットの最後の形態はアクイ・ハイヤーと呼ばれます。これは企業がターゲットを製品やサービスを成長させるためではなく、社員の獲得のみを目的として買収することです。

を目指すなら、ストラクチャリングにはいくつかの選択肢があります。1つ目として、株式の売却（**プライスド・エクイティ・ラウンド**）があります。この場合、投資家があなたの会社の一定割合を、その時点で設定された会社の評価額に基づいて特定の価格で、例えば会社の株式の8％を10万ドルで買います。これによってあなたの会社の評価額が出ます。このケースでは、10万ドル／8％＝125万ドルのポストマネー評価額、115万ドルのプレマネー評価額となります。株式は普通株である場合も、投資家に追加の権利がつく優先株である場合もあります。

2つ目はコンバーティブル・デットです。これは次回以降の資金調達ラウンドでエクイティ〔株式〕に転換でき、評価額は必要ありません。コンバーティブル・デットはごくアーリーステージの企業に投資する投資家のほとんどが好んで選ぶ手段です。基本的には、企業価値の評価を、評価の根拠となる情報が増えているであろう次回ラウンドの投資家に任せることができるのです。コンバーティブル・デットが人気の理由の一つは、ごくアーリーステージの**企業価値評価**が非常に難しいところにあります。

最後の3つ目がSAFEです[7]。これは本質的に創業者に優しい手段です。時間と弁護士費用が投資契約締結や事業の障害となりかねない、ごく小規模の資金調達ラウンドを行う場合に価値を発揮するでしょう。とはいえ、ポストマネーSAFEと呼ばれる新しいバージョンのSAFEは評価額の交渉という形で企業価値評価を必要とする場合があり、その分時間がかかるかもしれません。加えて、投資家、特にシリコンバレー以外の投資家は、SAFE契約に**サイドレター**を添付することがよくあります。サイドレターにはコンバーティブル・デットと同じ考慮事項の多くが記載されています。

あなたがエクイティ・ラウンドで資金調達しようと計画している野心的なユニコーンの創業者だとしたら、あなたの会社の所有権を売る前にエクイティ〔資本金〕の選択肢を細かく評価したいでしょうが、残念ながらこの本はそこに重点を置いていません。これについてはネット上に優

7）これに関連して、第1章では取り上げなかった選択肢がもう1つあります。Keep it Simple Security（KISS）と呼ばれるもので、コンバーティブル・デットとSAFEを掛け合わせたような契約です。指定利率で利息が発生し、満期を定めてそれ以降は、投資家が原投資に利息を加えた額を新たに発行された会社の優先株に転換できます。

れた情報源がたくさんあります。また、ブラッド・フェルド、ジェイソン・メンデルソン著『ベンチャー投資』（*Venture Deals* by Brad Feld and Jason Mendelson）〔未邦訳〕という本もお勧めです。エクイティ〔資本金〕と並んで検討が必要な、あるいは検討するとよい他の資金調達方法の解説書として役に立つでしょう。

資金提供者へ

　あなたが野心的なユニコーンに**リスク資本**を提供することに関心のある資金提供者なら、エクイティ投資の中にあなた向きの選択肢がありそうです。とはいえ、書店にあまたあるVC関連書ではなくこの本を手に取ってくれたのですから、あなたの希望はそれとは少し違うはずです。そこで、リスク耐性のある資本、インセンティブの一致、柔軟性、長期的な展望といった創業者と資金提供者のニーズにかなうエクイティ投資の側面に注目しましょう。これらの特性は本書を通じて取り上げる「オルタナティブな」資金調達オプションを構成する要素ですから、話を進める前にVCの戦略を理解することが大切です。

　プライスド・エクイティ・ラウンド契約かコンバーティブル・デット契約かを選択するにあたって、投資家が考慮すべき重要な点が2つあります。1つ目は**ダウンサイド・プロテクション**（投資先企業がうまくいかなくなった場合にどうなるか）の水準です。コンバーティブル・デットは債務契約なので投資家のためのダウンサイド・プロテクションがついていますが、これはエクイティ〔株式〕を保有している株主には利用できません。ただし、**資産**をほとんど持たないごくアーリーステージの企業と契約する際にこのような保護にどれだけの価値があるかはもちろん疑問符が付きます。

　2つ目の考慮事項は評価額です。コンバーティブル・デットの利点の一つは、初期の投資家が評価額を決める必要がなく、使えるデータが増えているであろう次回ラウンドの投資家に決めてもらえるところにあります。しかしこれは難点ともなりえます。次回ラウンドの評価額が大きく、コンバーティブル・デットの投資家の持ち株比率が期待したより少なくなる

場合は特にそうです。

　プライスド・エクイティ・ラウンドやコンバーティブル・デットに対して、SAFEには締結までの早さとストラクチャリング費用の面で利点があります。創業者に優しいシンプルで手軽な契約文書を求めているきわめてアーリーステージの投資家にとっては、これが良い選択肢かもしれません。資金不足に悩むスタートアップにすばやくつなぎ融資を提供して、スタートアップが低すぎる評価額で本格的な資金調達ラウンドを行う事態（アーリーステージの資金調達において「**ダウンラウンド**」と呼ばれる）を回避させることができます。

　SAFEの利点にはそれぞれ、難点もあります。SAFEの投資家は他のタイプのエクイティ契約やコンバーティブル・デット契約を利用する投資家に比べ、権利が大きく制限されます。エクイティ投資を多数行っている資金提供者は、SAFEの利点を標準的なエクイティのストラクチャーと比較するとよいでしょう。そのために、書店にある他のVC関連書を1冊手に取ってみることをお勧めします。

第2章 Debt Financing : SOKO

デット〔借入〕による資金調達

―― SOKO

　ここまでは、ヘリウム社の創業者たちと一緒にエクイティファイナンスの世界を探検してきました。今度は創業者がデットファイナンス〔借入による資金調達〕をする場合にどんな選択肢があるかを見てみましょう。デット〔借入〕とは会社のために資本を借り、その借入金を返済する約束をすることです。一般的にはある程度の額の**利息**をつけます。もしあなたが**債務不履行**に陥った（つまり返済をしなくなった）場合に差し押さえられるよう、貸し手は価値のある有形資産という形で**担保**を求めることがよくあります。借入金提供者は信用履歴（複数年の監査済財務諸表や他の融資の返済履歴）も求めます。この章では、エラ・ペイノヴィッチと一緒に工芸品産業での借入による資金調達の旅に出かけましょう。

製品はすばらしいのに、システムに難あり

　多くの新興市場において、職人業界は最大の雇用主の一つです。しかしここは労働者の権利が最も守られていない業界でもあります。製造に携わるのは主に女性。彼女たちはインフォーマルな〔法人化されていない〕零細工房で働き、製品を地元市場で観光客向けに販売しています。結果として、職人たちは著しい貧困生活から抜け出せず、自分や家族の生活を維持することがままならないのです。

　特にそれが当てはまるのが、女性職人が子供や親族を養うために伝統的な手法を用いて手工芸品を製作しているアフリカの一部地域です。失業率が10％を超え人口の3分の1以上が国際的な貧困線未満〔生活を維持でき

ない所得を意味する〕で暮らすケニアでは、200万人以上が民芸品や工芸品の販売に所得を頼っています。

アメリカのウィスコンシン州出身のエラ・ペイノヴィッチは、2010年にレガタム・センター・ボイジャー（Legatum Center Voyager）の**助成金**を獲得し、マサチューセッツ工科大学（MIT）の大学院で行っていた研究の一環としてクリエイティブ製造業のプライマリー市場〔商品が初めて売買される市場〕を調査するため、ケニアに飛びました。滞在中にエラはアフリカの伝統工芸品のとりこになりました。アメリカに帰国したときにはスーツケースの数が増えていたほどです。スーツケースの中には、家族が経営するアートギャラリーで販売しようと買い集めた手工芸品がぎっしり詰まっていました。

アフリカの工芸品は売れる。大きなポテンシャルを認めたエラは、明らかに需要があるのに地元の職人たちが国際市場で競争するすべがないことにもどかしさを感じました（世界のクリエイティブ製造業界は2023年までに売上1兆ドルに達すると予測されています）。修士論文のためにナイロビ大学で地域のデザイン・製造プロセスのフィールド調査を行うべくケニア再訪の準備をしながらも、地元の職人たちをグローバルな流通ルートにどう乗せるかという問題がずっと気にかかっていました。

調査を通じてエラはナイロビの職人コミュニティと関わるようになりました。そして職人たちの技能や才能を認識しただけでなく、労働条件の厳しさと職人コミュニティの経済的な困窮ぶりをまのあたりにしました。製品を販売する青空市場では「現金取引が多く、職人たちが窃盗や強盗の被害に遭いやすい」のに気づいた、とエラは振り返ります。また、トイレや日よけがなく、水が手に入らないことにも。「職人さんたちはすばらしい製品を作っているのに、製品を販売するためのシステムはひどいものでした」とエラは嘆きます。

「職人たちの製品と同じくらいすばらしいシステム」を作ろうとエラは決意しました。MITに戻ったエラは、同校のコンピュータサイエンス学部の学生だったキャサリン・マフグと出会い、伝統的なアフリカンジュエリーのサプライチェーン〔供給網〕に**破壊的イノベーション**を起こし、ア

フリカ中の職人たちが製作したジュエリーを世界で売れるようにするビジネスのアイデアを売り込みました。デザイナーのグウェンドリン・フロイドにも売り込み、こうして3人の女性たちは空き時間を使ってこのアイデアに取り組み始めたのです。

SOKOの立ち上げ

　エラとキャサリンとグウェンドリンは2011年にSOKO（スワヒリ語で「市場」の意）を立ち上げました〔クジンドゥアもスワヒリ語〕。SOKOが掲げるビジョンは、個人で働く職人たちが自分の携帯電話から消費者とじかにつながり、ビジネスを管理できるプラットフォームの構築でした。3人はさまざまな助成金と学生コンテストから初期資金をかき集めました。「マイクロソフトアワードで初めて獲得した1万ドルを握りしめて、SOKOの事業に本格的に専念するためにコンピュータとケニア行きの航空券を買いに行ったんです」とエラは回想します。SOKOが、余暇を使った趣味のプロジェクトではなくなった瞬間でした。

　しかしSOKOを軌道に乗せるためにはさらに資金と自分たちの事務所が必要でした。2012年に、駆け出しの**スタートアップ**だったSOKOは、マーティン・トラスト・センター・フォー・MITアントレプレナーシップ（Martin Trust Center for MIT Entrepreneurship）が運営するMITデルタv（MIT delta v）のスタートアップ**アクセラレーター**のプログラムに参加しました。またMITソルブ・インクルーシブ・イノベーション・チャレンジ（MIT Solve Inclusive Innovation Challenge）にも参加し、プリシラ・キング・グレイ公共サービスセンター（Priscilla King Gray Public Service Center）とMITのレガタム・センター・フォー・ディベロップメント・アンド・アントレプレナーシップ（Legatum Center for Development and Entrepreneurship）からシード助成金を獲得しました。その年の後半に、創業者3人はDEMOアフリカのウェブサイトに、厳選したSOKOブランドのコレクションとオンラインマーケットプレイスを立ち上げました。

　SOKOは2016年にVCであるノヴァスター・ベンチャーズ（Novastar

Ventures）の支援で1回目のエクイティラウンドによる資金調達に踏み切りました。グロースアフリカ（Growth Africa）〔起業家の支援組織〕とヴィレッジ・キャピタル（Village Capital）〔投資会社、第24章に登場〕がナイロビで主催するインキュベーションプログラムで、ノヴァスターのパートナーのニラジ・ヴァリアにエラが初めて会ったとき、ニラジ自身も**社会起業家**でした。ニラジはエラに、ノヴァスターの他のパートナーたちにもSOKOのプラットフォームとそれまでの成果を売り込んではどうかと言いました。アンドリュー・カラザーズとスティーヴ・ベックは企業の社会的課題を広く浸透させるマスリーチと商業的に採算が取れるスケール化の連携を担当していました。2人はSOKOに大きな経験と支援を提供し、SOKOの**社会的インパクト**をスケール化する手段として商業的な成長を実現させることができると考えました。SOKOはノヴァスターの東アフリカファンドの最初の投資先の一つとなり、エクイティ投資だけでなく技術援助も受けました。SOKOのそれ以降のエクイティ・ラウンドのたびにノヴァスターは再投資してきました。

「バーチャル工場」の構築

　ノヴァスターの最初のエクイティ資本のおかげで、SOKOは「バーチャル工場」を構築することができました。バーチャル工場はナイロビにいる職人たちの働き方を変えた革新的な概念でした。バーチャル工場は、ほとんどの職人が使える基本的な携帯電話の通信機能を前提として構築されています。職人たちは一箇所に集約された工場で働く従業員としてではなく、自分の工房で好きなように働けます。SOKOのバーチャル資源計画（virtual resource planning, VRP）ソリューションが、職人の評判と実績などの指標をもとに作られた機械学習システムを利用して、製品の注文と職人をマッチングします。職人は在庫を管理し、消費者への配送を手配して、自分の携帯電話からモバイル・マネーで直接支払を受けます。携帯電話とウェブをつなぐシステムはサプライチェーン内の障壁を大幅に減らすとともに、コストのかかる中間業者を不要にしました。SOKOの現場指導員

は生産の追跡と品質検査にもシステムを活用しました。

　2016年までに、SOKOのバーチャル工場はナイロビ内外にいる1400名の自営職人のネットワークのコーディネーションを行っていました。このシステムのおかげで地元の職人コミュニティの取り組みとファッション界のトレンドが合致し、職人たちが倫理面でも持続可能性の面でも望ましい形で製作したジュエリー製品を世界中に販売できるようになりました。ノードストローム、リフォーメーション、アーバン・アウトフィッターズなどの国際的な小売業者との提携を通じて、SOKOの製品は世界のファッション界の目にとまりました。入ってくる注文の量はどんどん増えていったのです。需要の拡大を受け、SOKOの事業ニーズは新たな展開を迎えました。

　SOKOは商品の製造能力を証明しましたが、同社の職人コミュニティはSOKOのどんどん増える卸売注文に応えるため、材料費の支払に支援を必要としていました。多くの職人はそのときまで、必要な**運転資本**をKiva.orgのような組織からの**マイクロファイナンス融資**で賄っていました。しかしいまや職人たちの事業ニーズは**マイクロファイナンス機関**の融資能力を超えようとしていました。顧客から注文が入ってから納品し支払を受けるまでにできてしまう短い空白期間を埋めるため、SOKOには自社の職人コミュニティに貸付を行う追加的資本――職人1人当たり1カ月5000ドルもの――が必要でした。

借入という選択肢を探る

　エラがまず直感的に考えたのは**銀行融資**を申し込むことでした。銀行が通常提供するタイプの**事業融資**は**担保付融資**と呼ばれ、借り手は融資を受けるために有価物を担保として抵当に入れることを求められます。こうして、もし借り手が債務不履行に陥った（返済をしなくなった）場合、貸し手は担保を差し押さえて売却し、元金の回収を図ることができるわけです。また、銀行のような従来型の貸し手は通常、事業資金の借り手となる相手の**信用力**の証明として、複数年の監査済財務諸表、借入履歴、あるいは商

品注文の証拠を求めます。担保付融資は借り手の事業ニーズに応じた任意の期間で提供されます。設備や建物など収益をもたらす**資産**を購入するために使われるタームローンは長期融資になる傾向があるのに対し、SOKOが日常経費を賄うために必要としていた運転資本融資は短期融資でした。

　投資家にとって、信用力のある借り手に担保付きで貸し付けることは比較的リスクの低い投資になります。後日返済されるという条件でお金を貸し出し、返済されなければ価値のある担保を差し押さえられるからです。しかし多くの**中小企業**と同じく、SOKOに担保付融資の選択肢はありませんでした。貸し手は会社に資金的な支援をする安心材料として、事業が成功している実績、実証された**ビジネスモデル**、信用履歴、担保を見たがるはずです。SOKOは状況的にはこれらの条件をすべて満たしていました。しかし、書面上はそうではありませんでした。同社は著しい成長を遂げていた——2015年から2016年にかけての収益増は64％——ものの、今抱えている注文のコストを賄うには売上高が不十分だったのです。そのため、従来型の貸し手の目にはリスクの高い会社と映りました（皮肉なことに、これほど高い需要がなかったら、SOKOは銀行から見て信用力が高かったでしょう）。また、成長中の中小企業としてご多分に漏れず、SOKOも定期的な利息の支払に苦労することが見込まれました。年末のホリデーシーズンに偏った、季節によって変動する周期型キャッシュフローだったからです。

　担保付融資の選択肢がなかったため、さらにエクイティ〔資本金〕による資金調達をせざるをえないだろうとエラは考えました。ただし、それは短期債務の資金繰りのために長期的に会社の株を売ることを意味します。つまり、ごく短期だけ必要な運転資本を手に入れるために、エラと共同創業者2人とエクイティ投資家の長期的な**所有権**を**希薄化**しなければなりません。

メザニン・ファイナンス

　エラは昔から付き合いのあったグラスルーツ・ビジネス・ファンド

（Grassroots Business Fund, GBF）のリリアン・ムランバに連絡を取り、GBFにエクイティ投資家になる気はないかと聞いてみました。GBFは東アフリカ、ラテンアメリカ、インド、東南アジアで活動する世界的なインパクト投資家で、**社会的弱者**のコミュニティに暮らす人々に持続可能な経済的機会を提供して、大きな社会的インパクトを生み出している事業体を支援しています。リリアンはSOKOの差し迫った資金調達ニーズを理解しました。「SOKOが銀行に行っても運転資本ローンを受けられないだろうことはわかりきっていました。かといって、この種の資金を調達するために自社株を使うのもナンセンスです」とリリアンは言います。彼女はエラに**メザニン・ファイナンス**〔エクイティとデットの中間的な性質を持つ資金調達方法〕を考えたかとたずね、これについてかみ砕いて説明しました。

メザニン・ファイナンスとは急成長している企業に適した多種多様な負債性金融商品の総称です。メザニンによる資金調達は**準株式**の形を取ります。準株式とは文字通りエクイティ〔株式〕とデット〔借入〕の組み合わせという意味です。メザニン融資業者は通常、融資先企業が提供できる担保ではなく、その企業の成長見込みのリスク度を融資判断の基準にします。融資の条件には利率とともに**キッカー**、つまり資金提供者にとっての**アップサイド**が含まれることがよくあります。

SOKOはベンチャーキャピタリストからエクイティ投資を受けていたので、**ベンチャーデット**と呼ばれるタイプのメザニン・ファイナンスを受ける資格がありました。ベンチャーデットの資金提供者は、エクイティ投資家から資金提供を受けたことのある急成長中の企業、すなわち**ベンチャーバックド企業**に融資を提供します。ベンチャーデットの投資家は通常、融資先企業の財務予測とその企業のエクイティ投資家の評判をもとに融資するかどうかを判断します。

アーリーステージにいるけれど急成長している企業のニーズに応えるため、ベンチャーデットはたいてい**猶予期間**を設けます。この期間中は元金の返済も、有価資産の担保も求められません。通常は有価資産のかわりに会社の**株式**を担保として提供するか、株式の購入権（**ワラント**と呼ばれる）を取引条件に含むことが求められます。

SOKOはベンチャーデットが適用されるベンチャーバックド企業にまさしく当てはまりました。つまり、運転資本ニーズを満たすために現金を必要としているけれど、銀行融資にはリスクが高すぎる企業だったのです。エラはリリアンに、SOKOが顧客の注文を履行できるよう、GBFからベンチャーデットで70万ドル融資してもらえないかとたずねました。
　リリアンはSOKOのビジネスに興味をそそられ、起業家としてのエラに信頼を置いてもいましたが、確約する前にGBFの**投資委員会**に融資案を売り込む必要がありました。GBFの委員会メンバーの多くはこれまでに、同じような職人プラットフォームと仕事をしてネガティブな経験をしていました。リリアンはSOKOの技術とオペレーティング・プラットフォームの競争優位性を強調して、この会社に賭けてみましょうと委員会を熱心に説得しました。「SOKOはまだごくアーリーステージにあったため、いつもならうちが資金提供しようとは思わないタイプの企業でした。でも、GBFとしてはSOKOの経営に参加したい思いもあったのです。ビジネスモデルを学べますから」
　およそ6カ月にわたる話し合いとデューデリジェンスを経て、GBFはSOKOの運転資本ニーズに対し資金提供するために3年の極度貸付枠を設定しました。
　この貸付枠を利用するために、SOKOはリピーターの卸売客と売掛注文のリストを提供しなければなりませんでした。SOKOは注文ごとの発注総額の50%まで借り入れることができました。その資金がSOKOの職人たちに回され、おかげで職人は注文品を製作し、SOKOは顧客から支払を受ける前に商品を発送できました。その後もSOKOは四半期ごとに事前承認を得た卸売客からの売掛注文の受注高を提示し、必要な資金の借入を要請しました。同社は**預金口座コントロール契約（DACA）**口座に返済金を入金しました。この口座は必要に応じてGBFが管理権を握ることができます。

SOKOの資金ニーズの変化

　アーリーステージの企業にはよくあることですが、GBFとベンチャーデット契約を結んで18カ月経つと、SOKOのビジネスモデルと資金ニーズは変化しました。同社はビジネスの大きな転換期を迎えていました。大手小売流通に頼らなくなり、消費者への直販を始めたのです。自前のネットストアを開設し、アマゾンハンドメイドやグープのようなオンライン小売プラットフォームで存在感を拡大しました。また、SOKOのストーリーをもっと上手にアピールして消費者に製品の価値を納得させてくれるセレクトショップを顧客として取り込むようになりました。

　この転換によってSOKOは前よりも自社のブランドメッセージをコントロールでき、SOKOの製品を作っている職人たちについて購入者に知ってもらえるようになりました。加えて、大規模な卸売販売の件数が減り、在庫への投資を増やすことになりました。戦略変更を考慮し、**ファンドのライフサイクル**[1] が終了に近づいていたSOKOとGBFは、新たな事業方針を出資契約に入れるよりも契約を段階的に終わらせる選択をしました。

　GBFの18カ月のベンチャーデット投資による**ランウェイ**があったからこそ、SOKOは事業成長ニーズを支えるための従来型の運転資本調達と新たなエクイティ〔資本金〕による資金調達に手が届くようになりました。現在、SOKOのバーチャル工場はナイロビ中の2300人の自営職人ネットワークを支援しています。同社は年間売上400万ドルを上げるまでに成長しました。そしてブランドのマーケティングも大成功し、俳優のニコール・キッドマンからアメリカの元ファーストレディであるミシェル・オバマまでさまざまなセレブたちがSOKOのジュエリーを購入し、身に着けてくれています。

　エラは次のように見ています。「GBFの資金提供は私たちの成長にとって重要でした。急成長している多くの企業と同じく、成功とともに私たちの課題もまた増えていきました。事業のポテンシャルを実現できなかった場合の機会コストが資金調達コストをはるかに上回っていたのです」

1）創業者にとってファンドのライフサイクルがなぜ重要になりうるかについては第4章で取り上げます。

リリアンは今回の取引やこのファンドで行ってきた他の取引を振り返り、メザニンをはじめとする**無担保付融資**を通じてアーリーステージの企業の成長に触媒的な役割を果たせないかと考えている資金提供者は、柔軟でありつつ揺るがない意志で取り組むべきだと考えています。資金提供者へ彼女は次のようにアドバイスしています。「資金提供先の会社を支援し続けること、戦略を信じてふんだんな**ドライパウダー**[2]を用意してその会社を支え続けること。想像をはるかに超える時間とコストがかかることが多いですから」

デットによる資金調達はあなたに適しているか

創業者へ

ほぼあらゆるデット〔借入〕には利息がつき、借り手になんらかの利息支払を求めます。一般的に、利息支払は定期的に（月ごとに）求められ、元金（借りた元々の金額）の割合で計算されます。これは国の金利と連動することもあります。多くの中小企業が事業のアーリーステージにおけるキャッシュフローの乏しさ、あるいは**季節性**や消費者の購買パターンによって変動する周期型キャッシュフローのために、定期的な利息支払に苦労します。

借入は**自己清算**型の金融商品と考えられています。つまり、サードパーティー・イグジットイベントを必要としません。これは、別個のイベント（**会社の売却**や**IPO**など）に頼らずに、借入金が完済されるタイミングを貸し手が計画しているという意味です。融資契約では借り手が時間をかけて利息を支払い、期日までに借りた元金を返済するものと定めます。貸し手は融資先の企業（もしくは個人）に**保証**または担保の役割を果たす有価物を抵当に入れるよう求めることがよくあります。仮に企業が債務不履行に陥った、つまり返済をしなくなった場合、貸し手は担保を差し押さえて売却し、元金の回収を図ることができるわけです。また、一般的に貸し手は企業の信用力の証明を求めます。信用力は例えば複数年の監査済財務諸

2） 投資できる資本。
3） あるいは本書で取り上げる他のタイプの投資家。

表、借入履歴、あるいは受注高などにより評価されます。

　あなたが自社に適したデットファイナンスを評価する場合、検討対象となる選択肢はたくさんあります。そのいくつかについて説明する前に、デット〔借入〕のコストと利用可能性を決定する2つの重要な要素を見ておきましょう。それは、借入が会社の**資本構成**（キャピタルスタックともいう）のどこに入るのかと、借入に伴う保証または担保がどのようなものかです。

　あなたの会社の資本構成は事業運営に使われるさまざまなタイプの資金調達方法からなります。デット〔借入〕やエクイティ投資家[3]から調達する外部資金、純利益や**内部留保**の形で獲得する内部資金がこれに含まれます。要するに、外部資金は投資家から調達するもの、内部資金は売上利益によって稼ぐものです。

　キャピタルスタックはウォーターフォールとも呼ばれます。ウォーターフォールはキャッシュが資金提供者と株主にどのように流れるかについてのわかりやすい考え方です。キャッシュ、収益、利益などはまず滝（ウォーターフォール）の上にいる人々に届き、そのあと残ったお金は下に降りていって最終的に底にいる人々、一般的にはエクイティ投資家にたどり着きます。この「流れ」が発生するのは、事業が正常に運営されている間——例えば、エクイティ保有者に**配当金**を支払えるのは必ず、貸し手に利息が支払われた後です——および、創業者が会社を売却するか会社が**倒産**する**流動性イベント**のときです。

　資本は図2-1のような姿をしています。キャピタルスタックの頂上にいる資金提供者は、底辺にいる人々よりシニア〔優先的〕な立場にいます。

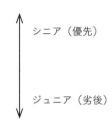

図2-1　資本構成におけるシニアローンとジュニアローン

底辺の人々は頂上にいる人々に対してジュニア（または劣後）の立場です。資金提供者の立場がキャピタルスタック内でシニアであるほど、「安全」性が高まります。これは、シニア資金提供者には会社に対してキャッシュを最初に請求する権利があるからです。資金提供者の立場がキャピタルスタック内でジュニアであるほどリスクは大きくなるので、リスクを取る埋め合わせ料を多く必要とする可能性が高くなります。

　一般的に、エクイティ投資家はデット〔借入〕の資金提供者より劣後します。これが、エクイティ投資家のほうが借入金の投資家よりもはるかに高い**投資収益率**を期待する主な理由です。借入の場合、ジュニアの貸し手はよりリスクの高い立場を考慮して、シニアの貸し手よりも高い金利を請求するのが一般的でしょう。**メザニン・デット**は他のタイプのデットに劣後する可能性が高いため、金利の面で高くつくことになります。

　キャピタルスタックにおけるデット〔借入〕の優先順位は価格を決定する要素の一つにすぎません。もう一つの要素は担保です。有形資産は会社が提供できる担保の一種ですが、他にもたくさんの種類があります。SOKO が卸売客の注文とエクイティ資金提供者であるノヴァスターからの支援を併用し、GBF にとっての融資リスクを緩和できたことを思い出してください。シニア担保付融資は資金提供者にとってリスクが最も低いので、最も安い借入形態です（図 2-2）。

　しかし、SOKO の話からわかる通り、またご自身の経験からも知っているでしょうが、シニア担保付融資はアーリーステージの企業には利用できないことが多いものです。その場合、従来型の借入の返済条件はあなた

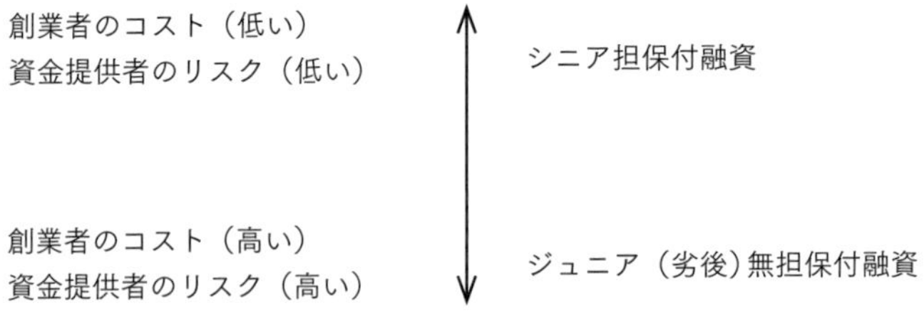

創業者のコスト（低い）　　　　　　シニア担保付融資
資金提供者のリスク（低い）

創業者のコスト（高い）　　　　　　ジュニア（劣後）無担保付融資
資金提供者のリスク（高い）

図 2-2　資本構成のコストとリスク

の会社には適さないかもしれません。SOKO がメザニン・ファイナンスを利用したのはそのためです。

メザニン・ファイナンスはデット〔借入〕とエクイティ〔資本金〕の要素を組み合わせて、純然たるデット〔借入〕やエクイティ〔資本金〕よりも柔軟性の高い資金調達を実現します[4]。メザニン資金提供者には VC ファンド（ベンチャーデット）の存在など、別の形のリスク評価を考慮する意欲があります。SOKO の**顧客注文**のようなオルタナティブな形態の担保も検討してくれます。また、必要とあらば完全に無担保の融資をする意思もあります。アーリーステージの会社に資金提供したり、他の資金提供者に劣後する立場を選んだりするという追加的なリスクを取るため、メザニン資金提供者は担保付融資の資金提供者よりも高いリターンを求めます。そのようなアップサイドの機会を、メザニン資金提供者は固定金利およびキッカーという形で得られます。

キッカーには 2 種類あります。ワラントは資金提供者に企業の所有権を少しだけ与えるもの、キャッシュ・キッカーは企業業績に基づき追加支払を発生させるものです。キャッシュ・キッカーは、もし会社が特に好調な場合、会社の成功を支援したことへの特典として資金提供者の報酬が増える設計になっています。創業者にとって、メザニン融資はタームローンより高価になりますが、多くのメザニン提供業者は低い固定金利を提供するでしょう。キッカーからの追加的なアップサイドを期待するからです[5]。

資金提供者へ

適切に構成されたデット〔借入〕は、アーリーステージの企業が生き残り、成功する鍵を握るかもしれません。資金提供者であるあなたは、応援しようとしている創業者にとってどのタイプのデット〔借入〕が最適か、あなた自身の**リスク／リターン**要件に合わせてその資金提供オプションをどう立案できるかを検討する必要があります。

複数年の監査済財務諸表と大きな担保を有する企業への融資が資金提

4-5) Bennick, E. & Winters, R. New Perspectives on Financing Small Cap SME's in Emerging Markets: The Case for Mezzanine Finance. May 2016.〔未邦訳〕

供者にとっては最もリスクが低いかもしれませんが、それではほとんどのアーリーステージの組織には融資できません。同様に、融資期間中にキャッシュで高水準の利息支払を求めれば、リスクは緩和されるかもしれませんが、収益が不安定なアーリーステージの借り手にとってデット〔借入〕は手が届かなくなるでしょう。

　メザニン資金提供者は担保をほとんどもしくはまったく求めないので、当然、追加的なリスクを取る意欲があります。メザニン資金提供者は高いキャッシュ金利を要求するかわりに、固定金利とアップサイドを組み合わせてワラントか会社の利益に左右されるキャッシュ・キッカーの形にします。こうして、メザニン・ファイナンスは創業者の多種多様な資金調達ニーズや事業運営ニーズに合わせていかようにも成形できる、柔軟な資金調達方法のオルタナティブになりうるわけです[6]。メザニン・ファイナンスはリスク許容度の高い長期の**成長資本**を提供することにより、エクイティ〔資本金〕と**シニアローン**の間を効率的につなぎ、会社の資本構成を最適化することに寄与できます。しかし、さまざまなメザニン金融商品の柔軟性は、同時にこれらがより複雑であることも意味します[7]。

　メザニン・ファイナンスを構成する際には慎重な考慮が求められます。前述したように、メザニン・ファイナンス提供業者は従来型の融資業者よりも高いリスクを取ることになります。つまりメザニン商品の資金調達コストは従来型のタームローンのコストよりも高いのです。もしメザニン・ファイナンスの構成に**利益分配**という形のキッカーが含まれていれば、これは実質的に会社の成長につれて金利が高くなっていくということです。とすると会社にとってキャッシュ負担が高くなりかねません。もしワラントを含めれば、会社の**資本政策表**が複雑になり、取引プロセスが長引く可能性があります。さらに、メザニン・ストラクチャーは多くの市場において比較的新しく、他のエクイティ投資家、銀行、弁護士だけでなく裁判所、税務当局、政策担当者がこのストラクチャーについてあまり理解していない場合があります[8]。

---

6)　Bennick, E. & Winters, R. New Perspectives on Financing Small Cap SME's in Emerging Markets: The Case for Mezzanine Finance. May 2016.

7-8)　Mezzanine Financing for Access to Energy in Sub-Saharan Africa. July 2020. 以下のサイトにて閲覧可能：https://afsiasolar.com/wp-content/uploads/2020/08/Tripple-Jump-Mezzanine-Financing.pdf

第3章 | Trade Finance : Powered by People and Equal Exchange

トレードファイナンス
―― パワード・バイ・ピープルとイコール・エクスチェンジ

　前章で、さまざまな**保証**または**担保**のついたデット〔借入〕の選択肢を見てきました。小さな会社には担保に使える有形資産が多くはありません。しかし、従来型の担保がなくても利用できるデット〔借入〕は**メザニン・ファイナンス**だけではありません。この章では、**顧客注文**か**インボイス**を担保として利用し、**運転資本**にアクセスできる**トレードファイナンス**という選択肢を探訪します。

　顧客に即時に配布できるデジタル製品とは異なり、物理的な製品は製造し買い手に輸送するのに時間がかかります。つまり、商品の製造から顧客の支払までに大きな時間的ギャップができる可能性があるのです。コストをすべて事前に調達しなければならないとすると、特に小規模な製造企業にとっては、この時間が高くつきかねません。でもこれが大小問わず、すべてのグローバルなサプライチェーンにとっての現実です。サプライチェーンは何百万社ものさまざまな企業で成り立っており、これらの企業が製品を市場に出すコストを賄うために、兆ドル規模のトレードファイナンスが必要になります。

サプライチェーン・ファイナンス

　世界最大級の規模を持つグローバルなサプライチェーン、コーヒーの話から始めましょう。イコール・エクスチェンジ（Equal Exchange）はアメリカに本社がある**フェアトレード**・コーヒーの会社で、ラテンアメリカの農家と取引しています。同社はジョナサン・ローゼンサール、マイケル・

ロージン、リンク・ディキンソンによって1980年代に設立されました。創業者3人は、取引先の農家が種蒔きから収穫までの期間にコーヒー栽培に必要な資材、機材、人件費を賄うための運転資本を必要としていることに、かなり早い段階で気づきました。ところが現地の資金調達方法の選択肢は非常に限られており、農家にとっては手が届かないこともめずらしくありませんでした。そこでイコール・エクスチェンジの創業者たちは自社の貸借対照表を使って農家を支援することにしたのです。

ジョナサンとマイケルとリンクは、そのためには農家から早期にコーヒーを購入するのがベストな方法だと判断しました。つまり、イコール・エクスチェンジが意図的に収穫の直後、アメリカで販売を予定している何カ月も前に農業**協同組合（Co-op）**からコーヒーを仕入れ、自社の倉庫に在庫として保管するわけです。このやり方は、販売需要に応じてコーヒー豆を購入する従来型のコーヒー会社とは一線を画していました。オンデマンド式の購買のおかげで大手コーヒー企業が抱える在庫は少なくて済みますが、この方法では農家と農協がコーヒーの保管コストとキャッシュフローの管理コストを負担しながら、買い手が在庫品を購入してくれるのを待たなければなりません。イコール・エクスチェンジの手法は、何百万ポンド分の在庫とその資金負担を農業協同組合の貸借対照表からイコール・エクスチェンジの貸借対照表に移すものでした（第8章で、同社が自身の資金ニーズを調達した革新的な方法を取り上げます）。

このような取引は**サプライチェーン・ファイナンス**と呼ばれています。これは、早期に支払うことによって**中小企業**が運転資本を利用できるようにする、買い手主導の手法です。実は多くの大企業はサプライヤー〔供給業者〕向けのサプライチェーン・ファイナンスの選択肢を用意しています。他には、イコール・エクスチェンジのような自発的な**早期支払**や、小規模サプライヤーが割引を申し出て買い手からの早期支払を確保する**仕入割引**というタイプの取引もあります。例えば、小さな会社が顧客企業に30日後ではなく5日後に支払ってくれれば1.5％の割引、60日後ではなく即日支払ってくれれば2％の割引を提供するようなことです。

早期購入と仕入割引は支払を早めることによって中小企業の運転資本負

担を軽減できますが、どちらにしても会社が先に商品の製造コストを工面して支払を待たなければならない点は変わりません。また、支払を早める意思のある買い手（通常は大企業）が必要です。そのため、この2つの方法では中小企業の運転資本ニーズが完全に解決するわけではありません。

信用力を証明できない

　エラ（第2章に登場）はSOKOの取引先の職人たちがまさにこの運転資本問題を抱えており、繁盛している職人が初期費用を賄うだけの現金が手元にないばかりに、利益の大きい大型受注を断る姿をまのあたりにしました。実は、ほとんどの職人たちが前の注文からの支払を待って次の注文の製造資金に回さなければならなかったのです。納品から最大90日後という支払条件が標準となっている小売セクターでは、このせいで作り手にとって稼働できない期間が長期にわたって発生し、収入の損失につながっていました。

　しかし、SOKOに**担保付融資**を利用するのに必要な担保がなかったように、職人たちにもキャッシュフロー問題の解消に役立つはずの運転資本の信用供与枠を利用するための担保がありませんでした。また、多くの職人が現金ベースのインフォーマル経済の中で働いていたので、過去の事業報告書など自分の**信用力**を証明する書類がありませんでした。

　エラは信用スコアリングの別の方法——財務履歴やキャッシュフローに依存しない方法がないかと思案しました。従来の方法のかわりに、「この製品をこの規模で納品した実績があるか」「同じ買い手もしくは同様の買い手と問題なく取引をしたことがあるか」といった要素を基準にした、手頃で利用しやすい信用商品が作れないものか。エラはクリエイティブ製造業界を知っていたので、職人向け金融商品の開発は可能だと信じていました。そこで2019年にエラはSOKOを退職し、パワード・バイ・ピープル（Powered by People）を立ち上げました。市場取引に対して**パーチェス・オーダー・ファイナンス**を提供する、職人のためのテクノロジー・プラットフォームです。

ファクタリング

パーチェス・オーダー・ファイナンスは企業が顧客からの注文を担保として利用し、融資を獲得する方法です。パーチェス・オーダー・ファイナンスでは、事業主が顧客のパーチェス・オーダー（注文書）を第三者金融機関、この場合はパワード・バイ・ピープルに売却します。その後は第三者金融機関が顧客からの資金回収を担当し、製造業者に先に支払をした自社のコストを回収します。事業主はこのような取引によって、注文に応じるための原材料の購入に必要な初期費用を調達するなど、運転資本ニーズを満たすことができます。

パーチェス・オーダー・ファイナンスは**ファクタリング**の一種です。ファクタリングとはインボイスか注文書を担保として用いる融資のことです。サプライチェーン・ファイナンスに似ていますが、違うのはファクタリングが生産者／サプライヤーが起点となって始めるものであり、融資する外部金融業者が必要である点です（実際、サプライチェーン・ファイナンスの別名はリバース〔逆〕・ファクタリングです）。

ファクタリングはフェニキアやローマ帝国にまで起源をさかのぼれる古来の慣行です。当時、農民や商人は将来の収穫や出荷をもとに貸し手から資金を調達していました。パーチェス・オーダー・ファイナンスのおかげで、事業主は顧客にまだ納品していない受注の時点で支払を受けられました。生産者やサプライヤーにとっては短期の運転資本として便利ですが、商品の生産や納品がまだされていないため、資金提供者にとってはリスキーになりかねません。取引履行リスクの高さから、パーチェス・オーダー・ファイナンスは多くのスタートアップと中小企業にとって利用しにくい場合があります。

ファクタリングには資金提供者のリスクをある程度下げる**インボイスファクタリング**という種類もあります。インボイスファクタリング（売掛債権ファクタリングともいう）では、金融機関が企業から納品済みの商品のインボイスを買い取ります。生産者にとっては、30日、60日、ないし90日も待たずにインボイスの発行直後に支払を受けられ、入金スケジュー

表 3-1　ファクタリングの種類とその特徴

パーチェス・オーダー・ファイナンス	シップメント・ファイナンス	インボイスファクタリング（売掛債権ファクタリング）
» 買い手から商品を受注 » 注文書の発行後	» 買い手に商品を出荷 » 積荷送り状の発行後	» 買い手に商品を納品 » インボイスの発行後

ルの予測を立てやすくなります。もう一つの**シップメント・ファイナンス**は、商品が出荷され、積荷送り状が発行された後に利用できます。ファクタリングの種類ごとに利用できるタイミングを記したのが表 3-1 です。

　ファクタリングは短期の資金調達において優れた選択肢となりえますが、一般的にパーチェス・オーダーやインボイスを割引して売らなければならないため、高くつく資金調達にもなりかねません。**割引率**の高さが資金調達コストとなります。例えば総額の 95％で注文書を売る場合、資金調達コストは 5％となります。

ファクタリングはどう機能するのか

　さて、パワード・バイ・ピープルに話を戻して、同社のパーチェス・オーダー・ファイナンスモデルがどのように機能するのかを見ていきましょう。パワード・バイ・ピープルの取引先のある職人が、クリスマスシーズンに向けて大手百貨店から 2 万ドル分のジュエリーを受注したとします。注文を履行するのに必要な現金を確保するために、職人はパワード・バイ・ピープルに注文書の 50％、つまり 1 万ドル分の売却を申し入れるとします。

　パワード・バイ・ピープルは注文書に 9500 ドル支払うと提案します。職人がこの価格に同意すれば、パワード・バイ・ピープルは百貨店のバイヤーおよび職人と三者契約を結び、9500 ドルを職人に送金します。職人は顧客から支払われるはずの 1 万ドルよりも 500 ドル安い金額を受け

取るので、職人の資金調達コストは1カ月当たり2.5％で2カ月分（500＝1万ドルの5％）となります。2カ月後、百貨店は発注したジュエリーを納品されると、パワード・バイ・ピープルに三者契約通り2万ドル満額を支払います。パワード・バイ・ピープルは前払金の9500ドルと手数料500ドルを差し引いた残額1万ドルを職人に支払います。資金調達の期間が2カ月間だけであれば、金利は年率にして30％（2.5％×12＝30％）となります。

　企業がパーチェス・オーダーとインボイスを売らなければならない場合の割引額は通常、金融業者が自分の取るリスクの水準に応じて設定します。ファクタリング業者は、生産者が製品を完成・納品せず、買い手が支払をしないリスクを考慮します。したがって、製品の納品と支払が先であるほど、商品が生産されなかったり、注文がキャンセルされたり、出荷に問題が発生するなどの可能性が高くなります。リスクの高さは資金調達コストの高さに直結します（図3-1）。

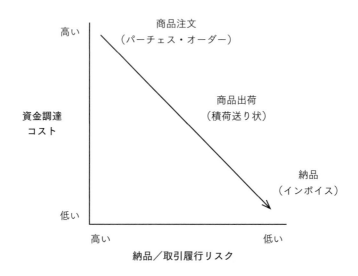

図3-1　ファクタリングの選択肢のコストとリスク

ファクタリングを手の届くものに

　パワード・バイ・ピープルの金融サービスを始めるにあたってエラが最も心を砕いたことの一つは、サービス対象の職人たちにとってファクタリングを無理なく利用できニーズに適したものにすると同時に、会社を財政的に持続可能にすることでした。その実現を目指して彼女は、パワード・バイ・ピープルの貸付リスクを軽減するために買い手の信用力と借り手の過去の実績を照会して取引リスクを評価する、従来とは異なる方法を使ったテクノロジー・プラットフォームを開発しました。借り手の納期、生産品質、受注の伸び、リピート客の数を測定することによって、パワード・バイ・ピープルは事業運営と取引実効性の履歴を把握し、それをもとに注文履行能力と融資リスクを評価できるようにしたのです。

　イコール・エクスチェンジの創業者たちも、取引先のコーヒー農家協同組合の運転資本ニーズについてエラと同様の発見をしていました。イコール・エクスチェンジがコーヒーを事前購入したおかげで農家は収穫後に以前よりも早く資金を手にできましたが、収穫前に資金を必要とする場合も多々ありました。そこでイコール・エクスチェンジは農協と協力して農家がファクタリングを利用できるようにしようと考えました。

　イコール・エクスチェンジの創業者たちは自分たちで解決策を作り出すのではなく、農業協同組合が収穫前と収穫期に手頃な融資を利用できるよう、現地にファクタリング業者のネットワークを構築するのを手伝いました。イコール・エクスチェンジは協同組合のコーヒーを注文する際、注文の25%の**支払保証**をつけます。この保証は、栽培期と収穫期に何があってもイコール・エクスチェンジが注文の一定割合に対して支払うことを確約します。それによりパーチェスオーダー・ファクタリング業者側のリスクが低下し、農家は現金が最も必要な収穫前に資金を得られます。

ファクタリングとサプライチェーン・ファイナンスの共通点と相違点

　ファクタリングとサプライチェーン・ファイナンスは、どちらも早期支払を容易にして企業が運転資本やキャッシュフローを管理しやすくする戦略である点は同じです。違いは、ファクタリングが売掛債権を担保として扱う外部資金提供者からの融資であるのに対して、サプライチェーン・ファイナンスは買い手が設定した前払プログラムであることです。この2種類のトレードファイナンスの特徴を表で説明します（表3-2）。

表3-2　ファクタリングとサプライチェーン・ファイナンスの比較

	トレードファイナンス	
	ファクタリング	サプライチェーン・ファイナンス
別名	売掛債権担保融資、インボイスファクタリング、シップメント・ファイナンス、パーチェス・オーダー・ファイナンス	リバース・ファクタリング
起点	サプライヤー（中小企業）	買い手（大企業）
説明	売掛債権を担保とする融資	売掛債権の早期買取
取り扱い	サプライヤーの貸借対照表上の負債	簿外取引
関係者	サプライヤー、ファクタリング業者、買い手	サプライヤーおよび買い手
リスク評価	取引履行および納品リスク、買い手の支払能力	買い手の支払能力

トレードファイナンスはあなたに適しているか

創業者へ

　基本的に、ファクタリングは主として企業にとって短期の事業運営ニーズに使えるキャッシュフローの源泉です。自社の貸借対照表や長期的なキャッシュフローに影響を及ぼすような、財務上の核心的な問題を解決してくれるわけではありません。

　ファクタリングは数週間ないし数カ月間だけの短期の資金調達なので、年率で計算すると高くつく場合があります。先ほど挙げたパワード・バイ・ピープルの例では、融資のコストが年率で30％になります。このコストゆえに、ファクタリングは機会コストをもとに評価すべき、つまり長期にわたってその月その月を生き残るためでなく、キャッシュギャップ〔顧客から入金する前の運転資本が欠落する期間〕を埋めたり生産能力を拡大してスケール化したりするために使うべきです。さらに、インボイスファクタリングのために**個人保証**を求める資金提供者もいるかもしれないので、創業者は契約締結を検討する際にそれが自分にもたらすリスクを評価する必要があるでしょう。

　大手顧客が設定した正式なサプライチェーン・ファイナンスプログラム以外にも、割引を提供して注文に対して早期支払か前払をお願いする方法があります。私たちは消費者の立場で企業に対して同じことをよくしています。月ごとの支払ではなく年間のサブスクリプション契約をすれば安くする、というオファーをあなたも受けたことがあるのではないでしょうか。1年分のサブスクリプションに先払いする選択をしたとすれば、あなたはその会社が先々の運転資本ニーズを賄う手助けをしたわけです。大手のお客さんと良好な取引実績があれば、インボイスへの前払をお願いする手もありです。たとえ割引しても前払いしてもらえれば、外部の資金提供者から運転資本を調達する必要がなくなるかもしれません。

資金提供者へ

　ファクタリングは短期のキャッシュフローという観点から組織にとって利点が多いかもしれませんが、資金提供の選択肢としてインボイスファクタリングを評価する際は慎重に考える必要があります。なぜなら相手企業の支払を受ける方法を変えることになるからで、もし適正な予算組みをしていなかった場合、その企業が特定の月のコストを賄えなくなる可能性があるのです。中小企業の財務部門にどの程度の知識があるかも課題です。企業がキャッシュフローの変化を考慮するには高度な予測と計画ができなければなりません。さらに、多くの法域ではインボイスファクタリングを用いると税が複雑になります。

　レンダブル社（Lendable）はアフリカとアジアのオフグリッドソーラー〔電力網に頼らない太陽光発電〕プロバイダー向けのインボイスファクタリングから事業をスタートしました。同社は大手顧客（パワード・バイ・ピープルで言えば大手百貨店のノードストロームやジョン・ルイス）を抱えるリスクを取るかわりに、**従量課金制（PAYG）**でソーラーパネル代金を支払う何十万もの顧客が支払を続けるかどうかのリスクを取りました。しかし顧客である中小企業のキャッシュフローのタイミングを乱してしまっていると気づき、同社はファクタリングという融資方法を使うのをやめました。顧客の将来的な固定費（給料や家賃）の支払能力に新たなリスクを作り出しているとわかったのです。中小企業が支払を前倒しすれば、将来のある月のコストが賄えなくなるかもしれません。そこでレンダブルはもっと従来型のタームローンの債権構造に移行しました。同社は自社の債権が保証されていると考えていますが、有形の担保のかわりに何千（あるいは何十万）もの利用者からのキャッシュフローを担保に用いています。

　ファクタリングのもう一つの課題は、企業が貸し付けられた資本を再利用したり再投資したりできないことです。他のタイプのデット〔借入〕では、企業は融資の元金を貸し手に返すまでの間、借りた現金を投入財、製品、サービス、研究に費やし、その製品やサービスを収益に変えられれば、収入を別の何かに使うなどすることができます。その間、企業は**利息**と元金の一部を支払わなければならないかもしれませんが、ほとんどのお

金は融資期間中に好きなように使えます。しかしファクタリングでは、貸付が特定の注文に直接的に関連付けられているため、企業はその特定の注文に必要な金額しか利用できません。

第4章
創業者の自己評価チェックリスト

さて、先に進む前に本書の冒頭で紹介したチェックリストに戻って、質問項目を順に解説していきましょう（表4-1）。あなたがアーリーステージの資金調達の初心者なら、これまでの章について聞きたいことが山ほどあるのではないでしょうか。ここで立ち止まって基本を押さえておくのがよいでしょう。

あなたが資金調達のベテランで、最初に私が予告した革新的な資金調達方法に興味があるだけなら、この章は心置きなく飛ばしてください！

表 4-1　創業者の自己評価チェックリスト

あなたは何者か？	» あなたの会社はどのように登記されているか。 » どのような形で利益を上げるのか。顧客は誰か。 » 会社はどのステージにあるのか。 » 成長の見通しは？
あなたはどのくらいミッションドリブンか？	» 会社にミッションがどのように埋め込まれているか。 » 社会的・環境的インパクトの実績があるか。
あなたの資金調達ニーズは何か？	» 必要な資金はいくらか。 » 何に資金を使う必要があるのか。 » どんな方法で返済したいか。 » 短／中期、長期的に所有権をどうしたいか。 » 資金提供者にどの程度関与してほしいか。
あなたにふさわしい資金提供者のタイプは？	» どのようなタイプの資金提供者がいるのか。 » 資金提供者はどのようなリソースを提供してくれるのか。 » 資金提供者はどの程度のリスクを許容してくれるのか。 » 資金提供者はどのようなリターンを、いつ求めるのか。 » 資金提供者のステークホルダーは誰か。資金提供の承認はどのようになされるのか。

あなたは何者か？

あなたの会社はどのように登記されているか

　創業者であるあなたは、価値を生み出すために組織を築こうとしています。組織の法人形態はあなたの創り出している価値を決めるわけではありませんが、**内部ステークホルダー**および**外部ステークホルダー**とどう関わるかの指針になりえます。本書はあらゆる種類の組織の**創業者**が対象ですので、まずはいくつかの一般的な法人形態と、各種の資本を利用する場合にそれがどう影響するかについてお話ししましょう。

非営利団体

　あなたが**非営利団体**なら、それはあなたの事業の**所有権**を誰も持てないことを意味しますが、日常業務や戦略的方向性について意思決定する人たちはいます。この意思決定者は一般的に経営陣と**取締役会**の組み合わせになります。非営利団体は融資を受けて返済することはできますが、株主を持てないため**配当金**は出せません。つまりすべての収入と「利益」は組織内にとどまるということです。非営利団体は一般的に非課税ですが、法域によって要件は異なります。

営利企業（株式会社）

　あなたが**営利企業**である株式会社なら、事業の成長と成功に参加する所有者となる株主は何人でも持てます。株主になりうるのは創業者、従業員、外部投資家、あるいはそのいずれかの組み合わせです。また会社の所有権は、時間の経過とともに、**株式**を誰が取得するかによって変わる場合があります。株式の所有権は一般的に統治(ガバナンス)につながりますから、外部投資家があなたの会社の株式を所有すれば、その投資家は議決権と取締役を任命する機会を持つことになります。株式会社は利益を配当金として株主に分配するか、留保して事業に再投資するかを選べます。この意思決定は株主と投資家に対する契約上の義務に左右されます（外部資金調達など）。株式会社は上げた利益に対して納税する必要もあります。

社会的企業

社会的企業は比較的新しい企業カテゴリーで、従来型の事業と慈善事業の合体によって生まれました。社会的企業は公的資金や**助成金**に頼らず、収益の創出と再投資によって社会や環境に関わるミッションを果たそうとします。社会的企業に法人格を設けている国もありますが、多くの国にはありません。利益とパーパスを混合させた法人形態の例としては、アメリカの**パブリック・ベネフィット・コーポレーション**や**低営利型 LLC（L3C）**、イギリスの**コミュニティ利益会社（CIC）**があります。一部の法域では、特定の社会的企業の法人形態により配当金の出し方に制約があります。

ハイブリッド組織

ハイブリッド組織は営利と非営利の2種類の法人形態を持っています。

協同組合（Co-op）

協同組合は一部またはすべての所有権を従業員が持っている企業です。従業員所有企業を統治する法人形態は法域によって大きな違いがあります。

どのような形で利益を上げるのか。顧客は誰か

本書で取り上げるどの資金調達オプションについても、あなたの事業をどう維持し、成長させるつもりなのかをイメージしておくことがとても大事です。これはあなたが非営利団体であろうと営利企業であろうと必要です。自社の**収益モデル**は内部資金調達モデルとして考えることができます。内部資金調達の見通しを明確にできれば、外部資金が必要かどうか、必要ならいくら必要かがわかりやすくなります。また、自社の**ビジネスモデル**を潜在的な資金提供者に明確に伝えられることも大切です。

あなたの収益モデルは次に挙げるものの組み合わせがベースになるでしょう。

- エンドユーザーに製品またはサービスを販売またはレンタルする
- 第三者（寄付者など）から製品とサービスに対する支払を受ける
- エンドユーザーに利用権を販売する
- 事業を通じて収集したデータを販売する [1]

　あなたの製品やサービスを購入またはレンタルして収益を伸ばしてくれる利用者ないし第三者のタイプについても、次の大事な問いに答えられなければなりません。

> » **顧客は誰か？**
> この問いに答えるために、顧客が年齢層、地理的な場所、選好、その他の基準によってどう細分化されるかを考えてください。
>
> » **顧客は個人か企業か？**
> **対企業ビジネス（B2B）**戦略に対して、個人のエンドユーザーに販売することを**対消費者ビジネス（B2C）**戦略といいます。
>
> » **顧客があなたの提供するものにお金を使うインセンティブはどこにあるか？**
> お金を出してくれる人はあなたの提供するものが市場にある競合品と比較してどうなのかを知りたがるでしょう。

　ビジネスモデルの定義と構築について詳しくは、リーンキャンバスかソーシャルビジネスモデルキャンバス〔いずれもビジネスモデルを可視化するためのフレームワーク〕を利用することを強くお勧めします [2]。

---

1) 事業を通じて収集したデータを販売する場合、データプライバシーとエンドユーザーの搾取をめぐる問題が発生します。どのような仕組みにするか慎重に検討することが大切です。
2) リーンキャンバスなどのさまざまなリソースは、オンライン・コンパニオンで入手できます。

会社はどのステージにあるのか

以下の表 4-2 を参照してください。

表 4-2　会社の成長ステージ

コンセプトステージ	おおむねアイデアはあるが、**実用最小限のプロダクト（MVP）** や **プルーフ・オブ・コンセプト（POC）** は必ずしも持っていない。
アーリーステージ	実用最小限のプロダクト（MVP）かプルーフ・オブ・コンセプト（POC）はあり、**知的財産（IP）** の法的保護にも手をつけたかもしれないが、お金を払ってくれる顧客はいたとしてもまだわずかである。
成長ステージ	提供する製品ないしサービスを明確にし、お金を払ってくれる顧客基盤も持っている。成長するための社内インフラを構築しているところである。
スケール化	大規模で成長しつつある顧客基盤を持ち、社内インフラの構築も終わり、事業をスケール化して、もしかすると新しい製品やサービスを加えているところである。
確立	お金を払ってくれる顧客の安定した基盤と成功した事業実績がある。

成長の見通しは？

次に、事業成長見通しを見る必要があります。収益と**フリーキャッシュフロー**、両方の見通しを検討してください。あなたが非営利団体なら、資金調達の見通しとともに稼得収益があればそれも見ておきましょう。ここで答えるべき問いは次の通りです。

» **獲得可能な顧客の市場規模はどれくらいか？**
  あなたの製品やサービスの潜在顧客の市場規模をよく理解する必要があります。

> **あなたの製品はどれくらいスケール化できるか？**
> あなたの製品が有形製品（または対面で行わなければならないサービス）の場合、物理的に製品を製造してエンドユーザーに流通させる能力を考慮する必要があります。もし提供しているのがデジタルの製品やサービスであれば、物理的な制約がないためスケール化はずっとしやすくなります。また、他の状況や地域における複製・再現性という観点からのスケーラビリティも考えておきたいものです。

　ヘリウム・ヘルス（第 1 章）の創業者たちは当初から**指数関数的成長**をする企業を築く計画を立てていました。**スタートアップ**の世界ではこのような企業を、評価額 10 億ドルを目指す未来の**ユニコーン**と呼びます。ユニコーンを目指す者として、ヘリウム社の創業者たちは指数関数的成長を予測し、追加の資金調達ラウンドを数多く実施するつもりであり、自社株を売る意思を持っていました。そうすると中長期的には会社の経営権を失う可能性がありますが、創業者たちはヘルスケアデータを中心に 10 億ドル規模の事業を構築したかったので、エクイティファイナンスは彼らには都合がよかったのです。この本を読んでいるなら、あなたはユニコーンではなさそうです。ではあなたはどんな組織でしょうか？　もしかしたら**ゼブラ企業**かもしれません。

　ゼブラ企業とは、創業者や解決したい問題の多様性を表す多彩な縞模様〔stripes には「縞」と「種類」の両義がある〕が入っている企業です。協力的ですが反骨精神があり、インパクトのある解決策を持つ企業を構築するとともに労働者やコミュニティや環境も大事にしています。ゼブラに黒と白の 2 色が入っているのは、利益とパーパスの両方を追求していることを表しています[3]。ゼブラ企業の提唱者が作成した、ゼブラ企業とユニコーン

---

3) ゼブラ企業はアメリカを拠点とする 4 人の創業者（ジェニファー・ブランデル、アストリッド・ショルツ、アニーヤ・ウィリアムズ、マーラ・ゼペダ）によって提唱されました。4 人は 2016 年に資金調達への不満を自覚しました。それぞれがパーパスを掲げた営利のテクノロジー企業を創業していましたが、ユニコーンにこだわる VC 界では出資の対象にはなりそうにありませんでした。かといってインパクト投資家にアプローチしてみると、自分たちが開発している製品の業界を投資家が理解していないことが多いことがわかりました。たとえ理解してもらえても、このようなテクノロジーを活用したシステムによる介入は相手のセオリー・オブ・チェンジにそぐわないものでした。図 4-1 の引用元となった 2017 年の「マニフェスト」は以下参照。Brandel, J., Zepeda, M., Scholz, A. & Williams, A. (2017, March 8). "Zebras Fix What Unicorns Break." 以下のサイトにて閲覧可能：https://medium.com/zebras-unite/zebrasfix-c467e55f9d96

の違いを要約した図を紹介します（表4-3）。

　ゼブラ企業は具体的な成長の仕方やタイプよりも理念を指す、非常に広範なカテゴリーです。そしてゼブラ企業はスタートアップの分類に使われるいろいろな動物の一つにすぎません。ラクダ、ガゼル、雄牛、他にもまだまだ耳にするかもしれません。この本ではダルバーグ、オミディア・ネットワーク、コラボラティブ・フォー・フロンティア・ファイナンス[4]が考案し、ゼブラズ・ユナイト、投資会社ヴィレッジ・キャピタルが採用している[5]以下の分類を使うことにします。

- **高成長ベンチャー**：破壊的ビジネスモデル、大規模な獲得可能市場、高成長見通し、迅速なスケール化能力を有し、かなりリスキーな企業。スタートアップ界ではガゼルとよく呼ばれる。
- **カテゴリー・パイオニア**：破壊的製品やサービスとおそらくは大規模な新市場があり、成長が変動的でスケール化する可能性がある。
- **ニッチ・ベンチャー**：革新的な製品やサービス、ニッチ市場、顧客セグメントを有し、安定成長〜高成長する見通しがある。
- **ダイナミック・エンタープライズ**：確立した産業やセクターにいて、すでに実績のある既存の製品や実証済みのビジネスモデルを有し、安定的な成長を見込んでいる。
- **生計事業**：家族経営できわめて地元密着型の企業で、地域内の事業機会によって営まれており、将来的な成長見込みは限られている。

---

4) Hornberger, K. & Chau, V. The Missing Middles: Segmenting Enterprises to Better Understand Their Financial Needs, the Collaborative for Frontier Finance (Omidyar Network/Dutch Good Growth Fund [DGGF]). 以下のサイトにて閲覧可能：https://static1.squarespace.com/static/59d679428dd0414c16f59855/t/5bd00e22f9619a14c84d2a6c/1540361837186/Missing_Middles_CFF_Report.pdf。

5) 分類の引用についてはアストリッド・ショルツにご確認ください。

表 4-3　ユニコーンとゼブラ企業の比較

		ユニコーン	ゼブラ企業
なぜ	目的	指数関数的な成長	持続的な繁栄
	ゴール	イグジット、流動性イベント、10 倍成長	収益性、持続可能である、2 倍成長
	結果	独占	共存
どのように	世界観	ゼロサム、勝者と敗者	ウィン - ウィン
	方法論	競争	協力
	自然に例えると	寄生	相利共生
	リソース	隠し持つ	共有する
	スタイル	独断的	参加型
	求め方	量をもっと	量は十分なだけ、質を上げたい
誰が	受益者	民間、個人、株主	公共、コミュニティ
	チーム構成	エンジニア偏重型	バランス型：コミュニティマネージャー、カスタマーサクセス〔顧客の成功を支援するサービス職〕、エンジニア
	ユーザーへの対価	アテンション〔注目を集めること〕によって（不透明）	価値に対して（透明）
何を	成長の仕方	ホッケースティック型	再生型
	指標	量的	質的
	優先課題	ユーザーの獲得	ユーザーの成功
	障害	製品の採用	プロセスの採用

あなたはどのくらいミッションドリブンか？

会社にミッションがどのように埋め込まれているか

あなたが社会や環境にインパクトをもたらすために会社を設立した**社会起業家**、あるいは社会起業家ではないけれど持続可能な企業を作りたいという意欲があるなら、**ミッション・ステートメント**を明確にできていることが重要です。明確なミッション・ステートメントは企業戦略の基礎となります。また、新しいスタッフを採用しメンバーに迎える際にも、あなたの会社が何を達成しようとしているのかを理解して（そして共鳴して）もらうのに役立ちます。さらにあなたが望む社会や環境へのインパクトを潜在的な資金提供者に示してくれます。**財団**、政府、開発機関、民間の投資家など、あなたの社会的・環境的インパクトの促進に関心を持つ人々からの資金調達に良い影響を及ぼす可能性があるのです。

資金調達の過程で、あなたはきっと自分のミッションを完全に理解し支持してくれる資金提供者と関わるでしょう。でも、あなたの事業には関心があるけれど、ミッションは成長の二の次、もしくは邪魔でさえあるとみなす資金提供者にも遭遇するかもしれません。ですから、**ミッション・ドリフト**、つまり自分の社会的・環境的ミッションから逸脱してしまうリスクを軽減するために、資金調達の過程でいかにミッション・ステートメントを打ち出し明確にしたいかを検討することが大切です。

社会的・環境的インパクトの実績があるか

もしインパクト重視型資金提供者からの資金調達に興味があるなら、サービスが十分に行き届いていない、非効率、あるいは未開発の市場で事業展開しているエビデンスを提供する必要があるでしょう。例えば、もしあなたが金融サービス会社なら、それはターゲット顧客の社会経済的地位やジェンダーに関するデータを提示し、低所得ないし女性の顧客が既存の市場プレイヤーからいかに十分なサービスを受けられていないかを証明することかもしれません。また、あなたが提供している製品やサービスがこ

れら関連するデータポイントに大きなインパクトを持つエビデンスも必要になるでしょう。

あなたの資金調達ニーズは何か？

必要な資金はいくらか

あなたに必要な資金の総額を評価するために、まずは毎月いくら稼いでいるかを計算し、現時点での毎月の支出額を差し引くところから始めなければなりません。この借方と貸方の差額がプラスであれば、それが毎月生み出している**フリーキャッシュ**の金額です。マイナスならば、それは**バーンレート〔資金燃焼率〕**と呼ばれます。この計算をするためには各月に入ってくる収益がいくらかではなく、キャッシュがいくらであるかを理解しなければならない点に要注意です。収益が現金（もしくは電子マネー）として入ってくるまでに30日、60日、あるいは数カ月かかるとしたら、たとえ売上は大きくても月々の費用を賄えないことになりかねません。

次に、見通しを眺めて重要な**マイルストーン**を特定する必要があるでしょう。マイルストーンは例えば**実用最小限のプロダクト（MVP）**の完成、収益の**損益分岐点**到達、顧客X人達成などのタイミングになります。それから、成長目標に到達するために発生するさまざまなコストをすべて考慮します。創業者は自分たちが見込んでいる成長を果たすために実際にコストがいくらかかるかを過小評価しがちです。

最後に、各マイルストーンを達成するためにかかるキャッシュの総額を計算する必要があります。これは収益の合計額から費用の合計額を差し引いて出します[6]。

こうすれば、資金提供者にキャッシュがいくら必要かを聞かれたとき、特定のマイルストーンに到達するためにかかるコストの総額を伝えられます。利用できるキャッシュをもとに現実的に会社を維持できる月数を**ランウェイ**といいます。

---

[6] あなたの見通しに季節性や周期性がある場合は、入ってくるキャッシュの大きな変動が合計額に隠れてしまわないよう気をつけましょう。もしキャッシュに大きな変動があるなら、調達する資金の総額が赤字の最大額を上回るようにしてください。

何に資金を使う必要があるのか

- **プルーフ・オブ・コンセプト（POC）**：あなたの製品やサービスを市場で検証したり、最初の実用最小限のプロダクト（MVP）を製作したりするために必要な現金です。POCはあなたの最初の製品、新製品、あるいは新市場への進出に関係する可能性があります。
- **成長資本**：人員の雇用、製品開発への投資、システムの導入、事業を構築するためのマーケティングに使われます。
- **運転資本**：日常の事業運営と、製品やサービスに必要な投入財、仕入れ品、ないし材料を購入するために使われます。
- **資産**：建物、設備、ブランドなど、事業に有形・無形の投資をするために必要なお金です。

どんな方法で返済したいか

　会社の支出ニーズと成長ニーズを賄うために外部資金提供者から資金を調達する場合、返済方法は3つあります。第1はサードパーティー・イグジットを通しての返済です。これは基本的に、将来のいつか、会社を売却するか株式上場することによって資金提供者に返済するつもりであるという意味です。

　第2の戦略は、内部キャッシュフローからの返済です。このケースでは、出資契約が効力を持っている期間中に会社が生み出すキャッシュから返済することを予定します。

　第3の戦略は、将来の資金調達を使って資金支援者に返済する方法です。この戦略では、会社のアーリーステージでの、または短期の資金調達を使って信用履歴と実績を作り、より有利で低コストの資金を利用できるようになったら、その資金で最初の資金支援者に返済します。

　厳密には、返済しないという第4の選択肢もありますが、返済要件のない助成金でない限りお勧めしません。

所有権をどうしたいか

　所有権の観点から、現状と、短期・中期・長期の計画を評価する必要があります。あなたは将来も会社の経営権を持ち続けたいですか？　それとも会社を誰かに売却するか、従業員に所有権を移したいと考えていますか？

資金提供者にどの程度関与してほしいか

　会社の形成を支援してくれる資金提供者を求めているなら、そのためのインセンティブを提供するつもりでなくてはなりません。これは一般的に、会社がうまくいった場合になんらかの**アップサイド**つまりリターンを提供するということで、さまざまな資金調達の選択肢を評価する際にはこれを考慮する必要があります。

　また、どのようなインセンティブと条件が適切かを判断するために、資金提供者になりそうな相手の優先課題と能力も理解するようにしてください。それには、どのような資金提供者があなたの会社のニーズに対する付加価値を提供できるかを知るために積極的にデューデリジェンスを行う必要があります。

あなたにふさわしい資金提供者のタイプは？

どのようなタイプの資金提供者がいるのか

　本書では全編を通じて、あらゆるタイプの資金提供者が関わる選択肢を検討していきます。ここで、頭に入れておいてほしい資金提供者のタイプの一覧を紹介しておきます（表4-4、次頁）。

資金提供者はどのようなリソースを提供してくれるのか

　自己評価では、自社がどのような支援（金銭その他）を必要としているかを検討して、パートナーとなる資金提供者からそのリソースを確実に提供してもらえるようにしましょう。資金提供者に提供してもらえるかもし

表4-4 資金提供者のタイプ

資金提供者	定義	典型的な被資金提供者のライフサイクルのステージ
エンジェル投資家	ごくアーリーステージのスタートアップに投資し助言する、リソースを有する個人またはネットワーク	コンセプト
ビジネスアクセラレーター／インキュベーター	ベンチャー企業が自社の最初の製品を作り、有望な顧客セグメントを特定し、リソースを確保するのを支援する機関	コンセプト アーリーステージ
政府機関	多種多様な直接・間接の支援メカニズムを通じて経済の成長と発展を促進するという具体的な目標のために設立された政府機関	コンセプト アーリーステージ 成長 確立
非営利団体／社会的企業	一般的に、主に能力育成を通じて中小企業の成長を支援することをミッションの一部に掲げた、インパクト志向の組織	コンセプト アーリーステージ 成長 確立
プライベート・エクイティ・ファンド	高成長する可能性のある非上場企業の株主持ち分と引き換えに、企業に提供される中長期資金	確立
ベンチャーキャピタル・ファンド	プライベート・エクイティの一部で、特にスタートアップを投資対象とし、助言などの非金銭的リソースを提供する	コンセプト アーリーステージ 成長
デットファンド／メザニンファンド	メザニン〔デットとエクイティの性質を併せ持つ〕商品とデット商品を通じて企業に投資する資金プール	成長 確立
商業銀行	預金を預かり、当座預金口座サービスを提供し、個人と中小企業に事業融資、個人融資、不動産融資を行う金融機関	アーリーステージ 成長 確立

（前ページの続き）

資金提供者	定義	典型的な被資金提供者のライフサイクルのステージ
マイクロファイナンス機関	低所得の個人や零細もしくは中小企業に金融サービスと保険商品を提供することを主な業務とする正規の機関	コンセプト
ノンバンク	特定の種類のバンキングサービスを提供するが、完全な銀行免許を持たない機関（信用組合、コミュニティ開発金融機関〔CDFI〕、フィンテックなど）	コンセプト アーリーステージ
開発金融機関	開発途上国の民間セクターの発展を支援するために設立された専門の開発銀行ないし子会社	コンセプト アーリーステージ 成長 確立
財団	慈善のみを目的として設立された独立した法人で、一個人、一家族、一企業のリソースを財源とすることが多い	コンセプト アーリーステージ
エンダウメント	非営利団体への金銭ないし不動産の寄付。組織はそれを運用して得た収益を特定の目的に使う	アーリーステージ 成長 確立
ファミリーオフィス	超富裕層の投資家を対象とする個人資産管理顧問会社	アーリーステージ 成長 確立

Hornberger, Kusi, "Enterprise Segmentation Project Supply Side Literature Review", March 2018 より改変して収録。

れないリソースの種類をいくつか表にまとめました（表4-5）。

　表に挙げたリソースの中には、会社レベルで当てはまる、つまり資金提供組織が組織としてあなたとあなたの会社に提供できるものもあるでしょう。あるいは個人レベルで当てはまるものもあるかもしれません。つまり、組織の中であなたが一緒に仕事をしたいのは誰かを評価すべきだということです。これは、あなたの会社の取締役になる可能性のある特定の個人を検討するなら特に重要です。

資金提供者はどの程度のリスクを許容してくれるのか

　パート6で、資金提供者が投資を引き受けて起業家の事業機会に資金支援する際に考慮するさまざまな種類のリスクの評価を取り上げます。ここでは、あなたの会社のステージごとのリスクについて考えるにとどめましょう。ごくアーリーステージの会社には、未知のあるいは未検証の領域に踏み込んで大きなリスクを取る意欲のある資金提供者が必要です。それに対して、確立した会社ならばリスク耐性が低い資金提供者と手を組むことが可能です。あなたのニーズに適したタイプの資金提供者を選ぶには、あなたへの資金提供によって負うリスクを相手が許容してくれるか確認する必要があるでしょう。

資金提供者はどのようなリターンを、いつ求めるのか

　多くの資金提供者は**リスク調整後リターン**を求めるでしょう。つまり、資金提供者は**投資リスク**の評価に基づいて資金提供を計画し、取るリスクに見合ったアップサイドを期待するはずです。資金提供者が市場と同等の収益率（**市場期待収益率**）を求めていると言う場合、それはリスクプロファイルが類似した他の投資商品と同等の収益率を求めているという意味です。

　ミッションが合致した資金提供者の中には、金銭的リターンを社会的ないし環境的なインパクト達成（インパクト・リターン）と引き換えにしてもよいという人がいるかもしれません。ただし、資金提供者がインパクトやミッションを重視しているからといって、市場期待収益率を求めていないと決めつけないことが大事です。

表 4-5　リソースの種類

種類	説明
信用力のある担保	大きな価値のある資産
借入資本	貸し出したり借りたりできる資本
流通チャネル	企業が専有チャネルまたは共有チャネルを通じて製品やサービスを流通させる能力
株式資本	所有権を購入するために使える資本
資金調達支援	将来の資金調達のための支援、助言、人脈
財務管理 [a]	財務管理能力や財務会計システムの開発支援
地理的知識／プレゼンス	ターゲットとしている地域についての知識、その地域におけるプレゼンス
助成金	金銭的リターンを期待しない資本
ガバナンス支援 [b]	取締役会の構築支援およびガバナンスシステムの強化
人的資本支援 [c]	採用する人材との橋渡し、既存の経営陣の強化支援
インパクト戦略	セオリー・オブ・チェンジとインパクト測定・マネジメント（IMM）戦略の開発支援
問題領域におけるアウトカム／業界知識／経験	特定の社会的・環境的アウトカム領域で働いた経験
購買力	製品／サービスの購入に充てる能力
ソーシャルキャピタル	関連する人々やコミュニティに対する事業体または個人の影響力／信用
戦略的支援	ビジネスモデル開発および事業計画
技術経験	関連技術を使ったり構築したりする能力
可視性	多数の関係者に情報を普及させる能力

a-c) Boiardi, P. & Hehenberger, L. (2015). Adding Value Through Non-financial Support—A Practical Guide. European Venture Philanthropy Association

主に助成金を提供する財団のような資金提供者は、助成金対象者のインパクト達成に最大の関心があり、金銭的なアップサイドはリターンの計算において二の次となる可能性が高いです。

　考慮すべき最後の点として、資金提供者があなたの会社を支援する時間枠を理解しておく必要があります。資金提供者がリターンを求めているのは1年後か、2年後か、10年後か。返済の開始をいつからと期待していて、いつまでに完済を期待するのか、その両方を確認しましょう。

資金提供者のステークホルダーは誰か。資金提供の承認はどのようになされるのか

　資金提供者が資金を出す機会と制約を理解するためには、資金提供者の主要な利害関係者(ステークホルダー)が誰で、資金提供がどのように承認されるのかを知る必要があるでしょう。多くの資金提供者には投資家や寄付者のような外部ステークホルダーがいて、そのステークホルダーに対する義務を負っています。外部ステークホルダーが投資家である場合は、投資できる企業の種類、リターン要件、取れるリスクの水準、リターン発生の予定時期について明確に定められたパラメータを持っている可能性が高いでしょう。外部ステークホルダーが寄付者である場合は、具体的なインパクト目標を持っていて資金提供できる企業の種類に制約がある可能性が高いでしょう。

　外部ステークホルダーに説明責任を負っている資金提供者、例えば**リミテッド・パートナー（LP）**と呼ばれる自社の投資家に説明責任を負うベンチャーキャピタル会社などは、資金提供の構成や提供できるリソースの種類について柔軟になりにくいです。だからといって革新的になれないわけではありませんが、資金提供者自身の将来の資金調達能力が、外部ステークホルダーに対して一定の成果を出せるかどうかにかかっていることは認識しておかなければなりません。

　それに対して、**ファミリーオフィス**や**エンダウメント**〔寄付された資産をもとに運営されている財団〕のような資金提供者は外部ステークホルダーに対して背負うものはないかもしれませんが、内部ステークホルダーがいてその人々に対して義務があります。このような資金提供者のほうが投資

契約を構成する能力と提供できるリソースの種類について柔軟性が高いかもしれませんが、とはいえ資金提供が内部の成功基準を満たさなければなりません。

　考慮すべき最後の点は、資金提供者が資本（またはリソース）の投入にどのように承認を得るのかです。どの投資契約を承認するかを決定する**投資委員会**、取締役会、ないし**シニアマネジメント委員会**が社内にあるかもしれません。承認と資金提供にかかる時間はそれぞれに異なります。資金提供者との契約締結にかかる時間は、融資の種類とデューデリジェンスの書類提出がどれだけ求められるかによります。

第5章

(Part 1 まとめ) エクイティ〔資本金〕とデット〔借入〕

　さて、エクイティ〔資本金〕とデット〔借入〕を一通り見て、**準株式**、**メザニン・ファイナンス**、**トレードファイナンス**の概念を紹介し、自己評価のチェックリストを解説したところで、パート1の内容をおさらいしましょう。

　現在の資金調達の現場においては、ベンチャーキャピタル出資という言葉を**リスク資本**という意味で使います。つまり、エクイティ〔資本金〕が次のような資金を得る唯一の方法であると前提します。

- 柔軟――何に使ってもよい。
- 忍耐強い――当初は返済を求めない。
- リスクを取る――**担保**がなく**知的財産（IP）**がほとんどないアーリーステージの会社に対する投資意欲がある。
- 積極的に関与する――**メンターシップ**と、成長に関するインセンティブの一致がある。

　営利的なVC投資家からの**株式資本**は今挙げたすべてを提供してくれますが、次の条件もついてきます。

- **指数関数的成長**を求める――元の投資額の何倍もの金額でエクイティ投資を**イグジット**することを期待している。
- 創業者が資金調達ラウンドという手段で追加エクイティの調達を続け、最後に会社を別の投資家に売却する（**セカンダリー・セール**）か公開市場に上場する（**IPO**）ことを期待している。

- 高くつく——創業者はエクイティファイナンス・ラウンドのたびに会社の**所有権**を売却しなければならない。
- 時間の経過につれ創業者が会社の経営権を失う可能性が高くなる。
- **非営利団体**や**協同組合**には使えない。

　ヘリウム社（第1章）のディメジとティトとアデゴケは、会社を指数関数的成長の軌道に乗せるために**エンジェル投資家**とVCから株式資本を調達する必要がありました。3人は最終的にプレシード、シード、シリーズAラウンドに**SAFE**とプライスド・エクイティを利用しました。次に示すのは従来のエクイティ〔資本金〕による資金調達プロセスとそれに関わる投資家を記した表です（表5-1、次頁）。

　前章で触れた通り、この本を読んでいる皆さんのほとんどは野心的な**ユニコーン**ではないでしょう。エクイティ〔資本金〕がほとんどの会社には適さない手段だとすれば、他にどのような選択肢があるでしょうか。銀行からの**担保付融資**はどうでしょうか。SOKOを起業したエラのケース（第2章）で見たように、多くのアーリーステージの組織にとっては、銀行からの借入もベストな選択肢ではないことが多いかもしれません。

　第1に、**中小企業**のリスクプロファイルのせいで担保付融資は必ずしも利用できるとは限りません。SOKOは銀行からの**運転資本**の融資枠を利用できませんでした。収益の安定性と十分な信用履歴がなかったからです。また**保証**になる担保もありませんでした。ほとんどの**スタートアップ**と中小企業には担保にできるほどの**資産**がないだけでなく、求められた通りに返済できなければその貴重な資産を失う可能性を抱えることが会社にとって破滅を招きかねません。

　さらに、ほとんどのデット〔借入〕は収入に関係なく終始一定の返済を求めます。創業者であるあなたの収益はSOKOのように季節によって大きく変動するかもしれません。だとすると従来型の銀行の返済条件を満たすことは難しくなるでしょう。

　最後に、銀行からのデット〔借入〕は一般的に、メンターシップを含まない「独立当事者間の取引」です。これは、会社を成長させるために必要

表5-1 会社のステージごとのエクイティ資金調達のライフサイクルとプレイヤー

コンセプトステージ	アーリーステージ	成長ステージ	スケール化
おおむねアイデアはあるが、実用最小限のプロダクト(MVP)やプルーフ・オブ・コンセプト(POC)は必ずしも持っていない。	MVPかPOCはあり、知的財産(IP)の法的保護にも手をつけたかもしれないが、お金を払ってくれる顧客はいたとしてもまだわずかである。	提供する製品ないしサービスを明確にし、お金を払ってくれる顧客基盤も持っている。成長するための社内インフラを構築しているところである。	大規模で成長しつつある顧客基盤を持ち、社内インフラの構築も終わり、事業をスケール化して、もしかすると新しい製品やサービスを加えているところである。
プレシード　シード	シリーズA	シリーズB	シリーズC　シリーズD…

友人、家族、愚か者(3Fs) がプロトタイプの製作と事業開始に投資してくれる。

エンジェル投資家、多くは多額の金融資産を持つ個人(HNWI)またはHNWIのネットワークが、駆け出しの企業に資本を投入し、ビジネスモデルを実証するためのIPの開発や集客を支援してくれる。

アクセラレーター と **インキュベーター** もこのステージの会社に協力して投資対象となれるよう支援してくれる。資本を投資してくれるところもある。

ベンチャーキャピタル・ファンド(VC) が会社に投資してスケール化を支援する。

後のステージのエクイティ投資は **プライベート・エクイティ会社(PE)** によって、成長資本と呼ばれる資金を使って行われる。

な支援とパートナーシップが得られにくいことを意味します。

エクイティ〔資本金〕とデット〔借入〕による資金調達のメリットとデメリットの一覧が表5-2です。

表5-2　エクイティ〔資本金〕とデット〔借入〕の比較

	メリット	デメリット
エクイティ〔資本金〕	・柔軟 ・忍耐強い ・リスク耐性がある ・資金提供者と被資金提供者に成長へのインセンティブがある ・積極的な関与がある。メンターシップとパートナーシップが利用できる	・指数関数的成長とイグジット・シナリオを求める ・高くつく（会社の所有権を売却する） ・資金提供者が重要な意思決定に関与し、拒否権を持つ ・時間の経過につれ会社の経営権を失う可能性がある
デット〔借入〕	・比較的安価になりうる（他の選択肢に比べて） ・貸し手が所有権を持ったり意思決定に関与したりしない ・自己清算型、イグジットに外部投資家を必要としない	・終始一定の返済が求められる ・担保が必要 ・信用力と事業実績が必要 ・独立当事者間の取引で、一般的にメンターシップが含まれない

メザニン・ファイナンスと合わせて使う

SOKOは**コンバーティブル・デット**を使って株式資本を調達しましたが、その後、事業の**季節性**ゆえに短期の資金ニーズに対応するため運転資本を手に入れる必要に迫られました。メザニン・ファイナンスを利用したおかげで、会社の所有権をそれ以上売ることなく必要な現金を得られました。

グラスルーツ・ビジネス・ファンド（第2章）のリリアンは、メザニン・ファイナンスを使って、アーリーステージで急成長中でも**銀行融資**に適格

な信用履歴や担保を持たない、**借入資本**を必要としている会社に資金を供給しています。

メザニン資金提供者は一般的に他の資金提供者に劣後します。メザニン資金提供者には無担保もしくは、**個人保証**のような担保に代わる形で部分的に保証された融資を行う意思があります。

メザニン資金提供者は、アーリーステージの高成長組織に融資できるよう、革新的なリスク評価方法を積極的に使います。例えば、メザニン・ファイナンスの一種である**ベンチャーデット**は、評判の良い VC 投資家が**資本構成**にいる会社に貸し付けられます。

メザニン資金提供者は融資の**利息**に加え、**利益分配**（キャッシュ・キッカー）や**ワラント**という形の**キッカー**を使って、会社の成長の**アップサイド**に参加します。

次のパートでは、メザニン・ファイナンスのような準株式をもう少し掘り下げます。

インボイスを現金に引き換える

イコール・エクスチェンジ（第 3 章）は農家の運転資本ニーズを軽減するため、**サプライチェーン・ファイナンス**を利用して取引先の農業協同組合から収穫直後のコーヒーを買っています。同社は注文の一部に対する支払を保証することにより、農家が地元の**インボイスファクタリング**会社から運転資本を調達しやすくする支援もしています。

パワード・バイ・ピープル（第 3 章）のエラは、職人が運転資本にアクセスできるよう、インボイスファクタリングと**パーチェス・オーダー・ファイナンス**を使った職人向け金融商品を考案しました。

インボイスファクタリング、**シップメント・ファイナンス**、パーチェス・オーダー・ファイナンスは、それぞれ**インボイス**、積荷送り状、顧客の注文書を担保に借入を行い、運転資本を調達できる短期融資の選択肢です。この融資は他の多くの資金調達方法に比べると高くつく可能性がありますが、他のタイプの借入を利用するために信用履歴を作りたいアーリー

ステージであったり、事業に季節性がある会社にとっては有用となりえます。

サプライチェーン・ファイナンスは顧客からの前払を運転資本ニーズの調達に利用します。あなたが参加できるサプライチェーン・ファイナンス・プログラムを確立している買い手企業もあります。定期的に購入してくれる大手の顧客と良い関係が築けていれば、公式プログラムがなくても交渉してみる価値があるでしょう。

主な特徴をもとにあなたにどんな選択肢があるかがわかる早見表を以下に示します（表5-3）。

表5-3　選択肢の早見表

あなたの状況	「イエス」ならこの選択肢
ユニコーンを目指しているか？指数関数的成長に挑戦する覚悟があり、将来的に会社の経営権を手放す気があるか？	エクイティ〔資本金〕（コンバーティブル・デット、SAFE、プライスド・エクイティ・ラウンド）
証明可能な社会的・環境的インパクトの実績があるか？	
有形資産や信用履歴があるか？	担保付融資
インボイス／注文書／注文履行の実績があるか？	インボイスファクタリング、パーチェス・オーダー・ファイナンス、サプライチェーン・ファイナンス
ベンチャーキャピタルから出資されているか？	ベンチャーデット
上記のいずれもないか？	メザニン・ファイナンス、無担保運転資本融資枠、クレジットカード

選択肢の比較

表5-4（次頁）を参照してください。

表5-4 エクイティ〔資本金〕とデット〔借入〕の選択肢

	エクイティ （プライスド・エクイティ、SAFE、コンバーティブル・デット）	担保付融資
説明	会社の所有権または将来的な所有権の購入	担保によって保証された融資
法人登記	営利企業、社会的企業	非営利団体、営利企業、協同組合、社会的企業
収益モデル	まだ決まっていないかもしれない	終始一定、または多少季節性がある
会社のステージ	コンセプト、アーリーステージ、成長	成長、スケール化、確立
事業の成長見通し	ユニコーンを目指している、または高成長ベンチャー。一部にカテゴリー・パイオニア	高成長ベンチャー、カテゴリー・パイオニア、ニッチ・ベンチャー、ダイナミック・エンタープライズ、生計事業
エンベデッドネス	ミッション・エンベデッドネスの度合いが高いなら、エクイティ・パートナーとしてインパクト投資家を探したほうがよい	特に関係なし
実績	インパクト実績はまだないかもしれないが、包括的なインパクト測定・マネジメント（IMM）は作れる	借入契約に社会的または環境的マイルストーンがない限り、求められない
資金の用途	POCまたは長期的成長	運転資本、資産、成長資本
担保となる資産	求められない	有形資産と信用履歴
返済計画	会社の売却、IPO、合併あるいはセカンダリー・セールによるサードパーティー・イグジット	内部キャッシュフローまたは外部からの借入
所有権	時間の経過につれ会社の経営権が希薄化してもよいという意思	所有権には影響なし
将来の資金調達	エクイティ〔資本金〕とデット〔借入〕の併用	将来どのような資金調達方法とも並行して使える
資金提供者の関与	金銭的なアップサイド重視。取締役の座、重要な議決権、情報受領権を含め継続的に高い関与	金銭的なダウンサイド重視。借入契約の誓約事項に基づき継続的に低い関与
最も可能性の高い資金提供者	ベンチャーキャピタル・ファンド、プライベート・エクイティ・ファンド、エンジェル投資家、インキュベーター、アクセラレーター、開発金融機関、ファミリーオフィス	銀行、開発金融機関、デットファンド、ノンバンク

メザニン・デット	ベンチャーデット	ファクタリング（インボイスファクタリング、シップメント・ファイナンス、パーチェス・オーダー・ファイナンス）	サプライチェーン・ファイナンス
固定金利付きで返済され、ワラントまたは利益分配のようなキッカーを通じたアップサイドのある融資	急成長しているベンチャーバックド企業に対して行われる融資	それぞれインボイス、積荷送り状、注文書を担保に借入を行える短期融資	顧客からの前払を運転資本の調達に利用する
営利企業、社会的企業		非営利団体、営利企業、協同組合、社会的企業	
ある程度季節性があるかもしれない		季節性がある、または変動性が高い	
アーリーステージ、成長、スケール化		アーリーステージ、成長、スケール化、確立	
高成長ベンチャー、カテゴリー・パイオニア、ニッチ・ベンチャー	高成長ベンチャー、カテゴリー・パイオニア	高成長ベンチャー、カテゴリー・パイオニア、ニッチ・ベンチャー、ダイナミック・エンタープライズ、生計事業	
ミッション・エンベデッドネスの度合いが高いなら、ミッションドリブンな資金提供者を探したほうがよい		特に関係なし	あなたと買い手／顧客のミッション・エンベデッドネスの度合いが高いなら、資金調達目標も合致しているかもしれない
インパクト投資家は後半ステージの会社にインパクト実績を求めるかもしれない		特に求められない	ミッション重視型の買い手と取引していない限り、求められない可能性が高い
成長資本、運転資本		運転資本	
有形資産とオルタナティブなタイプの担保の併用。完全に無担保でもよいという資金提供者もいるかもしれない	ベンチャーキャピタルからの資金提供およびもしかするとある程度の担保	インボイス、積荷送り状、注文書	顧客の商品
金利とキャッシュ・キッカーに対しては内部キャッシュフロー、ワラントが含まれていればサードパーティー・イグジットも		顧客の支払	なし
返済が金利＋キャッシュ・キッカーであれば所有権を希薄化させる意思は必要ない。ワラントには所有権を希薄化させる意思が求められる	ベンチャーキャピタル出資により時間の経過につれ会社の経営権が希薄化してもよいという意思	所有権には影響なし	
将来エクイティ〔資本金〕とデット〔借入〕のどちらとも両立できる		将来の借入のために信用履歴が作れる	将来の資金調達には影響しない
アップサイドとダウンサイドの両方を重視。継続的な関与がある。誓約事項はダウンサイド・プロテクションの役割を果たし、議決権と情報受領権はアップサイドへの関与のために用いられる可能性がある		融資の対象となっている特定の取引のみ	取引を自分から始めなければならない
デットファンド、メザニンファンド、銀行、ノンバンク		メザニンファンド、ノンバンク	顧客

Part 2

リスク資本を創業者のニーズに合わせて設計する

このパートでは、エクイティ〔資本金〕とデット〔借入〕を併用したストラクチャーを創造することによって従来の**リスク資本**モデルを**創業者**のニーズに合わせて作り変えた、先駆的な**資金提供者**と創業者を追います。

　そんな資金提供者と創業者が作り出したのが**ストラクチャードイグジット**契約でした。**メザニン・ファイナンス**の概念を拡張したストラクチャードイグジット契約は、エクイティ〔資本金〕（柔軟性および忍耐強さ）とデット〔借入〕（**自己清算とコスト**）のいいところ取りをし、**指数関数的成長**を求めたり投資家を満足させるために最終的に会社を売却することを強要したりしない、リスク資本調達を実現しています。このタイプのストラクチャーを指す用語は明確に定まっていないのですが、本書ではこのカテゴリーをストラクチャードイグジットと呼ぶことにしました。実態を最もよく表しており、創業者と資金提供者の双方に広く使われていると思われるからです[1]。

　ストラクチャードイグジットとは、創業者と資金提供者が契約において、資金提供者が投資から完全に（または部分的に）**イグジット**する計画について合意するリスク資本契約をいいます。会社が指数関数的成長を果たしていずれ買収する企業が現れるか株式市場に上場することを当てにし、終了時期を定めない契約をするエクイティ資金提供者とは異なり、ストラクチャードイグジット資金提供者は、リターンの受け取り方に関して**配当金**、**利益分配**、償還またはそれらの併用など、現実的な達成計画を提示します。

　メザニン・ファイナンスと同様、このようなストラクチャーは大きな

---

1) 条件付き支払負債性金融商品という用語も耳にするかもしれません。小難しい言葉ですよね！　でも正確に意味を表しています。というのもこの金融商品の支払は、特定の収益またはキャッシュフローの計算を条件にしているからです。もう一つ、自己清算型金融商品という言葉も聞くかもしれません。これは、会社の売却のような外部的なイグジットイベントを求めない契約という意味です。借入はすべて自己清算型ですから、これはちょっとわかりにくいですね。本書の改訂版が出る頃には、このようなストラクチャーの定義についてよりわかりやすい結論が出ているかもしれません。そうしたらこのくだりは全部いらなくなるでしょう！

括りでいうと**準株式**資金調達オプションの仲間になります。つまりこれらは、第3章と第5章で取り上げたように、エクイティとデットの要素を兼ね備えています。

ストラクチャードイグジット契約はさまざまな形態をとる可能性がありますが[2]、本書ですべてを網羅するのはとても無理です。そこで、この概念をできるだけ明確にするために、ストラクチャーの各カテゴリーを理解するのに便利なフレームワークを作りました（表Ⅱ-1）。パート2の最後の章でもう少し詳しく解説します。

第6章ではアネール・ベン＝アミの旅を例に、どのような会社に**ストラクチャードイグジット・ファイナンス**が必要なのかを探っていきます。第7章では、マイターン社の旅を追い、アーリーステージの創業者が成長につれて**所有権を買い戻せる償還可能株式**の仕組みを見ます。第8章では、イコール・エクスチェンジを例に優先株という形をとった償還可能株式の選択肢を取り上げます。これは会社のミッションを守る**ミッションロック**を含むものです。

第9章と第10章では、プロヴァイヴ社とマヤ・マウンテン・カカオの体験を通じて**コンバーティブル・レベニュー・ベースド・ファイナンス（コンバーティブルRBF）**という金融商品を紹介します。これは支払方法が可変的で、資金提供者がエクイティ〔株式〕に転換できる可能性を秘めた成長資本契約です。最後に第11章で、VIWALAとゲットヴァンテージがテクノロジーを使ってどのように**レベニュー・ベースド・ファイナンス（RBF）**を拡張しているかを見ていきます。RBFとは創業者が収益（またはキャッシュフロー）をもとにデット〔借入〕を返済できる**運転資本**の選択肢です。

2）新しいタイプの**ストラクチャードイグジット契約**の条件の組み合わせはほぼ無限にあることをぜひ覚えておいてください。ストラクチャードイグジットの専門的な内容を掘り下げて知りたい方には、オンライン・コンパニオンでタームシートのさまざまな選択肢や税務上および会計上の考慮事項を詳述しています。

表II-1　ストラクチャードイグジットの種類

カテゴリー	メザニン・デット	償還可能株式	コンバーティブルRBF	レベニュー・ベースド・ファイナンス（RBF）
基本的な説明	固定金利付きで返済され、ワラントや利益分配（キャッシュ）などのキッカーを通じたアップサイドがある融資	事前に合意された倍率または双方が合意した価格で創業者が買い戻せる株式	将来の収益またはキャッシュフローの一定割合として返済され、エクイティ〔株式〕に転換するオプションがついた融資	将来の収益またはキャッシュフローの一定割合として返済される融資
別称	SMEリスク資本、ベンチャーデット	償還可能優先株式、業績連動型償還可能転換優先株式、株式償還、インディー・ドット・VC、バリアブルVC、フレキシブルVC、優先株式	レベニュー・ベースド・デット、ディマンド配当、可変配当、レベニュー・ベースド投資、劣後可変支払債、レベニュー・ベースド・メザニン・デット、シェアード・アーニングス契約（SEAL）、ロイヤルティ・ファイナンス[a]	収益分配契約、キャッシュフロー・ファイナンス、ロイヤルティ・ファイナンス
取り上げている章	第2章	第7、8章	第9、10章	第11章

a) ロイヤルティ・ファイナンスという言葉はレベニュー・ベースド・ファイナンス（RBF）の説明としてよく使われますが、厳密には独立したタイプの資金調達方法です。ロイヤルティ契約は収益計算の予定されたパーセンテージのような役割を果たしますが、指定された製品やサービスのような特定の収益源にのみ適用されます。特定の知財（IP）資産、油田、鉱山からの収益がその例です。映画、テレビ、音楽、医療のようにIPの比重が大きい業界では特に一般的です。過去においてはさまざまなタイプのストラクチャードイグジットがロイヤルティ・ファイナンスの略称で呼ばれてきましたが、本当のロイヤルティ契約は関連する知財を契約の担保に用い、債務不履行の場合はその知財の所有権を取得するものです。

第6章 Structured Exit : Candide Group

ストラクチャードイグジット
―― キャンディード・グループ

　ユニコーンを目指していたヘリウム社（第1章）は、会社の**成長資本**として必要な**リスク資本**を調達するために、従来型のエクイティ〔資本金〕の道を進まなければなりませんでした。でも、あなたがリスク資本は必要だがユニコーンにはならないとわかっている場合はどうしたらよいでしょうか。この章では、アーリーステージ投資の世界に足を踏み入れたものの、この問いへの良い答えがほとんどないことを知った投資家に登場してもらいます。彼は優秀で革新的な投資家らしく、世界の**ゼブラ企業**のためにもっと良い選択肢を作ることに尽力したいと考えていました。

エクイティファイナンスという選択は合ってる？

　プリツカー家のある女性に協力して、パーパスをもった**資産**の投資戦略の立案に取り掛かった2012年当時、アネール・ベン゠アミはボストン・コンサルティング・グループの経営コンサルタントとしての経験はありましたが、投資経験はありませんでした。幅広いビジネス経験がありながら投資経験は比較的浅い。実はまさにその点が、彼女がアネールを雇った理由の一つでした。その女性とプリツカー家にとっては**インパクト投資**も投資そのものも新しいチャレンジだったので、内部事情に詳しいガイド役ではなく、自らも学びながら一緒に歩んでくれる外の人を旅の道連れに望んだのです。

　どんな旅でも同じですが、アネールは何もないところからまず人脈作りに力を入れました。インベスター・サークル（Investor Circle）やトニー

ク（Toniic）のような**投資家グループやネットワーク**に参加し、インパクト・エンジン（Impact Engine）やアンリーズナブル・インスティテュート（Unreasonable Institute）のような**アクセラレーター**に接触しました。ありとあらゆる**ピッチイベント**と**投資家デモデイ**に足を運び、できるだけ多くの起業家に会おうとしました。起業家が何を必要としているのかを理解して、ボトムアップ式に戦略を立てようという意欲に燃えていたのです。彼がまず受けた印象の一つは、出合った会社が、解決に取り組む問題と**ビジネスモデル**の両面において多種多様であることでした。送金コストを安くしようとしている送金会社、雇用と持続可能な製品を創っている実店舗の小売企業、世界中のアーティストをバイヤーやブランドとつなぐプラットフォーム企業、家庭菜園の造園に特化したサービス主体の企業など、実にさまざまでした。なのに、どの会社もユニコーン的な成長を目指してエクイティ資本を求めるYコンビネーター風の**スタートアップ**として自社を売り込もうとしているように見えたのです。

なぜどの会社も無理してエクイティファイナンスの道に進もうとしているのか。それ以外に現実味のある選択肢を知らないからだ、とアネールは気づきました。しかし、VC投資家は革新的なビジネスモデルを有するこのような会社の多くに出資を断ります。そのビジネスモデルがVCの「のるかそるか」というマインドセットにそぐわないからです。ひたむきな**社会起業家**がプレッシャーをかけられて「何が何でも成長せよ」式の事業アプローチに追い込まれ、大きな**ミッション・ドリフト**を引き起こしたり、**指数関数的**な速度で成長しなかったから失敗であるとみなされたりする様子も目にしました。「ユニコーンではない企業のためのリスク資本モデルがなぜないのだろう」と彼は疑問を覚えました。

イグジットの条件

この疑問に答えようと、彼はまず、なぜエクイティ〔資本金〕が自分の出合った会社の多くに適さない資金調達オプションなのかを理解しようとしました。それは、ほとんどの企業に対して投資家が資金を回収するため

の要件が結局**イグジット**だからだ、とわかりました。

　投資家がある会社のエクイティ〔株式〕を買うとき、その会社は投資家に返済する約束はしません[1]。それよりも、会社の評価額が成長していつか買収（**トレードセール**）されるか、上場（**IPO**）するか、別の投資家にバイアウト（**セカンダリー・セール**）されて、出資金に巨額の利益を乗せて回収することを投資家は期待します。VC 投資家が 10 倍リターンについて話すのを耳にすることは多いでしょう。つまり VC は投資した金額が 10 倍になって返ってくるようなイグジットを求めているわけです。

　エクイティ〔株式〕契約には、各種のイグジットイベントの際に資金提供者と被資金提供者が受け取る売却益の割合を定めた条項がありますが、どのイグジットを追求するかに関する確定的な約束や要件はありません。現実には、成功した会社がイグジットするのを多くの資金提供者が年単位（時には十年単位）で待ちます。これはつまり、投資家や VC ファンドマネージャーにとって、投資ポートフォリオが書類上は巨額の価値を持っているように見えても、実際はイグジットイベントがあるまで投資した資金にアクセスしたりリターンを出したり再投資したりできない、ということです。創業者にとっては、なんらかのイグジットをする資格を得られるだけの高成長を維持しながら、キャッシュを調達し続けなければならないのです。

ポートフォリオ構築をスポーツに喩えると？

　従来型の**エンジェル投資家**／VC のポートフォリオは、IPO イグジットの可能性がきわめて小さいという理解のもとに構築されます。ですから、10 件の投資につき 1 件がホームラン（10 倍以上のリターンを達成）、3 件が「二塁打」か「三塁打」で 10 倍に満たない資本利益率を上げ、4 件が「単打」（投資した資金が回収できるだけ）、3 件がゼロ（損失）になる、とエンジェル投資家／VC は見込んでいます。今使った用語がちんぷんかんぷんだと思ったあなたに種明かしすると、これは実は野球用語で、VC

---

1) コンバーティブル・デット契約において、被資金提供者は転換しない場合は債務を返済することに合意しますが、一般的に投資家はデット〔融資〕をエクイティ〔株式〕に転換することを期待します。

表 6-1　ポートフォリオ構築をスポーツに喩える

投資件数	野球	クリケット	オリンピック	ポーカー	サッカー	自己資本配当率[a]
1	ホームラン	シックス	金メダル	ロイヤルフラッシュ	ハットトリック	10倍以上
3	二塁打／三塁打	フォー	銀メダル／銅メダル	フルハウス	ゴール	2～5倍
4	単打	シングル	完走	ペア	アシスト	1倍
3	三振	ウィケット	失格	フォールド[b]	オウンゴール	0倍
合計10						平均2.9倍

a) 自己資本配当率（キャッシュ・オン・キャッシュ：CoC）とは投資額に対して投資家に戻ってくるお金の額をいいます。ある会社に10万ドル投資して100万ドル戻ってくれば、10倍リターンを得たことになります。
b) 厳密に言うとこれはポストフロップでのフォールド、つまりブラインドを失うことを意味します。

　発祥の地であるシリコンバレーでは通じるでしょうが、野球が身近なスポーツでない国では必ずしもうまく伝わりません。そこで他のスポーツの用語と対照させた早見チャートを用意しました（表6-1）[2]。

　例えばポーカーに置き換えてみましょう。投資家はロイヤルフラッシュを獲得するのが稀とわかってはいますが、それでもロイヤルフラッシュになる可能性を手にするために、賭ける対象としてあらゆるハンドを求めます。ペアかフルハウスにしかならないように見えるハンドなら、賭ける価値はありません。つまり、ロイヤルフラッシュ（ホームラン、金メダル、ハットトリック）の見通しを示さない会社はエンジェル投資家／VCの資本を獲得しないだろうということです。

　従来型のVCによるスタートアップの資金調達の仕組みを学んでいたアネールには、2つの強みがありました。1つ目は、彼が**ファミリーオフィス**のために働いていたことです。つまり、10年サイクルで資本の調達と還元を行う従来型のVCファンドマネージャーに対して、彼は長期的かつ継続的な価値を求めることを重視していたので、従来型のエクイティ・

---

2) 野球に喩えた表は以下より改変して収録：Libes, L. (2016). The Next Step for Investors: Revenue-based Financing. Lunarmobiscuit Publishing.

ファンディングの手法やポートフォリオ構築を採用する必要がなかったわけです。2つ目として、彼はアウトサイダーだったので、モデルそのものに対して健全な疑いを抱いていました。

この立場から、アネールは投資家と創業者の間にイノベーション・ギャップを見つけました。創業者が市場の解決策を用いて社会課題に対応する革新的なモデルを考案しているのに、投資家はシリコンバレーのスタートアップに資金を提供するために設計されたツールを十年一日のごとく使っていたのです。ということは、自分は一社ずつ個別に評価して、どんな資金提供方法が最も理にかなうかを判断しなければならないのではないか。彼はそうさとりました。

波乱のスタート

エクイティ〔株式〕に関して世の流れに逆らうのは、やってみると非常に大変でした。疑問を持ちつつも、アネールが締結した最初の数件の契約は実は従来型の**コンバーティブル・デット**契約と優先株式契約でした。「違うやり方をしよう」と言えるだけの自信が当時はなかった、と彼は振り返ります。また、その数件はファミリーオフィスにとって最初期の契約だったため、少なめの金額で他の投資家に倣って投資し、まずは様子を見たいというプリツカー家の意向もありました。それで従来型のエクイティ投資家たちと同じ最も困難の少ない道を進んだのです。

でもアネールはあきらめませんでした。そして2013年に別の方法を試すチャンスが訪れました。ファミリーオフィスがビッグ・シティ・ファーム（Big City Farms）という会社に、収益分配契約という方法を使って投資する選択をしたのです。

ビッグ・シティ・ファームはメリーランド州ボルチモアで元受刑者を雇用して温室農業を営む事業者でした。創業まもない、事業に**季節性**のある会社だったため、ビッグ・シティ・ファームは従来型のデット〔借入〕には適さず、同社の成長プロファイルはエクイティ〔資本金〕にも適しませんでした。アネールは将来の収益の一定割合に基づいた支払を通じたリ

ターンを期待し、この会社に投資しました。

アネールとビッグ・シティ・ファームにとって残念なことに、同社はしっかりしたビジネスモデルと優れた経営陣を擁していたにもかかわらず、不運の連続に見舞われました。すべてがこの会社に裏目に出ました。まず、使っていた最大の農地が大企業に買われ、立ち退きを余儀なくされました。次に、予備の土地の土壌汚染が発覚。とどめは数十年に一度の厳冬がボルチモアを襲い、作物がほぼ全滅したのです。ビッグ・シティ・ファームは廃業せざるをえませんでした。

しかしアネールは出だしの失敗にくじけませんでした。従来型のエクイティファイナンスに適さないパーパスドリブンな企業向けの資金調達市場に存在するギャップが、彼にはあいかわらず見えていました。けれどもっと革新的なモデルを試すためには、ファミリーオフィスは多額の投資金で**ラウンドを主導する**」か、他の投資家たちを仲間に入れて、従来とは違う道を選んだとしても頼りにできる投資家集団がいるのだと創業者を安心させる必要がありました。

社会正義を目指して手を組む

同じ 2013 年に、アネールはモーガン・サイモンに出会いました。モーガンは経験豊富なインパクト投資家で社会正義のための活動をしており、インパクト投資家ネットワーク「トニーク」の創業 CEO でした。アネールはモーガンと手を組み、インパクト投資会社「キャンディード・グループ」(Candide Group) を立ち上げました。一つのファミリーオフィスから複数のファミリー、**財団**、アスリートなど、自分の資産を社会正義に役立てたいと願うインフルエンサーへとサービスの対象を拡大したのです。顧客の数が増え会社の能力が拡大したおかげで、キャンディードは投資を主導できるだけの資本とオルタナティブな条件を提唱する自信を手に入れました。

この新会社の一部として、アネールはエクイティ〔資本金〕に代わる資金提供モデルに関心を持つ資金提供者のコミュニティを作る必要があると

判断し、志を同じくする投資家のワーキンググループを開催するようになりました。毎月、1人の投資家がオルタナティブなストラクチャーを使った過去の取引をプレゼンし、みんなでそこからの学びと将来の取引で協力する方法を話し合いました。

共同出資の最初のチャンスが訪れたのは2013年後半、エレオス財団のジム・ビラヌエバがベリーズにある高級カカオ生産者のマヤ・マウンテン・カカオ（MMC）との取引を提案したときでした。第10章で見ていきますが、アネールは**ディマンド配当**と呼ばれるユニークな**利益分配**契約を試している投資家のコンソーシアムに初めて参加しました。この契約は、従来のVCイグジットのかわりにMMCのキャッシュフローからの支払を通じて投資家にリターンを提供することを約束するものでした。

ワーキンググループの他のメンバーには、アドビ・キャピタル（第9章に登場）のようなレベニュー・ベースド・メザニン・デット提供業者やヴィレッジ・キャピタル（第24章に登場）のような**償還可能株式**の提供業者がいました。これらの資金提供者が用いていた投資オプションは売却、合併、IPOを求めず、創業者が時間をかけて資金提供者に資金を返済するか償還することを可能にしました。

このような資金提供者と共同出資するうちに、最初からイグジット戦略を提供する投資契約を採用すれば従来のエクイティの欠点が多数解消されることがアネールに見えてきました。多くの創業者にとって、**ストラクチャードイグジット**契約は当事者双方に対して条件を明確にし、出資関係の行方について妥当な期待を持たせました。それは終了時期を定めない契約ではできないことでした。

「この章に出てくる選択肢の数が多すぎてついていけない」と思うかもしれませんが、大丈夫です。この後の章でそれぞれの選択肢をしっかり見ていきます。

アネールがストラクチャードイグジット契約から学んだことはもう一つあります。ポートフォリオ構築は一見すると従来のVCポートフォリオと大きく違うかもしれませんが、金銭的な結果はかなり似通ったものになりうることです。要するに、投資先に「単打」と「二塁打」を増やしてアウ

トとホームランを減らせば（どうぞお好きなスポーツの用語に読み替えてください！）、VC 投資家が目標とするポートフォリオと同水準のリターンを出すポートフォリオが作れるのです。

多様な投資先に合わせて設計する

キャンディード・グループが拡大するなか、アネールとモーガンはストラクチャードイグジットの実験を続けました。同社はオーガニカリー・グロウン・カンパニー（Organically Grown Company）[3]、ファイヤーブランド・アーティザンズ（Firebrand Artisans）、ベレット・コーラー（Berrett Koehler）への投資（利益分配または配当性向ストラクチャー[4]の形態を含む）と、タンカ・バー（Tanka Bar）、ソーラー・ホーラー（Solar Holler）、ウルトラノーツ（Ultranauts）への投資（会社が投資家からエクイティ〔株式〕を買い戻せる社内バイアウト・オプション[5]を用いた）を主導しました。2020 年後半現在、キャンディード・グループが投資を支援した企業とファンドは 90 を超えています。特筆すべきは、投資先の半数以上が女性と有色人種が代表を務める企業であることです。

アネールは自分のストラクチャードイグジットの旅を振り返り、創業者と資金提供者にストラクチャードイグジットを試しましょうと説得するのに費やした最初の数年間について、友人のブライス・ロバーツの言葉を借り「お菓子屋さんでブロッコリーを売っている」ようだった、と言います。しかしこの状況も、よりミッションが合致した柔軟な資本を提唱するゼブラズ・ユナイト（Zebras Unite）のような創業者主導の運動や、コラブ・キャピタル（Collab Capital）、パーパス・ベンチャーズ（Purpose Ventures）、アーネスト・キャピタル（Earnest Capital）のような同じ志を持つ投資家の登場とともに変わりつつあると彼は考えています。

アネールによると「次のフロンティア」は、ストラクチャードイグジット

3）こぼれ話ですが、アネールがオーガニカリー・グロウン・カンパニーの創業者と出会ったのは 2017 年、ダズル・コンというゼブラズ・ユナイトのカンファレンスでした（ゼブラ企業の中にはダズルと呼ばれるグループがあります）。

4）詳しくは第 10 章と第 12 章を参照のこと。

5）詳しくは第 7 章、第 8 章、第 12 章を参照のこと。

と従業員など他のステークホルダーを重視した**所有権**ストラクチャーを組み合わせることにあります。これはキャンディードがファイヤーブランド、ベレット・コーラー、オーガニカリー・グロウン・カンパニーへの投資で取った手法でした。このタイプの投資契約は、複数のステークホルダーへの利益分配ウォーターフォールを生み出すので、より多くの人が富の創出を享受することになります。コミュニティ全体が持続可能な企業経営の報酬を得られる状況を作れるのです。

ストラクチャードイグジットはあなたに適しているか

創業者へ

次のような資金源にアクセスできれば会社を成長させる足場が格段に整うでしょう。

- 事業戦略を制約しない柔軟性がある
- 短期のキャッシュフローを圧迫しない忍耐強さがある
- **担保**や大きな知的財産がなくても資金を提供するリスクを取ってくれる
- あなたに必要な**メンターシップ**と人脈を提供し、積極的な関与をしてくれる

ストラクチャードイグジット契約は、従来型のエクイティ〔資本金〕ほど**希薄化**せず、あなたが**指数関数的成長**を見込んでいなくても利用可能なリスク資本を提供してくれます。ストラクチャードイグジットはおおむねあらゆるタイプの会社に合わせて設計できます。

あなたがストラクチャードイグジット契約によって資金を調達するなら、将来は追加のリスク資本が必ずしも必要ないかもしれません。それよりも黒字化達成、キャッシュフローの確立、信用履歴の構築に集中できるでしょう。従来のデット〔借入〕とは異なり、このような契約は柔軟性の高い返済スケジュールと当初は**猶予期間**を設けてくれるので、アーリース

テージと成長ステージの企業にとても向いています。

資金提供者へ

　何よりもまず資金提供者が理解しておく必要があるのは、ストラクチャードイグジットがユニコーンを想定して作られたのではないことです。だからといってこれが高成長企業向きではないと言いたいのではありません。現に、**レベニュー・ベースド・ファイナンス（RBF）**とVCを併用したり、創業者の所有権を維持してVCによる希薄化を遅らせる手段として償還可能株式を利用したりしている高成長企業の興味深い事例があります。とはいえ、ストラクチャードイグジットはVCのパラダイムに合わない99％の会社のニーズに合わせて作られたものですから、企業とポートフォリオ構築に対してまったく違う見方が必要になります。**流動性イベント**の件数が多く金額は低くてももっと現実的なリターンを狙うポートフォリオを設計することは、資本の配分方法に関する考え方をがらりと変えることを意味するかもしれません。多くのストラクチャードイグジット投資家は実は従来型のデット〔借入〕投資家とマインドセットは似ていますが、アーリーステージと成長ステージの起業家に対してより柔軟な契約を結ぶ意思があるのです。

　野球の喩えに戻ると、アネールはストラクチャードイグジットをマイケル・ルイス著『マネー・ボール』（早川書房、2013年）に書かれた手法になぞらえて説明しています。統計に基づいたマネー・ボールのマネジメント手法では、コーチがホームランを狙わせるよりも出塁率の最大化に努めました。同じことをクリケットに喩えるなら「シックスのチャンスを待つ」のではなくたえずラン〔得点〕を狙う、ラグビーで言えばペナルティを獲得したら「トライに挑戦する」かわりに「必ずポールに向かってキック」して得点を挙げるわけです。要するに、ストラクチャードイグジットの手法を使うときにはまったく違うポートフォリオ戦略を立てるということです。

　ストラクチャードイグジット戦略を実行して成功させるには、投資先企業の財務と成長に関して、従来型のエクイティ〔資本金〕よりもはるかに

明確な見通しがなければなりません。そのために、多くのストラクチャードイグジット契約は従来型のデットファイナンス・モデルから**ファクタリング**や売掛債権担保融資の概念を借用したり転用したりしています。ストラクチャードイグジットの枠内でもっとアーリーステージの企業向けのオプションが作れなかったり、いざ投資先の企業が大成功した場合の**アップサイド**のチャンスを盛り込めなかったりするわけではありませんが、このようなストラクチャーの主眼は、より多くの起業家に思い通りの形で持続可能な企業を成長させられる資本の利用機会を与えることに置かれています。

流動性の観点からいうと、このタイプの手法は自分のリスク資本を従来型の VC ファンドに 10 年以上置いたままでいることに慣れた資金提供者にとって有利かもしれません。基本的に、ストラクチャードイグジットの投資家は個々の投資のアップサイドをある程度、流動性の確実性の高さと引き換えにしています。ですから、資金提供者であるあなたが流動性の見通しがより明確なポートフォリオの構築に関心があるなら、ストラクチャードイグジットは検討の価値のある選択肢です。

第7章 Redeemable Equity : myTurn

償還可能株式

——マイターン

　この章では、ジーン・ホミッキとルニ・リベスと一緒にマイターン（myTurn）の**償還可能株式**の旅を体験します。償還可能株式契約には、従来型のエクイティ〔資本金〕とは異なり、創業者が将来自分の会社のエクイティ〔株式〕を買い戻せる（または買い戻さなければならない）方法についての指定があります。

社会的企業アクセラレーターを立ち上げる

　ジーンとルニの旅は、シアトルの歴史地区パイオニアスクエアにあるインパクト・コワーキングスペース、ハブ・シアトル（Hub Seattle）[1]が主催した、**社会的企業**向け**ハッカソン**から始まります。ハブ・シアトルはブライアン・ハウが発案したもので、彼は起業家や投資家など人脈や経営資源を求める人々に共有スペースを提供し、シアトルで芽生え始めていたインパクト事業のエコシステムを育てようというビジョンを持っていました。連続起業家のルニは2011年にブライアンと出会い、ハブ・シアトルで一緒に社会的企業**アクセラレーター**を立ち上げる**事業計画**に携わっていました。その一環として、シアトルにそのようなプログラムが成立するだけの**社会起業家**がいるのかを知りたいと思い、1人でハッカソンを主催することにしたのです。

　#SocEntWeekendは2012年2月、当時まだ新しかったスタートアップ・ウィークエンドをおおよそのモデルとして始まりました。チケットを

---

1) 後にインパクト・ハブ・シアトルと改称。

購入した起業家は 72 名。参加者が勢ぞろいした部屋は高揚感に満ちていました。創業アイデアのプレゼンに耳を傾けていたブライアンとルニにひときわ強い印象を与えたのが、地域密着型貸し借りサービスをオンラインで管理するアイデアを売り込んだジーンでした。ジーンはソフトウェアエンジニアで、電気工具をはじめとする大工道具の地域内シェアリングを効率化できるプログラム（後にマイターンと改称）を設計していました。地域内シェアリングをすれば所得水準にかかわらず高価な道具類の利用が容易になるからです。彼のプレゼンは入賞しませんでしたが、後で連絡を取ろうとルニはジーンの名前を覚えておきました。

ハッカソンはルニとブライアンにとって満足な結果となり、2 人は起業家たちに好印象を持ちました。ここには特化したアクセラレータープログラムが成り立つだけの活発な市場がある、と 2 人は判断しました。ルニが音頭を取って、後に「フレッジ」(Fledge) と名づけたプログラムを創設しました。フレッジがアクセラレーターとしてアーリーステージの**スタートアップ**に必要な支援を提供できる、という自信はありました。しかし起業家には資本の支援も必要なはずです。自社を売却したり**イグジット**したりする願望がほとんどない社会起業家のための投資モデルをどう設計すればいいのか。イグジットによって生じるリターンを当てにした従来型のVC によるエクイティ〔資本金〕では役に立たないでしょう。別のアプローチを見つける必要がありました。

新しい手法を探す

ルニがアーリーステージの社会的企業に投資するための解決策として償還可能株式を使うアイデアを思いついたのは、ハブ・シアトルの資金調達に取り組んでいたブライアンを手伝っているときでした。当時、ブライアンはハブ・シアトルの支援に関心を持つ投資家を見つけていましたが、デット〔借入〕もエクイティ〔資本金〕も同社と投資家の双方にとってふさわしい手段ではありませんでした（ウィーワークのようなコワーキング企業が誕生して VC が群がったのはずっと後の話です）。

幸い、ルニは以前経営していたスタートアップの取締役から聞いた、テック企業にレベニュー・ベースド融資を行うライター・キャピタル（Lighter Capital）という投資会社の話を覚えていました。その融資条件はハブ・シアトルにも向いているように思われました。ルニはライターの共同創業者を通じてトーマス・サーストンにつないでもらいました。トーマスはハーバード・ビジネススクールでクレイトン・クリステンセンの助手をしていた人物で、ライター・キャピタルのチームに**レベニュー・ベースド・ファイナンス（RBF）**のアイデアを紹介したのは彼でした。トーマスは以前からスタートアップにRBFを使おうと提唱しており、スタートアップにデット〔借入〕ではなく償還可能株式ストラクチャーを使うアイデアをルニに説明してくれました。このストラクチャーを用いれば、ブライアンは先々ハブ・シアトルのエクイティ〔株式〕を買い戻すことができるはずでした。つまり、ブライアンは必要な資金にアクセスでき、投資家のほうにも、有望ではあるがその時点では未知な部分も大きい**ビジネスモデル**からイグジットできる道が用意されているわけです。
　このモデルは、フレッジとフレッジによるスタートアップへの投資にも理想的な解決策に思われました。

社会的企業を惹きつける投資契約

　それからわずか数カ月後、ルニがフレッジの参加企業（コホート）の第一弾として声をかけた候補の筆頭に、ジーンと彼のソフトウェアスタートアップがありました。
　ジーンは起業家として実績があり、ソフトウェア・コンサルティング会社を設立して『エコノミスト』誌、ABCニュース、アメリカ国立科学財団、セガなど名だたる企業や団体を顧客に持っていましたが、持続可能性に熱い関心を寄せ、社会的企業に興味がありました。道具の貸し借りサービスを管理できるソフトウェアのアイデアを思いついたのは、地元の**非営利団体**との仕事がきっかけでした。道具シェアリングのリソースが地域社会にとっていかに役立つかを、その仕事でじかにまのあたりにしたのです。

当時、ジーンはそのアイデアへの投資を求めてはいませんでした。またエンジェル投資やVCにも懐疑的でした。他の創業者たちがプレッシャーを受けて「何が何でも成長せよ」モデルに追い込まれるのを見てきたからです。しかし社会的企業が参加するフレッジのプログラムは面白そうだと考えたのと、ルニが償還可能株式の可能性を提示していたことが、彼の興味を引きました。

　ルニが提案した投資契約は、フレッジがマイターンの株を買い、マイターンは後日、自社の収益の一定割合を使ってフレッジからその株を買い戻せるというストラクチャーでした。つまり、ジーンは投資家のリターン期待に応えるために第三者へのイグジットや**指数関数的成長**を目指さなくてよいということです。また、マイターンは当時まだ**プレ・レベニュー**〔売上や収益がまだない企業〕だったので、償還可能株式契約は会社に収入が発生するまでジーンに買い戻しプロセスの開始を求めません。

償還可能株式の仕組み

　この投資契約について具体的に説明しましょう[2]。ルニはマイターンに対し、50株すなわち6%の**所有権**と引き換えに、2万ドルの投資とアクセラレーターでの2カ月間のトレーニングを提供します。マイターンは自社の収益の3%に設定された四半期ごとの支払を通じて**株式の半数（25株）**を償還する義務を負います。株式の**償還価格**は元の価格の3倍、つまりマイターンはフレッジに3万ドルを返済するまで収益の3%を払い続けます。同社は残りの25株を7年後に償還できます。この株の償還価格については**公正市場価格**に基づき、フレッジとマイターンが償還時に合意します。

　ジーンとマイターンのチームは最初、会社の収益の3%を事業に再投資するかわりに投資家に支払わなければならないことに懸念を抱きました。しかしエクイティ〔株式〕を買い戻せるというアイデアは気に入りましたし、フレッジが適正なリターンを求めるのも理解はできました。

2）説明のための仮の数字です。

さらに、フレッジのコホート第一弾に参加する機会は、マイターンを単なるソフトウェアから会社に育て上げるために必要な「強制関数」だった、とジーンは言います。そのため、マイターンの創業チームは会社の一定割合をかなり低い価格で手放すことにはなりますが、経営上も、シアトルの社会的意識の高い起業家コミュニティに参加するという観点からも、この投資契約から得るものは大きいと考えました。ジーンの言葉を借りれば「何かの94％のほうが無の100％よりずっと価値がある」わけです。
　ジーンとマイターンはルニの提案に合意しました。

マイターンの転機と戦略変更

　ビジネスアクセラレーターで必ず行われるように、マイターンはあらゆる側面から事業見通しを問いただされました。ジーンのソフトウェアに価値があることは明らかでしたが、道具の貸し借りサービスをビジネスにする財務的な実現可能性となると話は別です。ルニやフレッジの他のメンターたちは、地域社会の道具貸し借りサービスが適正な市場規模かをマイターンに問いかけました。ソフトウェアの用途をどんなレンタル品でも扱えるように広げてはどうか。指針となるような追跡ソフトウェアの事例を多くは見つけられませんでしたが、チームは検討を始め、システムの能力を拡張していきました。
　アクセラレータープログラム終了後のある日、ヘルスケア企業カイザー・パーマネンテ（Kaiser Permanente）の代理人から電話がかかってきました。同社では全国の事業拠点に超音波診断装置をはじめとする医療機器を所有しており、機器の追跡をするためのより優れた方法を求めているというのです。マイターンのソフトウェアでそれができないか。これがマイターンの転機となり、マイターンは追跡ソフトウェアを顧客ニーズに合わせてカスタム開発するようになりました。
　7年後、マイターンの顧客は15カ国1000社を超えていました。この7年で株式の半数を買い戻し、8年目で残りの半数も買い戻して、フレッジからの最初の投資を無事に返済しました。さらに大きかったのは、マイ

ターンが追加資本を調達せずに済んだことです。自社の収益と利益を成長の原資にできたおかげでした。

償還価格を交渉する

最終的な株式の償還価格に関する交渉はあっけないほど簡単で早かった、とジーンもルニも記憶しています。交渉は次のように展開しました（数字は変えています）。

ルニ：会社の昨年の収益は50万ドルでしたね。私が今50万ドルの小切手を切って会社を買うと言ったら、売りますか？

ジーン：いや、まさか。

ルニ：100万ドル出すと言ったら？　ちょっと考える？

ジーン：考えるかな。ちょっとはね……。

ルニ：今200万ドルの小切手を切るとしたら？

ジーン：うん、200万ドルなら売ると思いますよ。

ルニ：なるほど、収益と同額では安すぎる、2倍なら心が動く、4倍だと高すぎる。私とあなたの両方が納得のいく倍率を見つけられるはず。1.5倍ならどうですか？　つまりあなたの会社には75万ドルの価値があるということ（50万ドル×1.5）。マイターンの株式の残り3％を2万2500ドルで売り戻しましょう。

ジーン：妥当な金額だと思います。ただ、今すぐ使える現金が2万2500ドルもありません。2万ドルしか銀行にないのです。2万2500ドルをご希望でしたら3％の収益分配を継続しますし、2万ドルでよければ今日小切手を切ります。

ルニ：今日小切手をもらいましょう。

この仮の数字の計算では、ルニは前半の償還支払で3万ドル、後半に2万ドル受け取ることになります。つまりフレッジは2万ドルの投資で合計5万ドル、2.5倍の利益を得るわけです。これを**内部収益率（IRR）** に換

算するとおよそ 18% となります。IRR とは、その投資が毎年支払を受ける従来型の融資だったとしたら**投資収益率**のようなものです。先ほど挙げた例では、ルニは 2012 年に 2 万ドル投資し、数年間で 3 万ドルの支払を受け、2019 年に 2 万ドルの支払を受けました。支払のタイミングは異なりますが、IRR 計算ではルニが毎年同じ額を受け取ったものとしてリターンを均し、毎年 18% のリターンを上げたものとします。

　今考えても同じ投資契約を結ぶだろうとジーンは言います。フレッジの後押しと同社のアクセラレータープログラムがなければマイターンは離陸していなかった、と。ただし償還可能株式契約についてはもっと上手な交渉をすべきだったかもしれない、と感じています。

　一方、ルニはフレッジのコホートとの償還可能株式契約を進化させ続けました。株式の償還倍率を 3 倍から 2 倍に下げましたが、今では契約にアクセラレーターの価値を含めるようにしています。2012 年の立ち上げ以来、フレッジはアクセラレータープログラムを通じて約 20 カ国で 100 件以上の投資を行い、同じ条件を用いるパートナーの一大ネットワークを築き上げました。

償還可能株式はあなたに適しているか

創業者へ

　株式償還契約では、将来買い戻せるエクイティ〔株式〕を投資家に売却します。ですから株式償還モデルは、将来の資金調達前に株式を買い戻して**希薄化**を制限できることに関心がある、または**リスク資本**を必要としているが従来の VC の路線に乗せられたくないと考えている、高成長中のアーリーステージ企業にとって有用なものとなりえます。

　株式償還契約に関する 3 つの大きな考慮点は、「コスト」「利用に無理がないか」「将来の資金調達計画」です。

　コストを考慮する際に考えなければならないのは、**債務をいくら負うことになるのか**です。

　例に挙げた契約では、ルニは 2 万ドルで会社の株式を 50 株買いまし

表7-1 マイターンの資本政策表（説明用）

	株数	所有権の割合	評価額
ジーン	783	94%	$313,200
ルニ	50	6%	$20,000
合計	833	100%	$333,200

た[3]。これは会社の6％に相当しますので、プレマネー評価額は31万3200ドル、ポストマネー評価額は33万3200ドルとなります。1株400ドル（$20,000 / 50 = $400）の計算です（表7-1）。ジーンはルニの持ち株の50％（25株）を元の価格の3倍で買い戻すことに合意しました。残り半数は7年後に双方が合意した価格で買い戻す予定でした。そのため、契約の時点で、この先数年間ルニに対して3万ドル、7年後に未確定の金額の債務を負うことをジーンは承知していました。

このコストが自分にとって妥当かどうかを判断するためには、リスク資本の他の選択肢、契約の他の条件、キャッシュ以外に資金提供者が提案している価値を評価する必要があるでしょう。ジーンにとっては、株式を買い戻せることに加え、ルニが提供するインキュベーションプログラムが出資を受け入れる大きな決め手でした。

利用に無理がないかについては、**債務をいつ返済し、どのような方法で株式を買い戻すのか**を検討する必要があるでしょう。

ジーンの場合は、ルニに3万ドルを四半期ごとの**配当金**として支払う義務を負い、その金額は収益の3％として計算する契約でした。重要な注意点は、ほとんどの法域において配当金は会社に支払能力がある場合にのみ宣言できることです。つまり、配当金の宣言によって会社を**倒産**させることはできないので、会社が支払える（支払えるだけのキャッシュがある）場合に限り配当金が支払われます。税務上は、このような支払は配当金とみなされるため、これによって利息支払のように納税義務が軽減されるわ

---

3) 説明のための仮の数字です。

けではありません。

7年後に買い戻さなければならない未返済の25株については、買い戻すときにルニと交渉する必要があることをジーンは承知していました。契約書には、株式の価値について合意に至らない場合は外部の企業価値評価会社のサービスを利用すべしと定めています。ルニが株式の償還を求めて両者が価格に合意すると、ジーンは一度に全額返済するか、最初の50％と同じスケジュールで返済するか（収益の一定割合として計算した配当金として）を選べます。

したがって、ルニは契約上、全株式の買い戻しをジーンに義務付けています。すなわち、最初の50％はあらかじめ決められたスケジュールで、残りの50％は後日買い戻します。つまり、この契約では償還が7年後に100％完了すると約定（または義務付け）されているわけです。契約によっては、**早期償還**や**残余株**という条件もあるかもしれません（表7-2）。これらについては後で説明します。一般的に、償還可能株式契約では、返済に内部資金、つまり株式の買い戻しに収益かキャッシュフローの一定割合が使われる場合もあれば、外部資金、つまり株式の買い戻しのために借りたお金かエクイティ・ラウンドで調達した別の投資家のキャッシュが使われる場合もあります。

表7-2　ストラクチャードイグジットの返済方法の比較

返済方法	説明
約定返済 または 義務的返済[a]	決められた期間内もしくは投資家の求めに応じて予定された支払。例えば、25株が元の購入価格の3倍で買い戻されるまで、収益の3％に相当する配当金を支払う。もしくは7年後に双方が合意した価格で買い戻す。
早期償還	任意の支払で、株主の持ち株の数を減らすために約定返済に追加して行える。この支払を行う意思決定権は被資金提供者のみにある。
残余株	経営権の変更（会社の売却）または流動性イベント（IPOや倒産）以外の方法で買い戻せない株式。

a) ストラクチャードイグジットに関して、これは義務的返済とも呼ばれるが、償還可能株式の場合、配当金は会社に支払能力があって配当金が支払える場合にのみ支払われる

第7章　償還可能株式

将来の資金調達計画については、**自分の会社が追加の資金調達を行った場合はどうなるか、会社を売却した場合はどうなるか、資金提供者**はどのような権利を持つことになるのかを考慮する必要があるでしょう。

多くの償還可能株式契約には、追加の資金調達ラウンドがある場合にどうなるかを取り決めた文言があります。場合によっては、株式の一部またはすべてが買い戻せる（一般的にはこの後に説明する**経営権の変更**条項と同じ条件で）とする条項もあります。

一般的に、償還可能株式契約において将来の資金調達ラウンドに関する条件は資金提供者の考え方次第です。もし資金提供者が、リターンの大部分は起業家からの**約定返済**または早期償還から発生すると考えてポートフォリオを設計していれば、新たな資金調達ラウンドの資金提供者から支払が行われることに前向きかもしれません。もし資金提供者が、リターンは会社が大きく成長した際の残余株から発生すると考えていれば、将来の資金提供者に自分の持ち株が買い戻されることを許したがらないでしょう。資金提供者とあなたの双方が会社について同じビジョンを持つように、将来の計画に関して資金提供者と意識合わせをしておく必要があります。

マイターンが売却される場合（経営権の変更）、ルニは償還予定日に受け取るはずだった金額（株式の50％を元の購入価格の3倍で、残りの株式を現在の購入価格で）か株式の現在の購入価格の、いずれか大きいほうの金額を受け取ることになります。もしジーンが会社を150万ドル（1株1800ドル）で売却し、ルニの持ち株をまだ1株も買い戻していなかったとしたら、ルニは9万ドル（$1800 × 50 = $90,000）を手にします。これに対して、もしジーンが会社を90万ドル（1株1080ドル）で売却すれば、ルニが手にするのは合計5万7000ドル（$1200 × 25 + $1080 × 25 = $57,000）になります。これは償還可能株式契約においてきわめて標準的な条件です。

投資家の権利についてはこの後の章で取り上げます[4]。議決とガバナンス、将来の資金調達ラウンドへの**参加権**に関して、償還可能株式の株主にどのような権利があるのか評価することをお勧めします。

---

4) オンライン・コンパニオンにも詳しい情報があります。

資金提供者へ

　前章で取り上げ、この章の事例で見てきた通り、償還可能株式契約は**ユニコーン**のニーズを満たすために作られたものではありません。償還可能株式契約は、VCモデルにそぐわない99％の会社がリスク資本を利用しやすくするために作られました。株式償還は、従来型のVCの路線に乗らないかもしれないプレ・レベニューに関心のあるアーリーステージ資金提供者にとって面白い選択肢です。一部の投資家には、償還可能株式に関して税務上の重要な考慮点があります [5]。

　二兎を追いたがるVCのような資金提供者もいます。つまり、償還可能株式を、約定返済によってあらかじめ**流動性**が見込めてある程度のリターンを確実に得られる手段として用いながら、同時に大量の残余株（時には50％超の）によって会社が高成長を遂げた場合の**アップサイド**も確保するわけです。

　SAFE（将来的にエクイティ〔株式〕を買う権利）の要素をエクイティ〔株式〕の一定割合に対する権利と組み合わせた、ハイブリッド型金融商品を作る投資家もいます。このような投資家は株主（ルニのような）とも債権者（コンバーティブルRBFを取り上げた後の章で見るような）とも異なります。償還されるのはエクイティ〔株式〕そのものではなく、エクイティ〔株式〕に対する権利なのです。

　あなたの出資先の企業タイプに償還可能株式契約がふさわしいと判断したら、投資契約ストラクチャーを作る煩雑さにめげないことが大切です。アーリーステージ投資にSAFEや**コンバーティブル・デット**やプライスド・エクイティのような契約を用いるのが標準的とされる一つの理由は、資金提供者に使われてきた実績が数多く、利用できるテンプレートがたくさんあるからです。残念ながら、新しい投資手法のテンプレートを作るプロセスは簡単でも単純でもないため、ある法域で初めて新しいタイプの投資に挑戦する取引コストは資金提供者にとって高くなる可能性があります。償還可能株式に不慣れなために、あなたにやめたほうがいいと言う弁護士や会計士に当たってしまうこともよくあります。煩雑さとコストを

---

5) 詳しくはオンライン・コンパニオンを参照してください。

軽減するために、パート 2 の最後の章を活用いただければ幸いです。従来のテンプレートが標準的とされるもう一つの理由は、それが非常に特殊な一部の企業――VC の鋳型にはまる 1％の企業――のために設計されているからです。そのような企業は成長志向かつ**アセットライト**で、第三者による資金調達を繰り返す予定のテック系のスタートアップに偏りがちです。こうした投資ストラクチャーはその類型に当てはまらない他の企業タイプにも転用可能ですが、転用すると根本的なミスマッチのせいで将来不幸な結果をもたらすこともありえます。それに対して、**ストラクチャードイグジット**契約はさまざまな状況と資金調達ニーズに合わせられるので、幅広いカテゴリーの企業の資金調達方法として検討できますし、検討すべきです[6]。

　償還可能株式の妥当性を創業者が理解していないことも、契約の障害になるかもしれません。双方がストラクチャードイグジットをあらかじめ理解しているか、もしくはスピーディーに学ぼうとすることが大切です。この投資契約の利点と専門的な細かい内容について、片方が懐疑的なもう片方を説得しようとするのでは、何かと論争が発生して締結に至らない可能性があります。

　リターンの観点からは、ストラクチャードイグジット契約は一般的に返済期間を決めているものの、返済の柔軟性と変動性ゆえに投資家の実際の IRR を定めない場合が多いことをぜひ覚えておいてください[7]。そのため、**投資委員会**、理事会、ファンドに投資する**アセットオーナー**にこのことを説明しておく必要があるでしょう。

　基本的には、償還可能株式契約は起業家の潜在的なニーズにも、資金提供者であるあなたの流動性ニーズにもより適した資金調達方法を作り出すチャンスとなるかもしれません。

6-7)　Brian Mikulencak, Revenue-Based Financing for Impact Investing（草稿は要望に応じて入手可能）.

第8章 Preferred Stock : Equal Exchange

優先株式

——イコール・エクスチェンジ

　この章では、第3章に登場した**労働者協同組合**、イコール・エクスチェンジの歩みに密着し、彼らが独自に提供している**ミッションロック**型優先株式を理解しましょう。優先株式は**償還可能株式**の一種です。この**株式**を保有する投資家はイコール・エクスチェンジから毎年**配当金**を受け取り、5年間保有した後に同社に株を買値で売り戻すことができます。この株式商品が作られたのは、イコール・エクスチェンジが創業当初にエクイティ〔株式〕成長資本を利用しやすくするためでした。同社は成熟しスケール化した企業に成長した後も、柔軟で価値観を同じくする資本を求めてこの形態で自社の投資家コミュニティを頼り、他の企業に対しても同様の株式商品を作る手助けをしてきました。

ビジョンを掲げる

　思い出してください。イコール・エクスチェンジがジョナサン・ローゼンサール、マイケル・ロージン、リンク・ディキンソンの3人の創業者によって1980年代に設立されたのは、ラテンアメリカのコーヒー生産者の所得を上げる支援をすることが目的でした。当時、世界のフードシステムは大きな変化のさなかにありました（今とよく似ています）。ジョナサンとマイケルとリンクの母国アメリカでは、家族農家が企業の経営する産業規模のアグリビジネスに置き換えられつつありました。その反動も現れ、大量の化学肥料や殺虫剤を使って商業生産された主流の農産物に対する別の選択肢として、地元産の有機農産物を提供する消費者食品協同組合が

急増しました。高品質のスペシャルティコーヒーの需要も高まりました。

　ジョナサンとマイケルとリンクが出会ったのは、ニューイングランドにある共同所有の食品流通会社で働いていたときで、食品や生産者と一般社会の関係を変えたいという思いを3人とも持っていました。アイデアを形にするまでに3年かかりましたが、彼らは次のビジョンを掲げてイコール・エクスチェンジを創業しました。

- 農家とその家族が経済的な見通しをもっとコントロールできるよう支援する、社会変化を生み出す組織であること。
- 農家に影響を及ぼす貿易問題について、消費者を教育する団体であること。
- 体と心の栄養になる高品質な食品の提供者であること。
- 実務に携わる人々が経営する会社であること。
- 価値ある活動には誠実さと敬意と相互利益が不可欠だと信じる献身的な個人のコミュニティであること。

　創業者の3人は、自前の資金と友人や家族からの投資でイコール・エクスチェンジを**ブートストラッピング**しました。友人や家族には、投資したお金は戻ってこない可能性が高いよ、とあらかじめ釘を刺しました。彼らはスタートアップ資金としてけっして少なくはない10万ドルを調達し、まずはコーヒーとコーヒー栽培農家に特化して会社を育て始めました。

農業協同組合との取引

　最初はなかなかうまくいきませんでした。理想と非営利的な思想を掲げた、労働者所有の**営利企業**だったイコール・エクスチェンジは、3年間あがきながら赤字を出し続けました。理由の一部は、創業者たちにラテンアメリカの小規模コーヒー農家と取引する経験や知識がなかったことにありました。民主的に運営されている農家団体を見つけ、農業協同組合の内部構造を理解し、製品品質を判断する——課題は山のようにありました。し

かもそのすべてをスペイン語で行わなければならなかったのです。しかし3人はあきらめず、5年目の1991年にラテンアメリカおよびアフリカのコーヒー農家協同組合との取引が軌道に乗りました。またヨーロッパの**フェアトレード・ネットワーク**にも参加しました。ヨーロッパでは食に対する意識の高まりがアメリカにおよそ10年先行して広がっていました。

　イコール・エクスチェンジはフェアトレードのスペシャルティコーヒー会社として、食品協同組合の顧客にコーヒーの生豆、焙煎豆、フレーバーコーヒーまであらゆる品揃えを提供しました。忠誠心の高い顧客の強い支持を獲得し、そのおかげもあってイコール・エクスチェンジは1991年に売上100万ドルという重要な**マイルストーン**を達成しました。

　しかし同社の**ビジネスモデル**は資本集約的な難しいものであり、それゆえに会社の能力と成長に制約がかかっていました。第3章で触れたように、イコール・エクスチェンジはコーヒー販売に何カ月も先立って収穫物に前払することにより、コーヒー栽培農家を支援していました。また、農業協同組合が外部からの資金調達を確保できるよう、購入契約の一部を保証しました。前払と**保証**はともに農業協同組合にセーフティネットを提供し、これがイコール・エクスチェンジの**社会的インパクト**事業の要でした。しかし、この2つはきわめてコストの高い策でもあり、結果としてイコール・エクスチェンジは常に資金繰りに追われていたのです。

コーヒー愛好家に優先株保有者になってもらう

　イコール・エクスチェンジの創業者たちは、**成長資本**にアクセスする持続可能な方法を見つける必要があるのはわかっていましたが、会社のミッションから離れる圧力をかけるような投資家に**所有権**を売りたくはありませんでした。自社の**協同組合**モデル、特にコーヒーの在庫に市場価格より高い金額を払っていることについて銀行の理解を得るのにも苦戦しました。実を言えば、創業者たちは**商業銀行**にもデット〔借入〕を利用するための融資契約の内容にも懐疑的でした。

　イコール・エクスチェンジの財産は、同社とそのミッションを信じて

ついてきてくれる熱意ある顧客基盤でした。そこで、1989年に、創業者たちは顧客が会社のミッションに沿った形で資金提供者になれる機会を作ろうと決断しました。その実現のために、3人は次の条件で優先株を作り、これは今日でも同社の資本調達に使われています。

- 株価は固定
- 保有年数は最低5年
- 投資家には議決権なし（議決権は労働者に留保）
- 配当金の利回り目標（保証はしない）は低めの5％
- 「ノー・イグジット」条項

　同社が提示している条件は厳しく、表面上はとりたてて投資意欲をそそるものではありません。通常、優先株（preferred stock. preferred sharesともいう）は投資家に普通株保有者にはない特別な権利と選択肢を与えるエクイティ〔株式〕所有権の一種です。イコール・エクスチェンジの優先株は実質的にその正反対でした。労働者ではない株主の権利と選択肢を制限しているのです。

　「ノー・イグジット」条項が何を意味するかというと、例えば仮にスターバックスかネスレがイコール・エクスチェンジの買収を望んでも、同社の内規により投資家には投資した金額しか戻らず、**会社の売却**による純利益は全額別のフェアトレード組織に供与されます。要するに、資金力のある競合他社が高額買収を提示しても投資家に**アップサイド**はありません。

　2010年からイコール・エクスチェンジの優先株プログラムを担当してきたダニエル・ファイヤーサイドは、「ノー・イグジット」条項のおかげで身売りの金銭的な誘惑や圧力の可能性が排除できている、と言います。「耳元でささやく小さな悪魔をあらかじめ肩から追い払っておくことにはいくつかの効用があります」と彼は説明します。「第1に、外部投資家に棚ぼた的な利益の可能性はないと同意してもらうことで、カモにされるわけではないと安心してもらえます。第2に、当社のミッションとは何の関係もない投機家の評価を気にして意思決定をする懸念がなくなります」

「ノー・イグジット」条項がなければ、例えば、同社の労働者兼株主はフェアトレードの有機バナナ事業開発への投資に賛成票を投じていなかったかもしれません。この事業は**粗利益**がごくわずかなうえに政治的な立ち回りは……控えめに言っても難儀でした[1]。しかし「パレスチナ西岸地区の協同組合からのオリーブ油仕入れやパラグアイの小規模農家からの砂糖仕入れのような他のベンチャーに当社のフェアトレード・モデルを拡大することを、当社の投資家は全面的に支援してくれています」とダニエルは言います。

イコール・エクスチェンジの「ノー・イグジット」条項は、会社の所有権について他社と根本的に異なる考え方を反映しています。イコール・エクスチェンジは平等主義で民主的な職場を推進し、取引のやり方と取引に対する世間の見方を変えるために創業されました。条項はイコール・エクスチェンジをこのミッションにしっかりと結びつけています。また、条項は「所有権」を「資本」から解放しています。イコール・エクスチェンジのエクイティファイナンスの大部分を提供しているのは投資家かもしれませんが、投資家は会社というもっと大きなパイの一部にすぎないので、イコール・エクスチェンジが高品質商品を生み出すために必要とする農家など、他の不可欠なステークホルダーをさしおいて特別な利点を享受することはありません。そして、自分の時間とエネルギーとスキルを捧げている労働者をさしおいて利益を享受することもありません。土地、建物、設備、梱包、電気などの水道光熱費、サービス、インフラストラクチャーも日々の業務になくてはならないものとみなされています。

優先株の投資条件を設定する

要するに、イコール・エクスチェンジは自社の優先株の投資条件を「利益は上がるが過剰なキャピタルゲインは生じさせない」ように設定したわけです。創業者たちは現実をわきまえていたので自社に投資家——エクイティ〔株式〕投資家とデット〔借入〕提供者の両方——が必要になるという

---

1) 詳しくは、「『エコノミスト』誌が解説する"バナナ共和国"の名前の由来」から読んでみてください。

認識は持っていましたが、資本ニーズに自社のミッションを左右されたくはありませんでした。そして、イコール・エクスチェンジに投資しても損する可能性が高いと釘をさす必要はもうありませんが（逆に、1989年以降は毎年配当金を出しています）、イコール・エクスチェンジへの投資によってお金持ちになれる可能性はゼロだと3人は断言します。

　投資を募るにしてはずいぶん変わった売り文句だと思ったかもしれません。でも、このセールストークは十分な結果を出してきました。イコール・エクスチェンジは過去31年間で、**私募**を通じた優先株の売却により1700万ドル以上を調達しているのです。投資家のほとんどは、**社会的ミッション**と利益の両方を生み出せるビジネスモデルに魅力を感じた人々でした。またこれまでに、同社はデット〔借入〕とエクイティ〔株式〕を組み合わせた資金提供方法を用意して、自社のミッションに共鳴するデット〔借入〕提供者も獲得してきました。

　現在、イコール・エクスチェンジのフェアトレード・モデルは、400社を超えるコーヒーのバイヤーと他の農産物のバイヤー多数へと仲間が増え、大きなムーブメントに支えられて大成功しています。

　とはいえ、この話は希望一色ではありません。イコール・エクスチェンジの創業者たちは、自分たちも一翼を担うフェアトレード・ムーブメントが抱える大きな課題に気づいています。フェアトレード・ラベリング制度に大規模農園やネスレのような大企業を受け入れたことで、認証の仕組みが懐疑的な目で見られるようになりました。また、イコール・エクスチェンジ自身は成功しているものの、小自作農の所得全体に与えた社会的インパクトはささやかです。世界の何億という小規模農家はあいかわらず貧困の中で暮らしています。

　優先株についてダニエルはこう言います。「資本の代償を払うのは構わない、と当社は考えていました。しかし私たちには、当社の活動はすべて、経済を変え、サプライチェーンを変えるという目標の推進に寄与すべきだ、という強い信念があります。ですから、利息支払や配当金もその変化の一部にしたいのです」

優先株式はあなたに適しているか

創業者へ

　イコール・エクスチェンジが考案した優先株契約は、本書ですでに取り上げた多くの要素を融合させています。まず、会社が配当金を出すと決めた際には投資家に配当金をもらう権利を与える優先株の仕組みを用いています。また、投資家が（5年後に）売り戻す選択をした場合は、あらかじめ合意した価格で会社が株を買い戻すことができます。しかし、前章で取り上げた償還可能株式とは異なり、投資家は株を買値でしか売り戻せず、あとはその時点で未払いの配当金がもらえるだけです。これは従来型のエクイティ〔資本金〕の条件を会社に合わせて上手に利用した好例です。イコール・エクスチェンジが**スタートアップ**だった頃は、約束されたリターンがリスクに見合わないように見えたため、このような条件はなかなか受け入れられませんでした。会社の成長を支えたのは、多くの慈善団体をはじめ、会社のミッションを信じてくれた初期の投資家たちでした。

　この契約を償還可能株式契約に当てはめたのと同じ基準で見ると、「コスト」と「利用に無理がないか」の観点からは、創業者にとって非常に好都合な内容になっていることがわかります。5％を目標とする配当金は会社の裁量に任せられていますし、投資家の買値と同額の買い戻し価格は会社にとって非常に安価です。イコール・エクスチェンジが創業当初、このストラクチャーを使った資金調達に苦労したのはそれが一因です。総じて、このストラクチャーは、利益を出した実績が長く、安定的に成長していて、会社の目標にほれ込んでいる潜在的な投資家がいる企業のほうが向いています。

　税の面では、5％の配当金は5％の利払いよりも会社にとって高くつきます。配当金は税引き前所得ではなく税引き後利益から差し引かれるからです。

　「将来の資金調達」の観点からも見てみましょう。「ノー・イグジット」条項は会社が売却されることになっても株主にアップサイドがないことを意味します。従業員株主にもアップサイドはありませんから、外部に会社

の買収先を求めるモチベーションはありません。

　ダニエルは優先株プログラムを担当してきた11年間で、同様の条件を使ってミッションドリブンな自社に適した資本を調達するにはどうしたらいいか、と他社の創業者から数多く相談を受けました。彼は次のようにアドバイスしています。

- 従来型のVCをはじめ、基本的に投資家へのリターンをミッションより優先するよう求める条件がついた出資の受け入れにはあくまでも慎重になる。
- 資本戦略には必ずトレードオフがある。会社の発展に伴い、その計算方法は変化していく。
- ミッションに合致した資金調達ができるかどうかは、基本的に金銭的リターンと**タームシート**よりも人間関係次第。優先株契約によって調達した資本のほうが一般的にずっと安価で創業者に好都合とはいえ、人間関係の維持と支持者が積極的に関与するコミュニティの構築にリソースを投じる必要がある。
- 会社の社会的ミッションを損なわず、むしろ強化する資本戦略を立案するには、時間をかけ実験を重ねなければならない。しかしこのような資本戦略は、従来の銀行やVCからの資金調達よりはるかに安定した、持続性のある基盤を作ってくれる。

　最後に、優先株の欠点をカバーすることが重要です。一つは、調達できるかもしれない資金に目をくらまされず、独立した第三者かアドバイザーの目で契約の条件を検討し理解することです。また会社が必ずマイルストーンを達成し、競合他社のベンチマークか業界水準をクリアし上回るようにする必要があります。

資金提供者へ

　資金提供者は、このタイプの契約が実は交渉の余地がある制約のついた優先株ストラクチャーであることを理解しておくのが重要です。本当に考慮する必要があるのは、自分にとって何が大事か、投資先の会社がどこに柔軟性を持つのか、投資先の会社が制約を提案した理由は何かです。イコール・エクスチェンジの場合、議決権の制限、買い戻し価格、「ノー・イグジット」条項の根拠を伝えることが、会社を語るストーリーの一部になっています。

　あなたがミッション重視型の資金提供者であれば、このようなミッションロック（ミッションに基づいた制約）のおかげで、**助成金**を出すのではなく投資をすることについて、**取締役会**や助成金委員会から承認を得やすくなるかもしれません。資金提供者の慈善目的と一致したミッションロックが被資金提供者にあるわけですから。

第9章 Revenue-Based Mezzanine Debt : Provive

レベニュー・ベースド・メザニン・デット
——プロヴァイヴ

　次の旅の行き先はメキシコです。この地でプロヴァイヴ（Provive）とアドビ・キャピタル（Adobe Capital）は手を組み、レベニュー・ベースド・メザニン・デット契約を通じて手の届く価格の住宅を提供するという課題に挑んでいます。このような契約は私の分類では**コンバーティブル・レベニュー・ベースド・ファイナンス（コンバーティブルRBF）**契約に相当します。収益または収入に基づいた**変動支払**を特徴としながらも、エクイティ〔株式〕に転換する選択肢も備えているからです。コンバーティブルRBFでは、エクイティと同様のリスクを取っている資金提供者が、もし創業者が追加の資本調達か**流動性イベント**を行う決断をした場合に追加の**アップサイド**を提供する契約を作れます。一方で創業者にも優しい仕組みです。会社に**指数関数的成長**を求めず、長期的な**所有権**を確保する道筋を用意しているからです。

不動産は立地がすべて

　住宅と不動産に関しては、不朽の真理があります。立地がすべて、です。メキシコで暮らす何千という世帯にとって、経済階層を上昇するには、住む場所が乗り越えられない壁となることがあります。例えば、メキシコ最北端の街ティファナには、低所得地区カニャーダス・デル・フロリードがあります。この地区は高い犯罪率、薬物依存、ゴミの山など、数々の問題を抱えています。結果として地域全体が見捨てられた状態となり、学校教育や公共交通のようなサービスの質は劣悪です。メキシコ全土

で300万近い世帯がカニャーダス・デル・フロリードの住民と同じ状況に置かれています。

アントニオ・ディアスがプロヴァイヴを**社会的企業**として創業したのはこのような課題にチャンスを見出したからでした。同社は、差し押さえられて人が住まなくなった住宅を買い取って改装し、生まれ変わった不動産を地域住民が購入できるよう支援することによって、メキシコの住宅事情の改善と、公共サービスが行き届かず放置された地区の再建を目指しています。

ウォール街の銀行で働いた経歴を持ち、MBAを取得している数学者のアントニオは、アメリカの住宅バブルが弾けた2008年にプロヴァイヴのアイデアを思いつきました。アメリカで住宅市場の崩壊をまのあたりにするうちに、自分の金融の知識を活用してメキシコの低所得地区を向上させるチャンスがあることに気づいたのです。彼は2009年に共同創業者クレメンテ・ビジェガスとレネ・メディーナとともに会社を立ち上げ、友人と家族から借りた資金でプロヴァイヴの最初の6戸の住宅を買い上げました。

支援している地域社会の底力に創業者たちが気づくまでに長くはかかりませんでした。住民とのやりとりと意識調査から、住宅を購入してもらう決め手は周辺のコミュニティ作りにある、と創業者たちはさとりました。物理的な建物だけでなく、これは人とコミュニティの問題だったのです。どこの家庭も同じでしょうが、メキシコの低所得家庭も職場に近くて子供たちが路上で自由に遊べる安全な地域を求めています。これがプロヴァイヴから家を買う動機になると創業者たちは気づいたのです[1]。

資金がなければ始まらない

不動産の買取を大規模に行うにはお金がかかります。立ち上げたばかりの会社にとっては特にハードルが高く、プロヴァイヴは大きな資金的支援を必要としていました。2011年にアントニオと仲間たちは、メキシコの

---

1) Ortegón, L.S. "Abandoned Houses Prove Golden Opportunity in Mexico." 31 July 2014. 以下のサイトにて閲覧可能：https://www.americasquarterly.org/blog/abandoned-houses-prove-golden-opportunity-in-mexico/.

インパクト投資ファンドである IGNIA からスタートアップ・エクイティ〔資本金〕で最初の 4400 万メキシコペソ（340 万ドル）を獲得しました。そのおかげもあって、同社は以降 3 年間に収益を 6000 万メキシコペソから 5 億 6500 万メキシコペソ（300 万ドルから 2800 万ドル）に伸ばすことができました。ところがそれだけ成長したにもかかわらず、プロヴァイヴは資金難に陥りました。資金の注入が必要になった創業者たちは再び IGNIA を頼りました。しかし追加のエクイティ〔資本金〕取引はできないと断られてしまいました。ファンドが資本を使い切ってしまった、つまり手持ちの現金がなくなってしまったためでした。

　ちょうどこの頃、プロヴァイヴは別の理由からも危うい状況にありました。住宅の仕入れ先にしていた国営の競売が中止されたのです。メキシコは政権交代の最中で、新政権は住宅の競売を停止し、再開予定を明らかにしていませんでした。多額の投資を受けられなければプロヴァイヴは存続できないのではないか、とアントニオは不安を募らせました。

　アントニオはラテンアメリカインパクト投資フォーラム（FLII）からの資金調達に踏み切りました[2]。アドビ・キャピタルというアーリーステージ・インパクト投資ファンドの共同創設者、ロドリーゴ・ビジャールとエリック・ウォールステンに紹介されたのはこのときでした。アドビのミッションは、革新的で収益性がありスケール化可能な**ビジネスモデル**で最も急を要する社会的・環境的課題に取り組む起業家たちのために、メキシコとラテンアメリカにある資本ギャップを埋めることでした。同社はそれをオルタナティブな資金調達オプションを使ってやろうとしていました。そのほうが創業者には役に立つ、とロドリーゴとエリックは考えたのです。

エクイティとメザニンを併用する投資ファンド

　メキシコの**スタートアップ**の資金調達エコシステムにある欠点をロドリーゴはよく承知していました。インパクト投資会社キャンディード・グ

---

[2] ロドリーゴが創設した FLII はラテンアメリカのインパクト投資エコシステムの構築に貢献してきました。本書でもたびたび名前が登場します。

ループのアネール（第6章）と同じように、従来のベンチャーキャピタルは駆け出しの**社会起業家**に向かない場合が多いと痛感する経験をしてきたからです。メキシコにはVCの支援を受けた企業の**イグジット**や**IPO**の事例が非常に少なく、そのためにこの領域は従来の**ベンチャーキャピタル・ファンド**にとって魅力がありませんでした。また、投資資本を求める企業の多くが必要としているのは、VCが出資したい金額よりもずっと少ない額でした。そうしたことから、市場には**社会的企業**にふさわしいスタートアップ資金が欠けているとロドリーゴは感じていました。

ロドリーゴとエリックは2010年にニュー・ベンチャーズ（New Ventures）を立ち上げ、ケロッグ財団（Kellogg Foundation）の支援を得てアドビ・キャピタル・ソーシャル・メザニン・キャピタル・ファンドⅠを開発しました。これはアーリーステージ投資金融商品で、従来型のエクイティファイナンスと**メザニン・ファイナンス**という選択肢を併用してファンドの資金回収を早める仕組みでした。ロドリーゴとエリックはこのファンドを、次の2つを証明するチャンスと見ていました。1つ目は、開発途上国のオルタナティブな資金提供メカニズムが優良な投資戦略になること[3]。2つ目は、メキシコの低所得層と新興の中所得層に基本的サービスを提供するベンチャーに投資するファンドが「他のファンドと同等以上のリターンを提供できる」ことです。2人は2012年までに2000万ドルの調達に成功しました。

ロドリーゴとエリックはファンドの投資契約を評価する際、起業家のニーズと投資ストラクチャーの種類が合うよう配慮しました。イグジットへの道筋が現実的に見える成熟産業の企業、例えば医療、金融機関、モビリティベンチャーには従来型のエクイティ〔株式〕を使いました。これらはいずれもM&A〔合併買収〕がめずらしくない産業ですから、**トレードセール**や金融機関への売却（**セカンダリー・セール**）の可能性が高かったのです。アーリーステージの中でも初期段階にあり、キャッシュフロー・ポジティブに近く、将来続けてエクイティ〔資本金〕による資金調達を行う

---

3) Pothering, J. "Adobe Capital, IGNIA Exit Mexican Home Rehab Start-up Provive". 11 April 2019. 以下のサイトにて閲覧可能：https://impactalpha.com/adobe-capital-ignia-exit-mexican-home-rehab-startup-provive/.

可能性が低い企業には、メザニン・ストラクチャーを使いました。

プロヴァイヴについて、ロドリーゴとエリックは収益の伸びが早くキャッシュフロー・ポジティブが近い点に注目しました。しかし、将来どのような買い手がプロヴァイヴに興味を持つかわからなかったのと、創業者の所有権をこれ以上**希薄化**したくなかったため、レベニュー・ベースド・メザニン・デット契約を提案することにしました。

コンバーティブル RBF 契約

当初、アントニオはアドビの提案にとまどいました。アドビの投資がIGNIAと同じエクイティ〔株式〕ベースになると思っていたからです。この金融ストラクチャーの仕組みもよく理解していませんでした。そこで、ある電話会議でエリックはアントニオに時間をかけて投資契約の説明をしました。

コンバーティブル・レベニュー・ベースド・ファイナンス（コンバーティブル RBF）とは、**総債務**を完済するまで**収益率変数**の一定割合として返済する融資です。プロヴァイヴの場合、これは**利払い前・税引き前・減価償却前利益（EBITDA）**の一定割合として、元金の 2.5 倍を返済するまで月々返済する融資となります。

お気づきのように、返済の計算方法を決める収益率変数は必ずしも名前が示す通り収益であるとは限りません[4]。収益率変数は収益、**粗利益**、あるいは EBITDA のような単一の勘定科目である場合もあれば、複数の勘定科目を使った計算結果である場合もあります。次の章で、使える計算の種類をいくつか見ていきます。

投資家に返済しなければならない総額は総債務と呼ばれ、もともとの融資額の倍率（プロヴァイヴの場合は「2.5 倍」）で計算されます。倍率は通常 1.1 倍から 4.0 倍までの幅があり、契約期間と投資のリスク度に基づいて設定されます。一般的にシード投資はリスク因子ゆえに成長ステージ投資（2 倍近く）より高い倍率（2.5 倍以上）を求めます。

---

4) 私を責めないでくださいね！　この言葉を作ったのは私ではありませんし、正直なところ私もちょっとまぎらわしい言葉だと思っています。

コンバーティブル RBF 契約が有効な期間は財務モデルと資金提供者自身の資本制約に左右されます。アドビのモデルでは**満期**を設けていないので、完済されるまで契約が継続します。

　エリックは**転換条項**も提案しました。これは、もしアントニオが後日エクイティ・ラウンドを実施すると決めた場合、プロヴァイヴがアドビに負っている債務の残額をエクイティに転換できるという意味です。このような場合、転換はアドビの裁量に委ねられています。つまり、転換か、契約通り返済の継続を求めるかはアドビが決めます。

　最後に、この提案の特徴は融資当初の**猶予期間**にありました。プロヴァイヴに新規の資本を活用して事業を発展させ収益を伸ばす時間を与えるため、猶予期間中は返済が求められません。コンバーティブル RBF 契約における猶予期間は、時間ベース（3 カ月後ないし 1 年後に返済が始まる）の場合もあれば、**マイルストーン・ベース**（純利益がプラスに転じてから 3 カ月後に返済が始まる）の場合もあります。プロヴァイヴのケースでは、アドビは 18 カ月の時間ベースの猶予期間を提案しました。

投資契約の成立

　条件を理解したアントニオは、アドビのコンバーティブル RBF がプロヴァイヴにとって唯一利用できる選択肢になりそうだとすぐに納得しました。自社の事業に興味を持つエクイティ投資家が他に見つからなかったからです。本質的に、プロヴァイヴは「**ミッシング・ミドル**」企業の典型例でした。つまり大口投資家には小さすぎ、小口投資家には大きすぎたのです。アドビの提案はたしかに割高な融資でしたが、従来のデット〔借入〕に比べればはるかに柔軟で、プロヴァイヴが必要としていた資金額を満たしていたのも事実でした。従来型のエクイティ投資家の数が少ない市場では自社にとって妥当な投資契約だとアントニオは感じました。

　しかし IGNIA はアントニオほど納得しませんでした。2.5 倍という返済条件を見て、IGNIA はあまりにも高価な投資契約だと考え反対しました。「メザニン・ストラクチャーは高価ではありましたが、起業家として

私は、いちばん高価なのは自分の手元にないお金だとわかっていましたから」とアントニオは振り返ります。「当社には4000万〜5000万メキシコペソ（200万〜250万ドル）が必要でした。それがなかったら夢は潰えていたでしょう」

　元銀行員の目から見ても、条件は公正だとアントニオは感じました。彼は4カ月かけてIGNIAを説得し、ついにアドビの投資を受けることに成功しました。ロドリーゴが会社の取締役に加わったほか、アドビはニュー・ベンチャーズのプラットフォームを通じたアクセラレーション支援も申し出てくれました。

　2カ月後、政府による競売の突然の中止をプロヴァイヴが切り抜けるうえでアドビの資本は絶対に不可欠だったことが明らかになりました。

返済の猶予を交渉する

　投資契約から2年経ち、プロヴァイヴの猶予期間が終了した直後の2017年に、アントニオはプロヴァイヴの月次返済の構造に重大な問題があることに気づきました。プロヴァイヴの毎月の返済額は、実際の経営業績ではなく前年（暦年）の同社の業績見通し（EBITDA）をもとに決められていたのです。困ったことに、収益面の業績は良好でしたが、EBITDAの業績はそうではなく、アドビの契約条件に従えば月々の返済額が高くなってしまいます。したがってプロヴァイヴは現在のキャッシュフローから考えるととても払えない返済額を抱えることになるのです。

　プロヴァイヴはEBITDA目標ではなく収益目標をもとに返済額の交渉をすべきだった、とアントニオは気づきました。彼はアドビに変更を申し入れましたがアドビは受け入れず、アントニオは納税かアドビへの返済かを選択しなければならない窮状に追い込まれました。結局彼は税金の支払を選び、アドビへの返済は数カ月間滞りました。

　プロヴァイヴを生き延びさせたい一心で、アントニオは再びアドビに頭を下げ、エリックとロドリーゴにデット〔借入金〕返済に少しだけ猶予をもらえないかと頼み込みました。それしか方法がないことをアドビに納得

してもらうには2カ月かかりましたが、最終的にアドビはプロヴァイヴに3カ月間の猶予期間を認めてくれました。また、アドビは返済条件をプロヴァイヴの収益をもとに再設定することにも同意しました。

黄金期の訪れ

アドビの柔軟な対応のおかげで、プロヴァイヴに「黄金期」とアントニオがいとおしげに呼ぶ状況が実現しました。同社は右肩上がりの成長を始め、2018年にはEBITDAが9000万メキシコペソ（440万ドル）の水準に達しました。その後の数年間で、プロヴァイヴは1万戸を超える住宅を修復し、4万人以上に住む家を提供しました——アドビが投資してから数が4.5倍近くに増えたのです。

この成長によって、プロヴァイヴはついにクレディ・スイス（Credit Suisse）からの長期借入に成功し、今までの短期借入をすべて整理して、過半数のエクイティ〔株式〕取得によりIGNIAが持っていた経営権を買い戻すことができました。また、クレディ・スイスからの資本を使って2019年4月にアドビの融資を返済しました。予定より早くデット〔借入〕を完済したので、アントニオは**期限前返済割引**を交渉することもできました。そしてプロヴァイヴは当初の融資額の2.2倍を返済するだけで済んだのです。

創業者はコンバーティブルRBFについて、次の2つを理解することが大切だ、とアントニオは反省を込めて言います。「第1に、これはエクイティ〔資本金〕ではないし、デット〔借入〕でもないこと。〔コンバーティブルRBFの投資家は〕会社の業績リスクを負っているうえに、他の債権者に劣後する立場にあります」。つまり、コンバーティブルRBF契約のコストには、資金提供者が取ろうとしているリスクの水準が反映されているのです。

第2に、「お金だけの問題ではないこと」とアントニオは説明します。レベニュー・ベースド・デットの投資家は「エクイティ投資家と同じく、パートナーです。味方です。橋渡し役となり、アイデアを出し、人脈を

提供してくれます。IGNIAともアドビとも私たちはそういう関係でした。他の債権者とは異なる経験でした」

コンバーティブル RBF を検討している資金提供者に対して、アドビ・キャピタルのロドリーゴは次のようにアドバイスします。「この方法で投資するつもりなら、起業家のニーズをじっくりと見きわめ、相手のキャッシュフローと資本ニーズを理解することです」

「それと、すべての起業家に向くとは限りません」と彼は釘を刺しています。

コンバーティブル RBF はあなたに適しているか

創業者へ

レベニュー・ベースド・メザニン・デットは私の分類ではコンバーティブル RBF に該当し、**担保付融資**による資金調達ができない**ポスト・レベニュー**でアーリーステージから成長ステージにかけての企業に最も向いています。コンバーティブル RBF 契約は**リスク資本**ではありますが、一般的に**プレ・レベニュー**のアーリーステージ企業には適していません。資金提供者がこの金融商品の元本回収期間を正しく計算できるようにするために、会社は実証可能な仮定に基づいた収益見通しを持つ必要があります。製品かサービスの販売から上げた収益がすでにあるなら、これはずっと楽にできます。

償還可能株式と同じく、創業者にとっては従来型のエクイティファイナンスにはない利点が大きく 3 つあります。

- 経営権と所有権が維持できる
- 将来の収益の変動リスクを分担できる
- 投資家の**流動性**が「イグジット」に結びついていないので、長期的に独立が容易である [5]

創業者にとってもう一つ利点となるのは、コンバーティブル RBF 契約

---

5) Brian Mikulencak, Revenue-Based Financing for Impact Investing（草稿は要望に応じて入手可能）.
6) 元金を上回る支払について。どのような計算になるかは本書の最終パートで取り上げます。

の支払[6]がデット〔借入〕返済として、つまり**利息**の支払として扱われる可能性が高いことで、これにより納税義務が軽減されます。

いくら返すのか（コスト）の観点からは、資金提供者に返済しなければならない総額を総債務といいます。金額として明記されることもあれば、倍率が示されて、投資額に投資家が求める倍率を掛けて総債務額を計算しなければならない場合もあります。今回の例では、アドビが投資した200万ドルの2.5倍となります（総債務額はおよそ500万ドル）。

いつまでに返すのか（利用に無理がないか）の観点からは、アドビが求めた**義務的返済**の条件は月次（頻度）で、返済開始までに18カ月間の猶予期間が設けられていました。**ストラクチャードイグジット**の資金提供者はたいてい、契約書になんらかの形で猶予期間を入れ、返済が行われる前に資本が成長を生み出せるよう、創業者のニーズに沿って契約書を設計します。猶予期間がうまく設計されていれば、創業者が資金を活用する時間が十分に取れ、返済が始まる前に投資の成果が出ます。

どうやって返済するか（利用に無理がないか）に関しては、返済方法の計算に使われた収益率変数はかなり複雑（経営業績の見通しではなくEBITDA業績の見通し）だったため、アントニオとアドビは結局これを収益の一定割合に単純化しました。一つの目安として、返済に充てる収益のパーセンテージは1桁（1～9％）になる場合が多いです。第7章で取り上げたように、ストラクチャードイグジットの返済方法にはいくつか種類があります。プロヴァイヴの場合、総債務は義務的月次返済で支払われることになっていましたが、結局、**早期償還**を利用し、クレディ・スイスから調達した資金で清算しました（表9-1、次頁）。

償還可能株式とは異なり、コンバーティブルRBFの返済は一般的に利息支払に分類されるので、損益計算書に記載されます。プロヴァイヴの例で見たように、この支払は可変的ではありますが、それでも会社に支払を賄えるだけの粗利益がなければ負担しきれないことがあります。一般的に、コンバーティブルRBF契約は利益の低い会社にとってはうまくいきません。

現実に即したコンバーティブルRBF契約を作成するためには、自社の

表 9-1　ストラクチャードイグジットの返済方法の比較

返済方法	説明
約定返済または義務的返済[a]	決められた期間内もしくは投資家の求めに応じて予定された支払。例えば、総債務を完済するまで収益の4%を返済する。
早期償還	任意の支払で、総債務残高を減らすために約定返済に追加して行える。この支払を行う意思決定権は被資金提供者のみにある。
残余株	一般的にコンバーティブルRBF契約には当てはまらない。

a) ストラクチャードイグジットに関して、これは義務的返済とも呼ばれるが、償還可能株式の場合、配当金は会社に支払能力があって配当金が払える場合にのみ支払われる

収益見通しおよび（または）キャッシュフロー見通しをしっかり把握しておく必要があるでしょう。これはエクイティ投資家になってくれそうな人にバラ色の見通しをプレゼンすることとはわけが違います。その融資を本当に無理のないものにするためには、自社が達成できることについて現実を見なければなりません。どのようなタイプの支払方法が自分にとって実行可能かを把握するために、自社の収益とキャッシュフローモデルを多方面から検討する必要があります。

契約不履行に陥ったらどうなるか。ストラクチャードイグジット契約の義務的返済を果たせない場合、あなたはアドビとの契約でプロヴァイヴがしたように、**契約不履行**のリスクを冒すことになります。契約不履行が発覚すれば、その時点で総債務を清算しなければなりません。しかしプロヴァイヴの事例で見たように、アドビは契約不履行を盾にプロヴァイヴから残債を強制的に取り立てるかわりに、双方にとって円満な形になるよう投資契約の再交渉を行いました。これはコンバーティブルRBFにおいて、特に創業者と資金提供者のミッションが合致している場合は、めずらしいことではありません。多くの資金提供者は、**債務不履行**を再び交渉のテーブルについて会社の事情と資金提供者としてどう支援すべきかを知る機会と捉えています。

自社が追加的な資金調達を行う場合はどうなるか（将来の資金調達計画）に関しては、エクイティ・ファンディング・ラウンドの際に総債務の返済を望む資金提供者もいるでしょう。プロヴァイヴの事例がこれに当たり、同社がアドビに負っていた総債務をクレディ・スイスは自社の提供資金で完済する決断をしました。投資先企業の債務の完済を望むのは、エクイティ投資家が他の投資家に対して可変的なキャッシュ返済義務を抱えたくないからであることが多いです。エクイティ〔資本金〕による資金調達を行う際のもう一つの選択肢は、コンバーティブルRBF資金提供者が提供資金を新しいエクイティ投資家と同じ（もしくは割引）価格で**株式**に転換することです。この転換オプションは**債務残高**にのみ適用されます。債務残高は総債務からすでに返済した額の合計を差し引いて計算されます。これは「**一方的選択権**」である、つまり転換するかどうかはストラクチャードイグジット資金提供者の選択にゆだねられていることが多いです。近い将来に追加的なエクイティ〔資本金〕による資金調達を計画しているなら、コンバーティブルRBF契約を結ぶかどうかを慎重に評価したほうがよいでしょう。なぜならコンバーティブルRBF資金提供者は債務残高の額が大きいだけに多数の株式を買えるかもしれないからです[7]。

　新たなデット〔借入〕について、コンバーティブルRBFの資金提供者は、会社が追加的なデット〔借入〕義務を負うことに対して書面の許可または承認が必要であると条件をつける可能性があります。これはわりあい標準的な貸し手保護で、「**借入許可**」**条項**と呼ばれます。創業者であるあなたは、この条項が借入による資金調達能力の足枷になるのではと懸念を感じるかもしれません。資金提供者がこれを要求した場合、資金提供者が将来的に会社のパートナーになるつもりであり、必要になればさらにデット〔借入〕を行うことも含め、適正な**資本構成**を構築していけるようあなたを支援してくれるのが理想です。資金提供者にパートナーとしてそれだけの能力があるか不安に感じるなら、この条項にはストップをかけたほうがよいでしょう。

---

7) オンライン・コンパニオンに、契約の種類が評価と会社にとっての総コストにどう影響するかについての例を載せています。

会社が売却されたらどうなるか（将来の資金調達計画）。もしあなたの会社が売却されたら、コンバーティブル RBF の資金提供者は、債務残高か所有権に応じて支払われるべき額のどちらか大きいほうを求める可能性が高いでしょう。

資金提供者にはどのような権利があるか（将来の資金調達計画）。コンバーティブル RBF 契約における資金提供者の役割はさまざまです。プロヴァイヴの事例で見たように、アドビは**取締役会**に入って投資期間中はプロヴァイヴに深く関与しました。コンバーティブル RBF による資金提供を受ける前に、どの程度の関与を望むかについて、資金提供者になりそうな相手と腹を割って話し合う必要があるでしょう。これに関して両者の意識が一致していることが重要です。

資金提供者へ

コンバーティブル RBF 契約は、ポスト・レベニューのアーリーステージおよび成長ステージ企業に対してエクイティ〔株式〕と同様のリスクを取る意思のある資金提供者には有用なものとなりえます。償還可能株式と同じく、この選択肢はリスク資本を求めているのに従来型 VC の投資対象の類型から外れる企業のために考案されました。プロヴァイヴの例で見たように、このタイプの資金調達方法はメザニンに近い、もしくはベンチャーデットに近い金融商品として、VC による資金調達と並んで有用かもしれません。このような契約の構成方法はいろいろあり、起業家のニーズにも、リスクとリターンと流動性における資金提供者の要望にも合わせることができます。

コンバーティブル RBF 契約はエクイティ契約と見た目はまったく異なります。しかし、ほとんどのコンバーティブル RBF 投資家は企業業績への合理的な期待に基づいて安心できる範囲内の**内部収益率（IRR）**を目指し、資金提供からほどなくして支払が始まる条件を設けることによりゼロリターンの可能性から身を守ります。ただし、当初は猶予期間が置かれることが多いです[8]。会社の成長が予想より早ければ、資金回収は早まり、

---

8) Brian Mikulencak, Revenue-Based Financing for Impact Investing（草稿は要望に応じて入手可能）。

投資収益率は高くなります。したがって、たとえエクイティ〔株式〕に転換しなくても、コンバーティブル RBF 契約はアップサイドの可能性を秘めています。とはいえ、すべてのコンバーティブル RBF 契約にはダウンサイドの可能性もあります。リスクの負担先として**個人保証**しかないものが大半であり、それすら求めない場合もあるからです。

　従来のデット〔融資〕やエクイティ〔株式〕投資と変わらないのは、起業家と経営チームが重視される点です。融資を回収できる持続可能な企業の形成に関して起業家と投資家の意識が合っていなければ、どれだけ**誓約事項**を設けても解消できない大きな摩擦が生じるでしょう。

　それを踏まえても、資金提供者であるあなたは、状況が変わって必要が生じた場合は契約条件を再交渉する覚悟を持っておくべきでしょう。アドビ・キャピタルのポートフォリオ・マネージャー、アレハンドラによれば、未履行のレベニュー・ベースド・デット契約の60％について再交渉しなければならなかったけれど、残り40％は再交渉を始める条件を満たすには投資期間がまだ短かったそうです。猶予期間あるいは条件の変更、何について話し合うにせよ、元の契約と同じく、会社のニーズおよび創業者と資金提供者の双方が得をする状況を眼目として話し合うべきです。

　ほとんどの創業者はストラクチャードイグジットという概念になじみがなく、求められる見通しを作成できるだけの堅牢な財務モデルを持っていない可能性があります。そのため、資金提供者が起業家の財務モデル作りを手伝って無理のない資金調達方法を理解させなければならない場合もあるでしょう。**約定返済**であれば、次のような質問をすることになります。

- 収益にはどの程度の再現性があるのか。
- 1回売ったら終わりの商品やサービスか、サブスク販売はしているか、長期の購買契約を結んでいるか。
- 切迫した資金ニーズがあるのか。

　契約に無理がないかを評価する際は、(a) 自分が受け取るリターンと (b) 会社を事業運営および再投資のために切実に必要なキャッシュが不足する

事態に陥らせないことのバランスを取る必要があります。

　資金提供者として、創業者がキャッシュを最も必要としている時期、すなわち会社を成長させる時期にキャッシュを搾り取ることにならないかをあなたが心配しているのであれば、この無理がないかという点を重視するのが大切です。利益が非常に小さい会社にとって、このような契約を無理のないものにするのは非常に難しいかもしれません。このモデルが機能するだけの健全な利益がある会社でも、計画が双方にとって妥当なものとなるように設計した利益率に関する誓約事項かトリガー条項を設けるのが賢明かもしれません。一定水準のEBITDAか純利益率を返済のトリガーにしたり、時間の経過とともに上がる段階的な利率を使ったりして、創業者に最初からかかる圧力を軽減する選択肢もあります。

第 10 章 Demand Dividend : Maya Mountain Cacao

ディマンド配当

——マヤ・マウンテン・カカオ

　次の旅ではエミリー・ストーンとアレックス・ホイットモアに同行し、中米ベリーズで2人が経営する持続可能なカカオ原料調達ベンチャーにふさわしいアーリーステージ資本を探しにいきましょう。アントニオとまったく同じように、2人も自分たちのアーリーステージ企業を拡大し、**社会的ミッション**に忠実であり続けるために資本を求めていました。今回の旅で取り上げるのは、**コンバーティブル・レベニュー・ベースド・ファイナンス（コンバーティブルRBF）** 契約の一種である**ディマンド配当**です。キャッシュフローベースのコンバーティブルRBF投資の複雑さについて学べることがたくさんあります。

カカオが生活の柱

　ベリーズのトレド地区ではカカオが人々の生活の柱になっています。カカオの栽培と加工は古くからの手法ほぼそのままに、家業として代々受け継がれてきました[1]。そんな豊かな伝統があるにもかかわらず、トレドはベリーズの最貧困地区で、人口の79％は貧困線未満の暮らしをしています。
　トレドが貧困から抜け出せないことに憤りを覚えたのがエミリー・ストーンでした。エミリーはエネルギッシュな社会・環境活動家で、**投資顧問**会社グリーン・センチュリー・キャピタル・マネジメント（Green Century Capital Management）の株主アクティビスト〔社会的・環境的観点か

---

1) Sniffin, T. "How to Cacao in Toledo." 29 April 2016. 以下のサイトにて閲覧可能：https://mybeautifulbelize.com/how-to-cacao-in-toledo/.

ら株主提案を行う〕として働いた経歴と、**フェアトレード**認証と持続可能な企業サプライチェーン開発に関わった経験がありました。彼女はうまく運営されたカカオ協同組合が貧困と戦ううえでいかに力があるかを実体験として知っていました。

　2010年にエミリーは、ボストンのオーガニック・チョコレート会社、タザ・チョコレート（Taza Chocolate）のオーナーであるアレックス・ホイットモアと出会いました。アレックスはベリーズに高品質カカオの調達先を探していました。当時、トレド地区のカカオの小自作農家のほとんどがトレド・カカオ生産者協会という単一の支配的な買い手に収穫物を売っていました。そして協会はモンデリーズ社だけに「グリーン＆ブラックス」ブランド用としてカカオを供給していました。アレックスは競争に参入する余地ありと見ていました[2]。

おいしいチャンス

　エミリーとアレックスは手を結び、持続可能で公正な賃金を支払う超高級カカオ調達ベンチャー、マヤ・マウンテン・カカオ（Maya Mountain Cacao, MMC）を立ち上げました。MMCの**ビジネスモデル**は明快でした。「環境に優しい高品質カカオの栽培に必要な道具を農家に提供し、生産物を高額で買い取る」。同ベンチャーはバリューチェーン全体を対象とし、農家の有機栽培農法と収穫技術の開発を支援したり、農具と研修の資金調達のために**マイクロファイナンス融資**を手配したり、カカオ豆の加工施設の建設を行ったりします。

　このバリューチェーンの構成要素のどれ一つとっても、MMCのビジネスおよびインパクトの観点から重要でした。資金調達できなければ、農家はカカオ豆の品質向上に必要な農具を手に入れたり研修を受けたりできません。持続可能な農法と収穫技術がなければ、商業規模の生産能力に達せないでしょう。そして一箇所に集約した加工工場がなければ、農家が高

---

2) 事例は以下より改変して収録：Pothering, J. "Sweet Deal: How One Company Found a New Way to Support Cacao Farmers." 9 December 2014. 以下のサイトにて閲覧可能：https://www.entrepreneur.com/article/240624.

額で売って所得を増やせるだけのカカオ豆の品質をおそらく維持できないでしょう。ベリーズのほとんどの小自作農家はそのような加工施設を利用できず、2週間以上かけて自分でカカオ豆の発酵と乾燥を行った後、数時間がかりで生産物を市場に運んでおり（公共交通機関を使うことが多い）、こうした工程はいずれも生産物の品質を損ない、売り物にならなくなるリスクを上げていました。

　エミリーとアレックスが目指すような**社会的インパクト**の高いビジネスを作るには、これらの要素はどれも不可欠でしたが、資金も非常にかかりました。創業者の2人は主に自己資金、タザからの7万5000ドルの投資、ある農業商社からの収穫前融資によって最初の数年を乗り切りました。しかし2013年には、ベリーズ以外に事業拡大する計画を実行するためにある程度の投資資本が必要になりました。問題は、MMCが従来型のエクイティファイナンスの投資先になりづらかったことです。大半のエクイティ投資家が求めるような高成長する財務予測もなければ、明確な**イグジット**の道筋もなかったためです。従来型のデット〔借入〕も受けにくいことをエミリーとアレックスは承知していました。MMCが必要とする**成長資本**は収益が季節の影響を受けやすく、従来型のデット〔借入〕の返済スケジュールを立てづらいことが予想されるからでした。

　エミリーはニカラグアでアゴラ・パートナーシップス・**アクセラレーター・プログラム**（Agora Partnerships Accelerator Program）の研修に参加しながらも、MMCの投資にどのような選択肢があるかと思案していました。そこで出会ったのが、カリフォルニア州サンタバーバラを拠点とする小さな**財団**、エレオス（Eleos Foundation）で専務理事を務めるジム・ビラヌエバでした。ある日2人はランチの席で協力の可能性を話し合いました。創業まもない**社会的企業**の成功を手助けするような資金提供オプションを模索していたジムは、MMCが抱えていた問題について語るエミリーに耳を傾け、一緒にアイデアを出し合いました。

　この話し合いをしていた頃、2人は元ベンチャーキャピタリストでサンタクララ大学ミラー・センター・フォー・ソーシャル・アントレプレナーシップ（Miller Center for Social Entrepreneurship）のシニア・ディレクターを

第10章　ディマンド配当　143

していたジョン・コーラーのプレゼンを聞く機会がありました。ジョンのプレゼンは2009年から取り組んでいた資金調達のアイデアに関するもので、それを彼はディマンド配当と呼んでいました。

ディマンド配当契約

ディマンド配当契約はコンバーティブルRBFの一種です。前の章でプロヴァイヴを例に紹介したものと似ていますが、違うのは収益もしくは**EBITDA**の一定割合として時間をかけてデット〔借入〕を返済するのではなく、会社の**フリーキャッシュフロー**をもとに**収益率変数**を設定するところです。つまり、融資の返済額を会社の収益や収入ではなく、使えるキャッシュから算出するわけです。プロヴァイヴのコンバーティブルRBFと同様、ディマンド配当にも**猶予期間**、返済額に上限を設ける投下資本倍率、（一般的には次のエクイティ資金調達ラウンドで）投資家が残債を持ち分株式に転換できる**転換条項**があります。重要なのは、ディマンド配当契約には通常、配当金額が予想を大きく下回った場合の強力な再交渉条項が含まれている点です。また一般的に**個人保証**がついていません。つまり創業者が返済できなくても、資金提供者は創業者の個人資産を差し押さえることができないのです。

ジョンがこのような金融ストラクチャーのアイデアを探り始めたのは、**スタートアップ**のエクイティ投資家を経験した後でした。ミラー・センターで**社会起業家**と関わるうちに、社会起業家と従来型のVCの支援を受けている企業では目標に大きな違いがあり、標準的なエクイティファイナンスではそれが考慮されていないことに彼は気づきました。付き合いのあった社会起業家たちは自社のビジネスモデルに環境と社会への益を組み込んでおり、会社の成長と社会的インパクトが乖離しないことを望んでいました。また、彼ら彼女らのほとんどは、会社を大きく育ててできるだけ早く売却しようとする連続起業家ではありませんでした。そして、会社を作った場所も、**IPO**の可能性が高い国々ではありませんでした。

多くの社会的企業にとって従来のイグジットの可能性が低いとなると、

会社の成長を支援するにはどのような資金調達方法があるだろうとジョンは考え始めました。最初に考えたのは**ベンチャーデット**でしたが、社会起業家に必要なタイプの資本は返済に関してもっと柔軟性が高く、もっと無理のないものが望ましいことにすぐ気づきました。

ニカラグアで行ったプレゼンの後、ジョンはジムとエミリーに直接ディマンド配当についてさらに詳しく説明し、たちまち意気投合しました。ディマンド配当はMMCがベリーズ北部とグアテマラに事業拡大する資金を調達するにも、農家の財務状況が**季節性**に左右される問題に対処するにも、適したツールかもしれないとエミリーは感じました。ジョンのほうも、MMCがディマンド配当の絶好のテストケースになるかもしれないと考えました。ジムも同意し、資金調達の手配を申し出ました。

投資契約プロセスに試行錯誤

MMCはディマンド配当投資を受ける企業第1号だったため、この投資契約の構成には多くの試行錯誤が伴いました。ジムはエレオスを通じて20万ドルの投資契約に14名の投資家を集め、ジョン・コーラーもその1人となりました。しかし投資家たちの利益を集約するために、ジムはまず合同会社（LLC）を設立しなければなりませんでした。そして皆で投資契約の構造と条件を考え抜くという骨の折れるプロセスを踏む必要がありました。MMCのディマンド配当投資はまとまるまでに6カ月かかり、2013年7月に成立しました。交渉を難航させた問題の一つはキャッシュフロー計算でした。これはいまだにディマンド配当契約における最大の難所です。キャッシュフロー計算は投資家の将来的な資金回収に影響し、そのため投資家にとって大きなリスクとなるからです。MMCの投資家はこれを2つの方法で解決しました。1つ目は、契約の一部としてMMCに**承認済み**の**事業計画**を提出させたことです。事業計画は投資家の書面による同意がなければ修正できませんでした。2つ目として、MMCの実態に応じたフリーキャッシュフローの計算方法を考案し、契約に入れ込みました。それは次のようなものでした。

この資金調達を目的とする計算方法の具体的な要素は、当事者間で交渉し、事業計画に含めるものとする。総じて、フリーキャッシュフローは総売上高から割引額、売上原価、事業計画で承認された事業運営費、報告期間（今四半期）中に発生する**トレードファイナンス**の定期的な支払を差し引いて計算する。

キャッシュフローの複雑さに加えて、投資契約がまとまるのに長い時間がかかったもう一つの理由は税に及ぼす影響でした。このせいで契約そのものがあやうく頓挫しそうになりました[3]。結局、これがエクイティ〔資本金〕ではなくデット〔借入〕であることをアメリカの税務当局が誤解しないように、契約を「**変動支払債務**」と改称しなければなりませんでした。

最終的にまとまった投資契約の条件により、MMCは親会社のアンコモン・カカオ（Uncommon Cacao）経由で20万ドルの資金注入を受け、MMCは6～7年かけてその2倍——計40万ドル——を返済することになりました。契約条件では返済開始前に2年間の猶予期間が設けられ、以降6カ月ごとの返済が予定されました。求められる返済額はMMCのフリーキャッシュフローの50％をおおよその基準とします[4]が、MMCのキャッシュフローが目標を上回れば返済額が上がり、一定の閾値を下回れば返済額が下がることもありえました。

MMCは資本をまず、生産量を増やしてMMCが規模の経済を実現することを目標に、農家への研修とカカオの実生に関する取り組みの拡大に使いました。また、隣国グアテマラへの進出にも役立て、そのためにエミリーは姉妹会社カカオ・ベラパス（Cacao Verapaz）を設立しました。ディマンド配当の柔軟な条件のおかげで、MMCはデット〔借入〕の返済が始まる前にこうした新たな取り組みの成果を上げることができました。またこの条件のおかげで、生産者の収穫量が乏しい年があっても、MMCの

---

3) 税に及ぼす影響についてはもう少し先で取り上げます。

4) この数字は通常は20％から30％の間です。MMCは持ち株会社の構造だったため、ジムは返済額を持ち株会社に流れるキャッシュから事業運営費を差し引いた半額に設定しました。

存続が脅かされることはなくなりました。

次の資金調達ラウンドを求める

ディマンド配当契約の成立から3年後、アンコモン・カカオはシリーズAエクイティ投資ラウンドで157万5000ドルを調達しました。このラウンドはパイ・インベストメンツ・イノベーション（Pi Investments Innovation）の代理としてインパクト投資会社キャンディード・グループのモーガン・サイモン（第6章）が主導しました[5]。これは会社にとって重要とはいえ面倒な**マイルストーン**でした。というのも、この時点でアンコモンはディマンド配当の返済の第1回をまだ行っていなかったからです。そのため、エミリーは融資団のリーダーを務めたジムの支援を受けながら、ディマンド配当の投資家全員に契約の条件に従って未返済のデット〔借入〕をエクイティ〔株式〕に転換するよう説得しなければなりませんでした。最終的に、1社を除く全員が新しいラウンドで債権をエクイティ〔株式〕に転換することに同意してくれました。同意しなかった1社にはシリーズAの投資家から**総債務**の残高が支払われました。

今日、アンコモン・カカオ・グループは商業的にも社会的インパクトの面でも成功した企業に成長しました。カカオの調達先は16カ所（9カ国）。グループのネットワークにはいまや5428戸の農家が参加しており、うち3750戸が有機認証農家、1738戸が女性です。

投資契約を振り返って、締結までに長い時間がかかったことも含め大変だったけれど、ディマンド配当投資がなければ会社の今はなかっただろうとエミリーは言います。この資金調達方法には、アーリーステージという会社のフェーズと、会社の成長および社会的インパクトを支えるために必須だった返済の柔軟性が考慮されていました。

多くの社会的企業は、たとえ会社自身が農業企業でなくても、農業経済や変動する収入パターンに引きずられる、とジョンは考察します。また、

5）この投資の話はモーガン・サイモンの著書 *Real Impact*〔未邦訳〕の第8章に書かれているものです。

志が高ければ、地域の成長を目指す思いもあるでしょう。ですから、アンコモンのように堅実な業績を上げている企業が、満たされていない需要に応える能力を高めるためにディマンド配当のような**ストラクチャードイグジット**の形を取った成長資本から恩恵を受けるケースは多々あるはずです。

　ジムはストラクチャードイグジット投資を続けるつもりですが、キャッシュフローベースのファイナンスよりもレベニュー・ベースのストラクチャーのほうが簡単だと今では感じています。「キャッシュフローベースのストラクチャードイグジット投資をしようと思わない最大の理由は、きわめて高い信用が求められるからです」と彼は説明します。なぜなら、会計処理でキャッシュフローを操作すること（「**ハリウッド・アカウンティング**」と呼ばれる）はいとも簡単にできてしまうからです。アンコモンが信用に値しなかったのではなく、「最初の投資を行う際に、求められる水準の信用を獲得するのはそもそも難しいのです」と彼は言い添えています。

ディマンド配当はあなたに適しているか

創業者へ

　コンバーティブルRBFの一つであるディマンド配当は**ポスト・レベニュー**の**営利企業**に向いています。そのようなポスト・レベニューの営利企業には、**担保**か終始一定の返済をする能力がないために従来のデット〔借入〕を獲得できない、アーリーステージ、成長ステージ、確立ステージの企業が該当します。

　いくら返すのか（コスト）の観点から見ると、MMCが返済しなければならない総債務額は投資された資本の金額でした。エミリーはこのコストを、デットファイナンスではなくエクイティ〔資本金〕による資金調達のコストと比較しました。MMCにはデットファイナンスを利用できるだけの担保も信用履歴もなかったからです。

　いつまでに返すのか（利用に無理がないか）の観点から見ると、MMCには2年間の猶予期間があり、それ以降は6カ月ごとに返済期日が設けられました。返済の頻度を交渉する際に覚えておくべきことの一つは、支払

の処理にかかる時間とコストの大きさです。MMC のような農業企業は、十分なキャッシュフローを確保するために、最低でも収穫から次の収穫までの期間は取るべきです。今回の契約は 7 年かけて返済するという条件でした。

どうやって返済するか（利用に無理がないか）。収益率変数はフリーキャッシュフローで、これは契約の中で定められていました。返済の計算になんらかの形のキャッシュフローを用いるなら、キャッシュフローを予測して正しく計算できなければなりません。収益をベースにするコンバーティブル RBF と比較すると、キャッシュフローベースの返済は無理のないものにできますが、複雑になりやすい可能性もあります。この後取り上げるように、この複雑さが資金提供者にとってはリスクになります。これに関して資金提供者が自分たちのリスクを下げる方法はいくつかあります。例えば事前に合意した MMC の事業計画とキャッシュフローの計算方法などがそうですが、そうすると創業者にとっては柔軟性が低下することにもなりえます。ディマンド配当の返済をより無理のないものにしようと考えると、経営権で思いがけず妥協するはめになる可能性があります。

契約不履行に陥ったらどうなるか（利用に無理がないか）。今回の事例では、いくつかの状況が**契約不履行**の引き金となる可能性がありました。例えば MMC の収益ないしキャッシュフローが事業計画を 60% 下回る、会社が破産または通常の事業ができなくなるフォース・マジュール〔自然災害や戦争など不可抗力による契約責任の免除〕を宣言する[6]などです。さらに、総債務が 7 年以内に返済されず、将来の事業計画について合意できなかった場合も、契約不履行のきっかけになりえました。契約不履行になった場合は、総債務の残高の支払義務が発生し、ただちに支払わなければなりません。

当然、もし MMC が今挙げた状況のいずれかに陥ったとしたら、総債務の返済はきわめて難しくなるでしょう。プロヴァイヴのケースと同様、エレオスの投資家たちも MMC に再交渉のテーブルにつくことを求め、

---

6) フォース・マジュールとは予測不能の状況を意味します。新型コロナのパンデミック中は、世界中の多くの企業にとってこの条項が返済を遅らせたり契約を解消したりするうえで大きな助けとなりました。

返済義務をどう果たすべきか話し合おうとしたはずです。

自社が追加的な資金調達を行う場合はどうなるか（将来の資金調達計画）に関しては、前章で説明したように、いずれ従来型の VC 投資家に入ってもらうつもりなら、この契約の複雑さ（および**所有権**に影響が及ぶ可能性）について認識しておかなければなりません。これによって投資家があなたの会社への投資を断念したり、ディマンド配当の投資家を新しい条件に移行させるために相当な労力がかかったりする可能性は必ずあります。MMC がエクイティファイナンスによってパイ・インベストメンツから資金調達する決断をしたときの話で見た通りです。エミリーは投資家たちに新たな資金調達ラウンドへの転換を説得しなければなりませんでした。そのために何度も交渉を重ね、契約に余分な時間がかかりました。

会社が売却されたらどうなるか（将来の資金調達計画）。前章で取り上げたように、もしあなたの会社が売却されたら、コンバーティブル RBF の資金提供者は**債務残高**か所有権に応じて支払われるべき額のどちらか大きいほうを求める可能性が高いでしょう。

資金提供者にはどのような権利があるか（将来の資金調達計画）。投資期間中、エレオスは**取締役会**に入るなど、MMC に深く関与しました。また、MMC に対して、新たにデット〔借入〕やエクイティ〔資本金〕による資金調達を行う、内規を改正するなど、大きな意思決定をする場合には書面での承認を取ることを求める**誓約事項**を多数設定しました。さらに、自社の**情報受領権**として四半期ごとに未監査の財務諸表の提出を求めました。最後に、**参加権**として、エレオスは将来のエクイティ・ラウンドに新たなエクイティ投資家と同等に参加する権利がありました。つまり、総残高を転換できるだけでなく、望めば他の投資家とともに新規に**株式**を購入する権利がありました[7]。

---

7) このようなタームシートの条件の詳細についてはオンライン・コンパニオンをご参照ください。

資金提供者へ

　他のコンバーティブル RBF と同じく、ディマンド配当にはサードパーティー・イグジットがなくても投資家にエクイティ〔株式〕と同様の利点があります。資金提供者として収益率変数を決める際には、キャッシュフローを定義する複雑さに潜むリスクを認識しておくことが重要です。例えば、MMC のディマンド配当では、事業計画の交渉とフリーキャッシュフローの定義をめぐる交渉を個別に行いました。そのためには高度な予測力と会計能力が必要となりますが、これはすべての投資案件で出てくる問題ではないかもしれません。

　しかし、キャッシュフローをどう定義したとしても会計操作（明らかな悪意であれ、戦略であれ、意図せざるものであれ）がなくなるわけではありません。投資家にキャッシュを支払わなくて済むように不正に報告書を修正することと、会社を成長させるために配当を宣言する前にキャッシュフローを合法的に管理することは別物ですが、支払を遅らせることが会社にとって利益になりうるということには違いなく、創業者は合法的にそうしようとする誘惑にかられる場合があります。結局は同じ目的に向かって協力する創業者と資金提供者間の信頼に尽きますが、たとえ互いの意識が一致していても、キャッシュフローの支払をめぐって創業者と資金提供者に齟齬が生じる可能性はきわめて高いのです。

　一般的に、ほとんどの法域では投資家への RBF 返済を融資の返済として扱っており、投資家にとって経常収入となります。つまり、あなたが非課税組織でない限り RBF 投資はエクイティ投資ほどの節税効果がないかもしれず、あなたのファンドの経済状況を計算する際にはそれを考慮しなければなりません[8]。またアメリカでは、**発行差金（OID）** の会計処理や、MMC の **投資プロセス** の最後に足を引っ張った債務返済スケジュールなどの検討事項が、投資契約をさらに複雑にする可能性があります。

---

8) オンライン・コンパニオンにコンバーティブル RBF の税への影響について詳しい情報を載せています。

第11章 Revenue-Based Financing : GetVantage and VIWALA

レベニュー・ベースド・ファイナンス
――ゲットヴァンテージと VIWALA

　次の旅の目的地はメキシコとインドです。2人の起業家がそれぞれにテクノロジーを活用した**レベニュー・ベースド・ファイナンス（RBF）**[1] プラットフォームを使い、創業者がより簡単により早く無担保付融資を利用できるよう尽力した旅に同行してもらいます。共通点は多いのですが、RBFの資金提供者の役割は**コンバーティブル RBF** の資金提供者とはかなり異なります。コンバーティブル RBF の資金提供者は**リスク資本**を提供するエクイティ投資家に近く、RBF の資金提供者は**運転資本**を提供するデット〔借入〕ないしメザニンの資金提供者に近いと考えるのがいちばんわかりやすいかもしれません。要するに、コンバーティブル RBF の資金提供者が検討中の投資案件に関して綿密なデューデリジェンスを行い、被資金提供者と深く関わり、取締役の座と長期的な**投資倍率**を求めるのに対して、RBF の資金提供者は収益の履歴を見て**信用力**を即座に判断し、独立当事者同士として取引を行い、資金回収についてはコンバーティブル RBF よりも短い時間枠でエクイティよりもデットに近いリターンを求めます。このようなファイナンスを行う動機を理解してもらうために、インドのバヴィクの話から始めましょう。

ムンバイからシリコンバレーへ

　バヴィク・ヴァサはムンバイの起業家一家の中で生まれ育ちました。アメリカの大学で学ぶ機会があり、銀行業と金融サービスに出合ったの

---

1) まぎらわしいのですが、開発金融の世界では成果連動型ファイナンス（results-based financing）も RBF といいます。本書では RBF をレベニュー・ベースド・ファイナンスの意味で使います。

は2005年にウェルズ・ファーゴ銀行が実施した大学生向け企業説明会で「偶然に」だったといいます。説明会の開催地はシリコンバレーで、この地で彼はたちまち起業の魅力にとりつかれました。バヴィクは2006年にISTSという小さなテック企業に創業メンバーとして参画し、モバイル決済とモバイルウォレットの初期のブームの中で活躍しました[2]。2010年に母国インドでデジタル決済事業の立ち上げに携わりたいと決意して帰国、インド初に数えられるデジタルキャッシュ企業とデジタルウォレット企業何社かの事業構築を手がけました。

そのうちの一社、イッツ・キャッシュ（ItzCash）はバヴィクの尽力で従業員数450名、取扱額20億ドル以上、年間収益4000万ドルへとスケール化を果たしました。2017年にイービックス・グループ（Ebix Group）がイッツ・キャッシュを1億5000万ドルの**企業価値評価額**で買収し、バヴィクはキャリアを一時休止するタイミングだと判断しました。子育てに集中し、フィンテックの世界で過ごした10年間を振り返る時間がほしかったのです。

振り返る中で、バヴィクはエクイティ〔資本金〕で百万ドル単位の資金調達をしたとき、その過程で「個人的な痛み」をたくさん経験したことに気づきました。イッツ・キャッシュの最盛期、4000万ドルの収益を上げ、従来型の融資機関や銀行に強い人脈を持っていたときですら、運転資本の確保が難しかったのです。銀行は決まって**担保**を求めました。それは土地か有形資産であり、イッツ・キャッシュのようなデジタル企業が持っていないものでした。

「障壁のない資金調達方法」を設計したい

バヴィクはこれがイッツ・キャッシュだけの問題でないことを知っていました。インド第3位の旅行予約サイト、ヴィア・ドットコム（Via.com）という別のベンチャーでも同じ問題を経験していたからです。ヴィアの経費で最も金額が大きかったのはグーグルやフェイスブックのようなチャネルを

---

[2] この会社はやがて2011年にClear2Payに売却されました。

利用したデジタル・マーケティングで、通常は月25万ドル台後半、休暇旅行シーズン中はもっとかかりました。ヴィアには資金力があったのに、デジタル・マーケティング費用のせいでキャッシュフローに問題を抱えていたのです。

　市場から最もよく耳にしたのは、会社がキャッシュフロー問題を解決するためにエクイティ〔資本金〕による資金調達をしなければならないという話でした。でもバヴィクは短期の資金調達ニーズの解決策としてエクイティ〔資本金〕が理にかなっているとは思いませんでした（第2章のエラとSOKOにとってそうではなかったように）。また、収益よりもユーザー数や規模の拡大を、利益率よりもエクイティ・ラウンドを優先するシリコンバレーのベンチャーキャピタル・モデルを創業者に押しつけることには問題が多いとも思っていました。それに、仮にエクイティ〔資本金〕による資金調達を望んだとしても、新興市場の起業家はベンチャーキャピタルをなかなか利用できませんでした。ほとんどのVCは新興市場を拠点としておらず、現地の市場状況に関して経験や知識がなかったからです。つまりはほとんどのVCが自分たちの世界観に染まって（偏って）いて、勝手知ったるシリコンバレーの外に目を向けていませんでした。こうした問題があいまって**ベンチャーファイナンス**のエコシステムに障壁を作り出し、投資に値する多くの起業家が成長に必要なキャッシュを得られないという結果をもたらしていました。

　起業家としての次のステージでは、新興市場にいる急成長中で**ポスト・レベニュー**のデジタル・スタートアップのために「障壁のない資金調達方法」を設計したい、とバヴィクの心は決まりました。自分ならフィンテックの経験を活かしてテクノロジーを主体としたソリューションを開発できるはずだ。でも、起業家にとって理にかなった資金調達モデルはどんなものだろう？

希薄化はお断り

　バヴィクはあれこれと調べるうちに、会社が直近の収益に基づいて融資

を提供され、将来の収益の一定割合に基づいて返済額が決まるレベニュー・ベースド・ファイナンス（RBF）という考え方に出合いました。短期貸付金と運転資本を必要とする**スタートアップ**に資金調達を提供するモデルとして、彼はこの考え方にたちまち惹きつけられました。市場の関心を知ろうとインドの創業者コミュニティにいる友人たちに声をかけると、熱い反響がありました。将来の収益の一定割合を会社の成長に必要な資本と引き換えにするというコンセプトを創業者たちは理解してくれました。そして従来の銀行からのデット〔借入〕返済に比べてRBFの返済に柔軟性があることに興奮し、従来型のベンチャーキャピタルのようにエクイティ〔株式〕を手放さなくてよい点を気に入ってくれました。

2019年にバヴィクはゲットヴァンテージ（GetVantage）を創業しました。マーケティング費と開発費を賄う資金が必要な急成長中のデジタル企業をターゲットとした、テクノロジー主体のRBF会社です。ゲットヴァンテージは企業の月次収益に基づき、固定の手数料で融資を提供します。同社の融資審査モデルはユニークで、デジタル企業にふさわしくデータポイントに着目して構築されています。顧客企業が資本にアクセスしてゲットヴァンテージが顧客の財務状況を把握できるようになると、顧客の資金調達コストは下がっていきます。資金の支払と返済金の回収もプラットフォームで管理します。

創業から数カ月のうちに、何百人ものインド人創業者が融資を申請しました。インド国外からも依頼が多数寄せられました。これは、創業者が収益と営業利益と利益率の増大に集中できる**非希薄化資本**の選択肢を切望している証拠だとバヴィクは考えています。

ゲットヴァンテージの融資は通常2万〜25万ドルで、手数料は6〜9％の定率です。条件は個々の企業ニーズに合わせて調整しています。借り手は将来の収益の一部で融資を返済します。その割合は各社の月次収益に基づきまちまちですが、通常は5〜25％です。

このような融資を提供できるようにするためには、ゲットヴァンテージ自身が融資のための資本にアクセスできなければなりません。これほど収入が可変的な会社の返済を予測しリスクを計算する方法を貸し手に

受け入れてもらうのは難しく、時間もかかりました。しかし貸し手側も担保主義で固定金利の融資がデジタル・スタートアップに向いているのか疑問に感じており、新しい融資への理解は進んできているとバヴィクは言います。インドのような新興市場で資金調達のエコシステムが成熟しつつあることには希望がある、とも。創業者が利用できる選択肢の数はもっと増え、もっと利用しやすくなるべきだからです。RBFはそれを実現できるツールの一つなのです。

そしてメキシコでも

　はるか1万6000キロ離れたメキシコでも、ニュー・ベンチャーズの創業者たちがテクノロジーを使ってアーリーステージのスタートアップや**中小企業**がRBFを利用できるようにするチャンスを見出していました。

　エリック・ウォルステン、ロドリーゴ・ビジャール、アルマンド・ラボルデは自分たちの投資ファンド、アドビ・メザニン・ファンド（第9章）を通じ、レベニュー・ベースド・デットを使って成長ステージの企業に投資してきた10年以上の経験がありました。この仕事を通じて、メキシコの事業主、特に年間収益10万ドル前後で運転資本ニーズを満たすために2万ドル前後の融資を必要としている中小企業にとって、運転資本の利用に大きな壁があることが明らかになりました。エリックとロドリーゴとアルマンドは投資先企業に対する綿密なデューデリジェンスと深い関与を要するアドビの資金調達モデルは、コストの観点からこの規模の融資には向かないとわかっていました。そのような少額の投資を行うには高くつきすぎるからです。そこで3人は採算がとれる審査と融資のプロセスを研究し始めました。

　まず、3人はこのような資本を必要としている企業の創業者を理解することに時間を費やしました。そしてわかったのは、創業者が会社の主要な役割をほとんどあるいはすべて一人でこなしている場合が多いということです。多くの創業者が営業、総務、CEO〔最高経営責任者〕、CFO〔最高財務責任者〕を兼ねていました。また、創業者にはビジネスの才覚はあっ

ても、信頼できる財務見通しを出せるだけの知識や能力のある人は多くありませんでした。さらに、彼ら彼女らは資金を明日や3カ月後ではなく、今日必要としていたのです。

エリックとロドリーゴとアルマンドがサービスを提供したいのは、例えばウォルマートのような大企業とお試しで取引していて、今は5店舗で自社製品を販売しているような企業の創業者なのです。もしウォルマートから製品を全国で販売したいと電話をもらえば、その注文に応じるための資金がただちに必要になります。

インパクト投資会社の創業者として、エリックとロドリーゴとアルマンドは新しい会社の融資活動を通じて意義のあるインパクトをもたらしたいとも願っていました。調査する中でたびたび浮上した一つの課題は、中小企業融資におけるジェンダー格差でした。ラテンアメリカでは女性創業者の信用格差が980億ドルにものぼります[3]。従来の意味での社会的・環境的インパクトをもたらせる中小企業を対象とするだけでなく、ジェンダーレンズも投資の注目点にしようと3人は決心しました。

RBFを簡便に、迅速に

2018年にロドリーゴとエリックとアルマンドは、アーリーステージのスタートアップ向け**アクセラレーター**であるニュー・ベンチャーズから新たなフィンテック・ベンチャーのVIWALAを立ち上げる、というアイデアを話し合いました。中小企業向けのRBFのスピードアップとコスト引き下げが目的で、その方法は3つありました。

第1に、審査プロセスと融資プロセスのバックエンド〔利用者の目に触れない部分〕の大半を自動化し、社会的・環境的インパクトが見込めるかという観点から企業の選定を行えるだけの人間的な関わりは維持しつつ、融資のコストを大幅に引き下げる。第2に、時間に追われていたり財務

---

[3] "Opportunities for Gender Finance in Latin America: What Can Banks and MFIs Do to Service Women Entrepreneurs Better?" 6 December 2019. 以下のサイトにて閲覧可能：https://www.fmo.nl/news-detail/64eefb1c-2091-4f84-b4ce-536425e0b7a2/opportunities-for-gender-finance-in-latin-america-what-can-banksand-mfis-do-to-service-women-entrepreneurs-better.

リテラシーが低かったりする創業者にとって、利用しやすくわかりやすい申請方法を設計する。第3に、将来の見通しではなく過去の月次収益の検証を重視した、簡便なデューデリジェンスプロセスを開発する。この3つによって、VIWALAは中小企業に迅速に貸せる融資業者を目指しました。創業者3人は新会社のスローガンを「爆速資金！」としました。

エリック、ロドリーゴ、アルマンドとニュー・ベンチャーズのチームは、USAID〔アメリカ合衆国国際開発庁〕が主催した金融イノベーションコンテストでVIWALAを試しました。VIWALAは見事優勝し、コンセプトを実現する資金として20万ドルの賞金を獲得しました。これを元手に、エリックたちはニュー・ベンチャーズ・アクセラレーターでかつて仲間だったカーラ・ガリャルドに連絡を取り、VIWALAのCEOになってほしいと依頼しました。彼女の最初の仕事は、VIWALAのソリューションへの需要を起業家と他の資本提供者の双方から掘り起こすことでした。

リスク軽減のための安全策を敷く

バヴィクと同じく、カーラも起業家にVIWALAのサービスを売り込むのは楽でした。中小企業の創業者は、自社の将来の売上を担保に借入を行い、売上の一定割合に基づいて返済するというコンセプトを直感的に理解してくれました。しかし投資家にアプローチをかけてみると、相手の質問は借り手の過去の収益と無理なく返済できるかどうかに集中しました。また創業者が収益を正確に報告できるかどうかにも投資家は懐疑的でした。カーラがようやく見つけた投資家はメキシコのある**ファミリーオフィス**です。従来型の投資家や金融機関よりも柔軟で、VIWALAの最初の融資フェーズに80万ドルを投資してくれました[4]。

調達した100万ドルのおかげで、VIWALAは19件の融資を行い、フィンテックのスタートアップとしての能力を強化してデューデリジェンスや

---

4) 前出のアネールの事例で見たように、ファミリーオフィスは外部資金を入れずに運営されているので、内部ステークホルダーの判断基準と優先課題に基づいて意思決定ができます。つまり、従来の金融機関に比べて意思決定が早くリスク耐性がある場合が多いのです。小所帯のところが多いので、顧客であるファミリーの優先課題の変更を先導するのは難しく、その意向に従う可能性も高いです。

融資の実行と回収のプロセスをさらに効率化することができました。

　最近、メキシコ政府はラテンアメリカのいくつかの国がそうしているようにすべての企業に**電子インボイス**を義務付けていますが、これはデータを収集して新しい金融商品を開発するフィンテック企業にとっては追い風となりました。このおかげで、VIWALA はメキシコの税務署のデータと連携して企業の月々の売上とキャッシュフローを検証するテクノロジーを開発することができたのです。それにより、VIWALA は今では RBF の申請を 2 日間で処理し、承認された融資を 10 日以内に実行できるようになっています。

　VIWALA はポートフォリオのリスクを軽減するためにしっかりした安全策を設けています。例えば、融資の金額は借り入れ企業の前年の売上の 20％を上限としています。根拠は融資に無理がないかどうかについて VIWALA が行った内部分析です。企業に 3 万ドルを超える融資を行う場合は、融資に対して起業家に**個人保証**を求めます。すべての案件において、融資期間は 36 カ月で返済倍率は 1.5 です。

　「ラテンアメリカで女性が経営する中小企業の信用格差を埋めるためには、全方位にわたってソリューションを作る必要があります。それは例えば革新的な金融商品であったり、金融商品をより簡単により早く利用できるプロセスであったりします。何よりも投資家になってくれる可能性のある人々にこの新しい融資モデルを理解してもらい、彼らと連携できなければなりません」とカーラは言います。

　バヴィクはこれまでの道のりを振り返ってこう言います。「VC モデルは早く成長せよ、早く事業を築け、**破壊的イノベーション**を起こせと起業家にプレッシャーをかけすぎます。そのせいで、適正な理由、適正な経済状況、適正なバランスで事業を構築するという視点がおろそかになっています。RBF モデルは［中略］もっとバランスがとれていて、構造化され、段階を踏むアプローチです。将来は、スケール化するために多額の資金を調達して背水の陣を敷くのではなく、このアプローチを用いる起業家が増えていくと私は考えています」

レベニュー・ベースド・ファイナンスはあなたに適しているか

創業者へ

　レベニュー・ベースド・ファイナンス（RBF）は運転資本と**成長資本**へのアクセスを必要としているアーリーステージから成長ステージのポスト・レベニュー企業に最も向いています。あなたは担保がないために担保付きの**デットファイナンス**を利用できなかったり、**銀行融資**よりも柔軟性の高い資金へのアクセスを必要としていたりするかもしれません。従来型の銀行借入やクレジットカード以外に運転資本を入手する選択肢として、有用な手段となるはずです。

　いくら返すのか（コスト）の観点から言うと、この章で紹介したRBF契約は2つのやり方で価格を設定します。VIWALAの契約は**総債務**を融資した現金の倍率で計算しており、アドビの契約に似ています。VIWALAの場合、倍率はプロヴァイヴ（第9章）の事例で見たよりも低く、融資の時間枠も短く、投資先企業への関与の度合いも低いです。つまり、コストと関与の度合いはデット〔借入〕取引に近いように見えます。ゲットヴァンテージもコストと関与の度合いに関しては似ていますが、同社の商品は調達した資金総額の一定割合（6～9％）として手数料を計算しているところが異なります。融資期間はVIWALAよりもさらに短く、数カ月間で返済される傾向があります。

　いつまでに、どのような方法で返すのか（利用に無理がないか）の観点からは、両社とも融資先を評価する際に比較的短い期間内に返済できるかどうかを基準にしています。ゲットヴァンテージとVIWALAの成功の決め手は簡便性、透明性、無理のなさです。コンバーティブルRBF資金提供者と違って、バヴィクとカーラは借り手ごとに個別にあつらえた契約書を作ることができません。条件一式を用意してその中から借り手に選択させ、計算方法を提示していくらまでなら無理なく借りられるかを知り返済を具体的にイメージしてもらう必要があります。このようなプロセスを自動化するテクノロジーの利用は不可欠です。あなたがフィンテック企業とのRBF契約を検討しているなら、提供される資本が収益の一定割合とし

ても総額としても返済に無理がないかしっかり理解しておかなければなりません。そのためには、投資契約のコストを利用可能な他の選択肢と比較する必要があるでしょう。起業家であるあなたにかかる総コストとその資金の柔軟性を基準に、比較してください。

契約不履行に陥ったらどうなるか（利用に無理がないか）。ゲットヴァンテージとVIWALAも含め、多くの資金提供者は多額の融資に個人保証を求めますので、もしあなたの会社が**債務不履行**に陥れば、あなたが個人的に返済の責任を負う可能性があります。

自社が追加的な資金調達を行う場合はどうなるか、会社を売却したらどうなるか（将来の資金調達計画）に関しては、RBF契約はとてもシンプルです。他のデット〔借入〕返済と同様に返済を続けることになるか、もしくは総残高を完済できる条項があるはずです。会社を売却する場合も同じです。

資金提供者へ

資金提供者として、あなたは状況、地理的条件、企業タイプの違いに応じてRBFをどう適用するか、優先順位を決める必要があります。VIWALAが気づいたように、RBF契約はアーリーステージにある**プレ・レベニュー**の企業に向かないからといって、ごく小規模な企業に向かないわけではありません。しかし、ごく小規模な企業が利用できるようにするためには、デューデリジェンスと融資の実行にかかるコストの採算が取れる必要があり、そのためにテクノロジーが不可欠となります。

ゲットヴァンテージは同じようにテクノロジーを活用したアプローチを使って、マーケティングと開発に費用をかけるために非希薄化資本へのアクセスを求める、新興市場のポスト・レベニューのテック系スタートアップという新たな市場を見出しました。特にSaaS企業がこれに該当します。同じトレンドを見出し、エクイティ〔資本金〕ではなくデット〔融資〕を通じて急成長中のスタートアップにアクセスするためにRBFを使おうとしている欧米の投資家の数は増えています。このタイプのRBFはアメリカでいまや「景気のいい産業」となっており、クリアバンク（Clearbanc,

現Clearco）やライター・キャピタル（Lighter Capital）のような大手投資グループがこのモデルを採用しています。

　アメリカのRBF資金提供者は金融サービスが行き届かない創業者の富の格差という現状にインパクトをもたらすためにも、このタイプの資金提供方法を使っています。ファウンダーズ・ファースト（Founders First）のような資金提供者は、創業者がエクイティによる資金調達で**希薄化**を避けたり遅らせたりできることもこの金融商品の利点だと見ています。資本力のあるベンチャーキャピタル企業や金融機関ではなく、金融サービスが行き届かない創業者のほうが自社の**所有権**をより多く持ち、利益をより多く得られるようになれば、富の格差と戦う重要なツールになりうる、と考えているのです。

　ゲットヴァンテージもVIWALAも、新興市場の中小企業を対象としたRBFが成長しつつあるトレンドの代表例です。テクノロジーを活用したRBFは、中小企業が利用できる資金調達方法を増やすだけでなく、新型コロナのパンデミックから世界が復興するうえで価値のある開発ツールとなるかもしれません。RBFの柔軟性のおかげで、ゲットヴァンテージとVIWALAの投資先企業はすべて、新型コロナ危機によって2020年の返済額は減ったものの、売上に基づいた返済を継続しています。ウパヤ・ソーシャル・ベンチャーズ（第15章に登場）も2020年の新型コロナのパンデミック中に起業家が無理なく返済できるようにするため、そして危機の時期に従来型のデット〔借入〕の重圧がかからないようにするために、RBF契約を実行するレジリエンス・ファンドを創設しました[5]。

5）ウパヤのファンドについては回収可能な助成金を取り上げた第15章で詳しく説明します。

第12章

Part 2 まとめ リスク資本の再設計

　このパートでは、**リスク資本**の選択肢に対するあなたの考え方を改めてもらおうと、従来に代わるさまざまな方法を取り上げました。この章では、**ストラクチャードイグジット**についてざっとおさらいし、あなたが自分の選択肢を評価する際に考慮すべき要点をお話しします[1]。

　インパクト投資会社キャンディード・グループのアネール（第6章）にとってストラクチャードイグジットの設計とは、自分が資金提供者として支援したい起業家、つまり会社を成長させるためのリスク資本を手に入れるにはVCの鋳型に押し込められるしかなかった起業家に、本当に役立つ資金調達方法を作り出すことでした。

　アクセラレータープログラム「フレッジ」のルニ（第7章）にとって、**償還可能株式**契約の設計とは、ごくアーリーステージにいる**社会起業家**に、自分の会社を長期的に所有できる資金調達オプションを作り出すことでした。地域密着型シェアリングサービス「マイターン」のジーン（第7章）は償還可能株式による資金調達のおかげでごくアーリーステージの**プルーフ・オブ・コンセプト（POC）**の資金を調達し、VC投資家の言いなりではなく自分の思い通りの形で事業を構築することができました。

　労働者協同組合イコール・エクスチェンジのジョナサンとマイケルとリンク（第8章）は、優先株式という金融商品のおかげで志に共鳴してくれる投資家の投資を受けつつ、株主に特定の制限（**「ノー・イグジット」条項**など）を設けることによって会社が**社会的ミッション**を追求できる状況を確保しました。

---

1) ストラクチャードイグジット契約締結の詳細を知りたい方には、オンライン・コンパニオンに大量の参考資料を掲載しています。

投資ファンド「アドビ」のエリックとロドリーゴ（第9章）にとって**コンバーティブルRBF**契約の設計とは、**流動性**への道筋が明確な、スケール化の可能性を持った**社会的企業**を投資先にすることでした。メキシコの不動産企業プロヴァイヴのアントニオ（第9章）は、コンバーティブルRBFによる資金調達のおかげで、VCによる資金調達と併用しながら、会社の**所有権**を求めずに事業構築のパートナーを提供してくれる**成長資本**にアクセスできました。

エレオス財団のジムたち（第10章）にとって、コンバーティブルRBF契約の一種である**ディマンド配当**の構築は、社会起業家が社会的ミッションから逸脱せずに成長するのを支援するために使える資金提供オプションの発見でした。マヤ・マウンテン・カカオのエミリー（第10章）はディマンド配当のおかげで、アーリーステージにあり季節に左右されるというビジネスの性質に合わせて柔軟に設計されたリスク資本を手に入れました。

インドのファイナンス企業ゲットヴァンテージのバヴィク（第11章）にとって、**RBF**は急成長中で**アセットライト**なベンチャーにサービスを提供するチャンスでした。このようなベンチャーは**ブートストラッピング**を行うか、VCによるエクイティ〔株式〕ベースで選択肢の限られた資金調達方法しかないのが常だったので、従来の方法に代わる**希薄化**しない成長資本の調達方法を提供する相手としてぴったりでした。フィンティック・ベンチャーVIWALAのカーラ（第11章）にとって、RBFは正規の金融機関のサービスを十分に受けていない**中小企業**に**運転資本**を迅速に、返済に無理なく提供する方法でした。

創業者へ

このパートで一貫して説明してきたように、ストラクチャードイグジット契約を交渉する前にあなたが考慮すべき重要な点が3つあります。「コスト」「利用に無理がないか」「将来の資金調達計画」です。

まず**コスト**からいきましょう。ストラクチャードイグジット契約は一般的に銀行融資より高くつくことを頭に入れておくのが重要です。条件と、資金提供者にどのような関わり方を求めるのかにもよりますが、銀行か商

業金融機関から魅力的な金利で融資を受ける資格があなたにあるなら、ストラクチャードイグジットはあなた向きではないかもしれません[2]。

利用に無理がないかの観点から言うと、ストラクチャードイグジットは高利益企業に最も向いています。収益ベースで返済額を計算する RBF 契約については特にそう言えます。RBF の返済は変動しますが、低利益企業を経営していたら、収益の 5％を返済に充てることには無理が生じかねません。返済方法を**配当金**に頼る償還可能株式契約や**フリーキャッシュフロー**計算に頼る RBF 契約は、会社が生み出す余剰キャッシュをベースにするので無理は生じませんが、資金提供者が投資する意味があるとみなすだけのフリーキャッシュフロー見通しが求められますし、フリーキャッシュフロー計算に関してすでに取り上げた複雑な手間がかかります。

ですから、現実に即したストラクチャードイグジット契約を作成するためには、自社の収益見通しおよび（または）キャッシュフロー見通しをしっかり把握しておく必要があるでしょう。これはエクイティ投資家になってくれそうな相手にバラ色の見通しをプレゼンすることとはわけが違います。その融資を本当に無理のないものにするためには、自社が達成できることについて現実を見なければなりません。どのような返済方法が自社にとって実行可能かを理解するために、自社の収益とキャッシュフローモデルを多方面から検討する必要があります。

最後に、**将来の資金調達計画**を考える必要があります。ストラクチャードイグジットは将来のエクイティ・ラウンドの足を引っ張る可能性があります。あなたが最初の投資家に収益またはキャッシュフローの一定割合を返済する義務を負っていることに、資金提供者が好感を持たないかもしれないからです[3]。将来デット〔借入〕によって会社の資金を調達するつもりなら、返済を信用履歴作りに使えます。その場合は、償還可能株式契約で株主の持ち株をすべて償還できるようにしてください。また、自社の将来の成長計画と資金調達計画について資金提供者と意識合わせしておきましょう。RBF の資金提供者は全員、コンバーティブル RBF の資金提供者

---

2) オンライン・コンパニオンでは、コスト別の比較をした例を使い、その構造を説明しています。
3) オンライン・コンパニオンで、このリスクを緩和するためのさまざまな返済オプションと償還オプションを取り上げています。

もほとんどが、リターンを返済から得ることを期待していますが、多くの償還可能株式の資金提供者は将来の**アップサイド**をある程度期待しています。そのアップサイドを実現する方法が売却による**イグジット**か、IPOないし合併か、**借入資本**ないし内部キャッシュフローを使った償還か、いずれであるにしても、あなたの将来の計画と合致させなければなりません。

資金提供者へ

RBF は運転資本として VC 投資と併用して使えますし、償還可能株式のエクイティ・ラウンドは VC の希薄化を遅らせることによって創業者の所有権を増やせますが、ストラクチャードイグジットは**ユニコーン**のニーズに合わせて作られてはいません。ストラクチャードイグジット契約は VC モデルにそぐわない 99％の会社がリスク資本を利用しやすくするために作られたものです。基本的に、ストラクチャードイグジットは起業家の基本的ニーズと資金提供者であるあなた自身の流動性ニーズにもっと合った資金調達方法を作るチャンスなのです。

ストラクチャードイグジットがあなたが投資する企業のタイプにふさわしいと判断したら、投資契約を構成する煩雑さにひるまないことが重要です。第 7 章で説明したように、**SAFE**、**コンバーティブル・デット**、プライスド・エクイティの契約が標準とみなされている理由は、これまでに多数行われてきたからですし、これらの契約が非常に特殊な企業——VC の鋳型にはまる 1％の会社、つまり成長志向でアセットライトな、第三者から繰り返し資金調達する計画のテック系**スタートアップ**のために設計されたものだからです。それに対してストラクチャードイグジットは幅広いカテゴリーの企業への投資方法として、さまざまな状況や資金ニーズに合わせるあなたの腕次第で検討できますし、すべきです [4]。

残念ながら新しい投資方法のテンプレートを作るプロセスは簡単でも単純でもありませんから、ある法域でこのタイプの投資を初めて試みる資金提供者にとって、取引コストは高くなる可能性があります。その構造に不

---

4) Brian Mikulencak, Revenue-Based Financing for Impact Investing（草稿は要望に応じて入手可能）。

慣れなために、あなたにやめたほうがいいと言う弁護士や会計士に当たってしまうこともよくあります。本書で紹介している契約のコツを活用してあなたが実施を検討している従来と異なる投資カテゴリーのテンプレートを作り、煩雑さとコストを軽減する一助としてもらえれば幸いです[5]。ただし、それでも投資先企業に合わせて条件を調整しなければならない可能性があることはぜひ覚えておいてください。これは資本を本当に創業者に役立てるためには欠かせないプロセスです。

創業者側が構造を理解していないことが、投資契約締結の障害になる場合もあります。当事者双方がストラクチャードイグジットを理解しているか、もしくはスピーディーに学ぼうとすることが大切です。契約の利点と専門的な細かい内容について、片方が懐疑的なもう片方を説得しようとするのでは、何かと論争が発生して締結に至らない可能性があります。例えば、アキュメン・ファンドはコロンビアの**協同組合**に償還可能株式モデルを使って協力しましたが、パートナーとなる人たちにこのモデルを説明するには膨大な時間を要しました。現在、このチームは**回収可能な助成金**[6]とレベニュー・ベースのストラクチャーの併用を検討しています。

ストラクチャードイグジットのほうが複雑な理由は、従来型のアーリーステージ投資では、投資家が必ずと言っていいほど一種の永久的な株主持分を獲得するからでもあります。流動性の条件が定義されていなければ、エクイティ投資家の投資のリターンを決定するのは他人、通常は大手のストラテジック・バイヤー〔自社の企業価値を高める戦略として他社を買収する事業会社〕（会社を買収する）か証券会社（会社のIPOを円滑に進める）任せになります。それに対して、ストラクチャードイグジット投資家は投資先企業と協力して、その会社の特性と事業に合った返済スケジュールを決定しなければなりません。これには資金提供者と被資金提供者間の強い信頼と互いの目標への尊重が求められます。資金提供者が得るべきリターンについて、当事者双方が最終形に近い合意に達しなければならないからです。ベテランの投資家であっても、間接的な形でリターンを交渉する（将来のエクイティ〔株式〕売却に基づいて将来の評価額を推定する）ことに慣れて

---

5) オンライン・コンパニオンにも役立つ資料が載っています。
6) 回収可能な助成金については次のパートで説明します。

いる場合は、考え方の見直しか再調整が必要かもしれません。しかし、一度締結してしまえば、ストラクチャードイグジットは別の当事者や取引によって投資家のリターンが左右されることがありません。被資金提供者が収益かキャッシュフローを生み出す必要があるだけです。ストラクチャードイグジットは書類上の交渉は大変ですが、考えようによっては、被資金提供者にとって、結局は全体としてハードルの低い資金調達方法かもしれません（単に後回しにするのでなく、避けていた作業の説明責任をいったん果たしてしまえば）[7]。

リターンの観点からは、ストラクチャードイグジット契約は一般的に返済期間を決めているものの、返済の柔軟性と変動性ゆえに投資家の**内部収益率（IRR）**を具体的に定めない場合が多いです[8]。そのため、**投資委員会**、理事会、ファンドに投資することになる**アセットオーナー**にこのことを説明しておく必要があるでしょう。しかし、ほとんどのストラクチャードイグジット投資家は企業業績への合理的な期待に基づいて安心できる範囲内のIRRを目指し、資金提供からほどなくして支払が始まる条件を設けることによりゼロリターンの可能性から身を守ります。ただし、当初は**猶予期間**が置かれることが多いです[9]。どのストラクチャードイグジット契約でも、会社の推定**資本コスト**と投資家の**投資収益率**を計算できますし、その計算は税金以外は同じはずです。会社の成長が予想よりも早ければ、返済は早まり、投資収益率は高くなります。したがって、すべてのストラクチャードイグジットはアップサイドの可能性を秘めています。リスクの引受先としては**個人保証**しかないものがほとんどであるため、すべてのストラクチャードイグジットにはダウンサイドの可能性もあります。

ほとんどの創業者はストラクチャードイグジットという概念になじみがなく、求められる見通しを作成できるだけの堅牢な財務モデルを持っていない可能性があります。そのため、資金提供者が起業家の財務モデル作りを手伝って無理のない資金調達を理解させなければならない場合もあるでしょう。**約定返済**であれば、次のような質問をすることになります。収益にはどの程度の再現性があるのか。1回売ったら終わりの商品やサービス

7-9) Brian Mikulencak, Revenue-Based Financing for Impact Investing（草稿は要望に応じて入手可能）.

か、サブスク販売はしているか、長期の購買契約を結んでいるか。切迫した資金ニーズがあるのか。

　資金提供者として、創業者がキャッシュを最も必要としている時期、すなわち会社を成長させる時期にキャッシュを搾り取ることにならないかをあなたが心配しているのであれば、この「無理がないか」の要素を重視するのが大切です。利益が非常に低い会社にとって、このような投資契約を無理のないものにするのは非常に難しいかもしれません。このモデルが機能するだけの健全な利益がある会社でも、計画が双方にとって妥当なものとなるように設計した利益率に関する**誓約事項**かトリガー条項を設けるのが賢明かもしれません。一定水準の**EBITDA**か純利益率を返済のトリガーにしたり、時間の経過とともに上がる段階的な利率を使ったりして、創業者に最初からかかる圧力を軽減する選択肢もあります。

選択肢の比較

　表12-1（次頁）を参照してください。

表12-1 ストラクチャードイグジットの比較

		デット〔借入〕に近い	
		レベニュー・ベースド・ファイナンス（RBF）	メザニン・デット
説明		将来の収益またはキャッシュフローの一定割合として返済される融資	固定金利付きで返済され、ワラントや利益分配などのキッカーを通じたアップサイドがある融資
別称		キャッシュフロー・ファイナンス、ロイヤルティ・ファイナンス	SMEリスクキャピタル、ベンチャーデット
あなたのプロフィール	法人登記	非営利団体、営利企業、協同組合、社会的企業	営利企業、協同組合、社会的企業
	収益モデル	季節に左右され変動的な可能性あり、収益と高利益が必須	ある程度季節に左右される可能性あり
	会社のステージ	アーリーステージ、成長、スケール化、または確立	アーリーステージ、成長、またはスケール化
	事業成長見通し	カテゴリー・パイオニア、ニッチ・ベンチャー、ダイナミック・エンタープライズ、生計事業	高成長ベンチャー、カテゴリー・パイオニア、ニッチ・ベンチャー
あなたのミッション	エンベデッドネス	特に関係なし	ミッション・エンベデッドネスの度合いが高ければ、ミッション・ドリブンな資金提供者を探したほうがよい
	実績		インパクト投資家は後半ステージの会社にインパクト実績を求める可能性がある
あなたの資金調達ニーズ	資金の用途	運転資本または短期の成長資本	運転資本または中期の成長資本
	担保になる資産	過去の収益、個人保証人を必要とする場合がある	有形資産と従来とは異なるタイプの担保が混在。資金提供者によっては担保をまったく求めない場合もある
	返済計画	内部キャッシュフローの創出	金利とキャッシュ・キッカーには内部キャッシュフロー、ワラントが含まれる場合はサードパーティー・イグジットも
	所有権	所有権には影響なし	返済が金利＋キャッシュ・キッカーであれば、所有権を希薄化させる意思は必要ない。ワラントには所有権を希薄化させる意思が必要
	将来の資金調達	将来エクイティ〔資本金〕による資金調達は可能だが、一般的にはデット〔借入〕と内部キャッシュフロー創出を将来の資金調達方法として利用する予定の企業向けに作られている	将来の資金調達方法としてエクイティ〔資本金〕とデット〔借入〕のいずれとも両立できる
	資金提供者の関与	一般的に金銭的なダウンサイドに注目するが、返済が早まる結果となりうる成長に関心を持つ場合もある。デット〔借入〕契約内の誓約事項に基づき継続的な関与の度合いは低い	アップサイドとダウンサイドの両方に注目する。継続的に関与する。誓約事項はダウンサイドからの保護の役割を果たし、議決権と情報受領権はアップサイドに参加するために使われる場合がある
	最も可能性の高い資金提供者	ノンバンク、特定型ファンド、デットファンド、メザニンファンド	ノンバンク、デットファンド、メザニンファンド、銀行

デット〔借入〕に近い	エクイティ〔資本金〕に近い
コンバーティブルRBF	**償還可能株式**
将来の収益またはキャッシュフローの一定割合として返済され、エクイティ〔株式〕に転換するオプションがついた融資	事前に合意された倍率または双方が合意した価格で創業者が買い戻せる株式
レベニュー・ベースド・デット、ディマンド配当、可変配当、レベニュー・ベースド投資、劣後可変支払債、レベニュー・ベースド・メザニン・デット、シェアード・アーニングス契約、ロイヤルティ・ファイナンス	償還優先株式、業績連動型償還可能転換優先株式、株式償還、インディー・ドット・VC、バリアブルVC、優先株
営利企業、協同組合、社会的企業	営利企業、協同組合、社会的企業
季節に左右され変動的な可能性あり、既存収益と高利益が必須	プレ・レベニューもしくはポスト・レベニュー
アーリーステージ、成長、またはスケール化	コンセプト、アーリーステージ、または成長
カテゴリー・パイオニア、ニッチ・ベンチャー、ダイナミック・エンタープライズ	高成長ベンチャー、カテゴリー・パイオニア、ニッチ・ベンチャー
ミッション・エンベデッドネスが中〜高程度であれば、ミッションが合致している資金提供者を探すべきである	
ミッションが合致している資金提供者はインパクト実績を要求する可能性が高い	
運転資本または中期の成長資本	POCまたは中〜長期の成長資本
個人保証人を必要とする場合がある	なし
内部キャッシュフローまたは将来の資金調達	
転換権が発生しない限り、所有権には影響なし	短期的には所有権を手放す意思が必要だが、長期的には会社の所有権を維持するか従業員所有権に移行できる可能性がある
将来エクイティ〔資本金〕による資金調達は可能だが、一般的にはデット〔借入〕と内部キャッシュフロー創出を将来の資金調達方法として利用する予定の企業向けに作られている	将来エクイティ〔資本金〕による資金調達は可能だが、一般的にはデット〔借入〕と内部キャッシュフロー創出を将来の資金調達方法として利用する予定の企業向けに作られている
アップサイドとダウンサイドの両方に注目する。継続的に関与する。誓約事項はダウンサイドからの保護の役割を果たし、議決権と情報受領権はアップサイドに参加するために使われる場合がある	取締役の座、議決権、情報受領権など株主の持ち株がある間は関与の度合いが高い
メザニンファンド、デットファンド、VCファンド、特定型ファンド、ノンバンク、ファミリーオフィス	エンジェル投資家、インキュベーター、アクセラレーター、ファミリーオフィス、特定型ファンド、VCファンド

Part 3
助成金でイノベーションを起こす

分かち合い、与える行為は人間の生まれ持った性質です。食物、資源、住まい、支援の贈与は人類史の黎明期から存在し、人から人への寄付の原初の形と言えます。古代ギリシャでは、オリンピック大会のような宗教的に重要な行事の際に貧しい人々への十分の一税（収入の10％の贈与）が求められました。このように贈与には長い歴史がありますが、変化や善を促進する力として個人や機関が寄付を行う「方法」が見直されるようになったのは、20世紀も後半になってからでした。

　パート3では、パーパスドリブンな**スタートアップ、中小企業、非営利団体**を立ち上げた**創業者**を支援するために**助成金**、デット〔借入〕、エクイティ〔株式〕の特性をブレンドした、革新的な触媒的慈善資本を使っている創業者と**資金提供者**の声を聞いてみましょう[1]。このようなストラクチャーは重要ですが、非営利団体の資金調達方法として十分に活用されていないことが多いものです。

　最初に取り上げるのは**プログラム関連投資（PRI）**です。アメリカの**財団**の従来とは異なる資金援助活動を指す税法がその名称の由来となっています。第13章で、財団が自身のプログラムに掲げるミッションと合致する組織を支援するために融資の形をとったPRIをどう利用できるかを見ていきます。アメリカ以外の国の読者に知っていただきたいのは、PRIはアメリカ独自の概念ですが、慈善目的の資本を戦略的に活用できるのはアメリカの財団だけではないことです。資本を持っていて「**市場期待収益率**」のリターンを求めない機関なら、世界のどこでも、自組織の**資産**を戦略的に使えます。

　また、このパートでは組織が低コストのデット〔借入〕を利用しやすくなる**保証**という概念（第14章）、融資に転換できる助成金である**回収可能な助成金**（第15章）、助成金に転換できる融資である**返済免除条件付融資**（第16章）、エクイティ〔株式〕に転換できる助成金である**転換権付助成金**（第17章）についても見ていきます。

---

1) ファンドレベルで資本をブレンドすることに関心のある資金提供者のために、オンライン・コンパニオンに資料を用意しています。

第13章 Program Related Investments : The Studio Museum in Harlem

プログラム関連投資

――ハーレム・スタジオ美術館

　この章では、**プログラム関連投資（PRI）** を使ってニューヨークのハーレム・スタジオ美術館（The Studio Museum in Harlem）の資金調達をしたメアリー・シュミット・キャンベルの旅に同行します。ハーレム・スタジオ美術館の物語を通じて、アメリカで PRI の利用が増えているにもかかわらずいまだなくならない誤解とよくある疑問についてを探っていきましょう。アメリカ以外の資金提供者の皆さんには、資金援助機関が資本の活用を戦略的に考える方法があることをこの章で知っていただけたら幸いです。

絶好の立地

　ハーレム・スタジオ美術館はニューヨーク市のマーティン・ルーサー・キング通り沿い、歴史が古く活気あふれる 125 丁目に建っています。アメリカ初のアフリカ系アーティスト専門美術館として認定された美術館です。歴史ある旧館はまもなく、ワシントン D.C. のスミソニアン国立アフリカ系アメリカ人歴史文化博物館も手がけた建築家デイヴィッド・アジャイ卿が設計した新館に生まれ変わります。でも、この物語の主役は 1977 年から美術館の本拠地となってきた旧館。それを実現した資金調達のお話です[1]。

　スタジオ美術館は 1968 年、アフリカ系アーティストの業績を認めて称え、作品を展示するために創設されました。創設から 10 年間はハーレムの 5 番街 2033 番地にあるロフトスペースを借りて、コレクションを形成

---

1) Investing for Social Gain: Reflections on Two Decades of Program-Related Investments (1991) Ford Foundation より改変して収録。

していきました。

　メアリー・シュミット・キャンベルが 1977 年に美術館長に就任したとき、最も大事な仕事の一つが新しい物件探しでした。認定美術館になるためには常設館を持つことが重要だと彼女は考えていたのです。長い時間をかけて探したのち、西 125 丁目の近くに物件が見つかりました。銀行が所有していた 5 階建てのオフィスビルで、美術館を収容するスペースもテナントが入れる商業スペースもたっぷりありました。打診してみたところ、銀行は**非営利団体**にビルを寄付する意思を示しました。メアリーは天にも昇る心地でした。「立地は最高だし、賃貸収入が入る可能性もある。それが私たちのものになるなんて」

　しかしこうした利点の反面、建物はたくさんの問題を抱えていました。状態が悪く、改修費用に 100 万ドル以上要したのです。

資金ギャップに直面する

　メアリーはひるみませんでした。美術館のスタッフと**取締役会**の先頭に立ち、連邦政府の規制、税法、予算、資金調達、建築、建物管理という複雑な迷路を突き進みました。この体験を彼女は「非営利団体を経営するための集中講義を受けたみたい」と話します。そしてついに連邦政府から、必要な設備改良のために長期的な資金援助を行う都市開発事業補助金（UDAG）80 万ドルを獲得しました。美術館は建設費として残りの 25 万ドルを賄うため、初めての資金調達キャンペーンを企画しました。

　ここで立ちふさがった問題は、UDAG の資金援助が使えるのが建設完了後だったことです。スタジオ美術館のチームは資金調達に時間がかかることを予見していましたから、建物改修計画は資金ギャップに直面しました。メアリーはフォード財団（Ford Foundation）に支援を求める決断をしました。同財団はこれまでもプロジェクトを援助し、スタジオ美術館の物件探しにあたって不動産コンサルタントを雇うための**助成金**を出してくれていたのです。フォード財団のある管理委員会メンバーがメアリーに、同財団のプログラム関連投資（PRI）事務局を通じて改修プロジェクト用の融資を申し込んではどうかと提案しました。メアリーは PRI に不案内

だったため、フォード財団の職員から PRI とは何か、どういう仕組みなのか詳しく教えてもらいました。

プログラム関連投資って何？

アメリカでは、民間財団は運用資産の 5％を毎年支出することが義務付けられています。これは従来の助成金によってでもいいですし、PRI という手段も使えます。PRI とは税法に由来する言葉で、**財団のミッションを推進するために行う助成金以外の金銭的な貢献**すべてを指します。アメリカの税法における PRI の概念では、財団がプログラムに掲げる目標を促進している組織に、デット〔借入〕、エクイティ〔株式〕、**保証**など多様な形で資本を支出することを認めています（実際に、アメリカの財団は PRI 戦略を使って本書で取り上げた資金調達ストラクチャーの多くを実行できます）。その投資から収益が発生すれば、再利用されて新たな助成金や PRI が実施されます。

フォード財団は PRI と特別な関わりがあります。というのも、同財団が実質的に PRI を発明したのです。フォードが 1968 年にこの概念を提唱し、翌 1969 年、民間財団は自身のミッション遂行能力を損ないかねない投資を避けるべしとする税制改革法に例外規定として盛り込まれました。税法によれば、民間財団が通常のリスク水準を超える投資を行えるのは、その投資が次の 3 つの基準を満たしている場合です。

1. 主要な目的が財団の免税対象の目的を一つ以上達成することである。
2. 収入の創出や資産価値の上昇が重要な目的ではない。
3. 立法に影響を及ぼしたり、立候補者に代わって選挙運動を行ったりすることが目的ではない [2][3]。

---

2) アメリカ内国歳入庁（IRS）のウェブサイト：https://www.irs.gov/charities-non-profits/private-foundations/program-related-investments.

3) このルールは、IRS が民間財団ではなく公共慈善団体に分類しているコミュニティ財団には適用されません。

メアリーとスタジオ美術館が必要としていた資金調達は、建築を開始して政府の補助金の受給資格を得、後援者基盤を構築するためのさらに大きな資金調達プログラムに着手することを可能にするつなぎ融資でした。フォードは今後も後援財団として美術館に関わる予定でしたが、今回の資本ニーズは規模も用途も同財団の PRI プログラムに最適でした。

作品を収蔵できる美術館へ

　メアリーは財団職員とともに数週間かけて必要な書類を揃えました。スタジオ美術館は最終的に 105 万ドルの提供を承認されました。この資金が、将来の UDAG および資金調達キャンペーンによる資本を**担保**として、美術館に融資されることになりました。また、改修工事を監督する開発ディレクターと専門のプロジェクトマネージャーを雇えるよう、2 万 5000 ドルの助成金も支給されました。

　また、美術館はニューヨーク市からも支援を受けました。もし美術館の資金調達キャンペーンが失敗した場合には、PRI の一部を保証することを市が引き受けてくれたのです。

　資本を入手したスタジオ美術館は西 125 丁目 144 番地の改修工事に入ることができました。一方、25 万ドルの資金調達キャンペーンも目標額を達成しました。改修工事が完了して UDAG の資金を確保すればフォード財団からの PRI を完済できるめどがついたのです。

　メアリーは西 125 丁目 144 番地の物件を獲得するまでのスタジオ美術館の歩みを振り返り、物件獲得は美術館にとって「小さなセンターからアーカイブ機能を備えた収集する美術館」へと進化した「きわめて大きな」節目だったと言います。

　今日、ハーレムのスタジオ美術館はアフリカ系アーティストのビジュアルアートとファインアートを収蔵する世界トップクラスの施設とされています。現在の館長は 1987 年にスタジオ美術館のインターンとしてキャリアを開始したセルマ・ゴールデン。彼女の指揮の下、同美術館は現代美術展示のグローバルリーダー、革新的な教育の中心地、ハーレムの地域社会

の文化的拠点として知られるようになりました[4]。

その間もフォード財団はPRIプログラムを拡大し続け、1968年に最初のPRIを実施して以来7億ドル以上を投資してきました。また助成金とPRIを通じて芸術分野への支援も続けており、芸術と創造的表現に対するアメリカ有数の資金提供者となり、2021年には2億500万ドル以上の支出を見込んでいます[5]。

プログラム関連投資はあなたに適しているか

資金提供者へ

PRIの概念はアメリカの税法にしか出てきません。アメリカの税法においてPRIは、アメリカの財団に純資産の5％を毎年、ミッションに合致する社会活動に拠出することを求める要件として考慮されます。PRIは助成金ではなく、従来型の投資とも異なります。法律的には別個の、第三の選択肢です。PRIは投資対象が財団のミッションに合致している限り、ほぼどんなタイプの金融手段にも使えます。また、金銭的リターンは「重要な目的」とみなされません。投資先の組織に直接でも**中間支援機関**を通じてでもよいですし、営利組織にも非営利団体にも投資できます。よく使われる中間支援機関にはコミュニティ**開発金融機関**（CDFI）、銀行、インパクト投資ファンドがあります。

フォード、マッカーサー（MacArthur）、アニー・E・ケイシー（Annie E. Casey）など早期に導入した財団が道を切り拓いたおかげで、過去20年間にPRIは大きく成長しました[6]。PRIの形態としてよくある形は今でも

---

4) The Studio Museum in Harlem. (2019) Gagosian Quarterly, Spring 2019 Issue. 以下のサイトにて閲覧可能：https:// gagosian.com/quarterly/2019/07/14/interview-thelma-golden-david-adjaye-studio-museum-harlem.

5) Sixteen Major Donors and Foundations Commit Unprecedented $156 Million to Support Black, Latinx, Asian and Indigenous Arts Organizations. 24 September 2020: 以下のサイトにて閲覧可能：https://www.fordfoundation.org/the-latest/news/sixteen-major-donors-and-foundations-commit-unprecedented-156-million-to-support-black-latinx-asian-and-indigenous-arts-organizations/.

6) これらに加え、ジョージ・ガンド財団、ヘロン財団、デイヴィッド＆ルシール・パッカード財団、プルデンシャル財団、ラスムソン財団、マイヤー・メモリアル・トラストが2005年にミッション・インベスターズ・エクスチェンジを創設しました。この団体はPRIをはじめ革新的な形の助成金の理解と利用を広めた功績を認められています。

不動産開発のための非営利団体向け低金利融資ですが、各財団はアーリーステージのエクイティ投資ファンドや**社会的企業**のエクイティ〔株式〕を購入するほか、**回収可能な助成金**（第15章）、**返済免除条件付融資**（第16章）によるPRIも行ってきました。また、PRIは保証（第14章）としても活用されてきました。

PRIを実施できるかどうか評価するためには、分別のある投資家が同じ投資の意思決定をするかどうか判断しなければなりません。投資そのもののリスク度、あなたが投資家として取るリスク、期待するリターンという観点から分析する必要があるでしょう。分別のある投資家が行う投資としてはリスクが高すぎるなら、PRIを利用した投資を正当化できます。分別のある投資家が投資しそうでも、あなたが劣後する（ジュニアの）立場をとったり低めのリターンを求めたりしてリスク度の高い投資を構築する場合は、PRIを利用した投資を正当化できるかもしれません。

PRIの実施を判断する際の確認事項には次のようなものがあります。

- **会社の成長と並行してインパクトも拡大するように社会的インパクトがビジネスモデルに組み込まれているか**。インパクトは財団が表明しているパーパスと一致するよう明確でなければなりません。
- **初めてのファンド、または初めてその仕事をするチームか**。初仕事のファンドマネージャーや未経験の起業家はたいていの投資家からリスクが高いとみなされるので、分別のある投資家の合格判定を得られません。つまりPRIが向いているということです。
- **リスク調整後に市場期待収益率を得られると確信できるだけのデータがあるか**。あるなら、PRIの利用を主張するのは難しいかもしれません。運用資産から従来型の投資を行うほうが適している可能性があるからです。

初めてPRIを行ったり、エクイティ〔株式〕のような形で非標準的なストラクチャーや事業体にPRIを行ったりする資金提供者にとって、組織内外の諮問機関からPRIに対する意見として法律的助言をもらうこと

はきわめて重要ですが、一般に思われているのとは違って、内国歳入庁（IRS）からのレター・ルーリング〔事前照会に対する文書回答〕は稀で、一般的には必要とされません。財団は PRI を自分たちの助成金ポートフォリオ内で、もしくは運用資産から管理できます。運用資産で管理する場合は、PRI は**市場期待収益率**ではない**資本利益率のハードル**がある**アセットクラス**として管理できます。

　もう一つの考慮事項は**インパクト測定・マネジメント（IMM）**に関する期待です。一般的に、寄付者は投資家よりも複雑な IMM 要件を持っています。また、財団が付き合い慣れた、定評ある大手の非営利団体はすでにもっとしっかりした IMM システムを備えているはずです。相手が小規模ベンチャーで被資金提供者と資金提供者の関係になる場合のインパクト報告は勝手が違う可能性があることを、資金提供者は認識しておく必要があるでしょう。

　PRI はきわめて特殊な場合に使われてきたきわめて特殊なツールです。アニー・E・ケイシー財団のトレイシー・カーティは次のように考察しています。「無限の可能性を生み出しているのは、このツールの柔軟性にほかなりません。いかにリスクを取るか、いかに資本を誘導してコミュニティに流入させるか、有色人種の人々を支援するか、金融システムにあるギャップに対処するかについて、今までにない発想ができる。それが慈善事業において PRI が果たしている役割です。また、柔軟性は PRI の最も面白いところだと思います。最もつかみづらいところでもあるのですが」

　最後に、PRI は**ミッション関連投資（MRI）**とどう違うのでしょうか。MRI は法律用語ではありませんが、ミッションとの合致を投資の意思決定プロセスに組み入れる投資をいいます。**インパクト投資**は MRI と互換的に使われることが多いです。MRI は財団全体の運用資産と投資戦略の一要素であり、財団の投資活動に一般的に適用される州および連邦政府のプルーデンス要件〔金融機関経営の健全性のために求められる要件〕に従わなければなりません。ミッションとの合致度がプルーデンス分析に不可欠な要素となるのがユニークな点で、場合によっては、ミッションとの合致を求めない運用資産からの投資よりも低い金銭的リターン目標も許容しま

す。多くの場合、財団のポートフォリオ内のMRIはポートフォリオ一般に見られる投資とそっくり同じでしょう。しかしこの投資を選択する際のデューデリジェンスにはインパクトのレンズが加わっているはずです[7]。

税に関する考慮事項

PRIは、公共慈善団体と民間財団が毎年提出する納税申告書（フォーム990）で報告を義務付けられています。内国歳入庁（IRS）はこの納税申告書を使って内国歳入法を遵守しているかどうかを評価します。申告書には団体の**資産**、収入、助成金、PRI、役員報酬を記載します[8]。

民間財団がIRSへの年間納税申告書で投資を申告する場合、投資額をその年に義務付けられている年間5％の慈善支出に含めることができます。ただし、投資金の返済を受けた年の財団の支出要件は、回収した元金の分だけ増えます[9]。つまり、PRIの元金の返済（キャピタルゲイン、**配当金**、利息は含まない）は、返済が行われた課税年度に適用される支出要件に対して「マイナス支出」とみなされるのです[10]。また、PRIは5％の支出要件が課される財団の資産からも除外されます。利息、配当金、資本増価は通常所得とみなされて純投資収益にかかる規制税の計算に含まれ、PRIは財団の免税対象の目的に「大きく関連する」ため一般的に非関連事業所得税（UBIT）の対象になりません。年間納税申告書でのPRI収入、増価、資産価値の報告のしかたについて、詳しくはIRSのForm 990-PF68記入要領を参照し、「プログラム関連投資」で検索してみてください[11]。

法規上、PRIが「偶発的に」市場期待収益率を上げることは可能です。法的要件は市場を下回る収益率を明示的に規定していないからです。実際

---

7) Briand, P. & Godeke, S. (2020) Impact Investing Handbook: An Implementation Guide for Practitioners. Rockefeller Philanthropy Advisors.
8-9) Emerson, J. (2003) Where Money Meets Mission: Breaking Down the Firewall Between Foundation Investments and Programming. Stanford Social Innovation Review (Summer 2003).
10) 融資保証額は支出と認められませんので、民間財団の5％の支出要件にカウントされません。
11) Mintz, J. & Ziegler, C. (2013) Mission-Related Investing: Legal and Policy Issues to Consider Before Investing. MacArthur Foundation.

に、税法では大きな収益が上がったこと自体によってその投資がPRIの資格を失うわけではない、としています。「投資が偶発的に多額の収入もしくは資本増価をもたらしたとしても、他の要因がなければ、主目的が収入創出もしくは資産増価である決定的な証拠とはならない」[12]。しかし、多くの財団はIRSの規定をPRIによって市場期待収益率もしくはそれに近い収益率を上げてはならないという意味に解釈し、市場期待収益率を下回るミッション投資のみをPRIと分類しています[13]。

---

12) IRSのウェブサイト：https://www.irs.gov/charities-non-profits/private-foundations/program-related-investments.
13) Cooch, S. & Kramer, M. (2007) Compounding Impact: Mission Investing by U.S. Foundations. FSG Social Impact Advisors.

第14章 Debt Guarantee : Riders for Health

借入保証

——ライダーズ・フォー・ヘルス

　この章では、サンフランシスコとガンビアとイギリスを行き来しながら、ライダーズ・フォー・ヘルスのデット〔借入〕**保証**の体験に学びましょう。前章では資金提供者が**助成金**を戦略的に使う革新的な方法を、第5章では**担保**の重要性と、**顧客注文**と**インボイス**を担保に用いてデットファイナンスを利用する方法を取り上げました。今回の事例では、ライダーズ・フォー・ヘルスのアンドレア＆バリー・コールマン夫妻がある**財団**からのデット〔借入〕保証を用いて借入を利用し、**資本コスト**を削減しています。

医療用車両が道端に捨てられている

　アフリカには、ワクチン接種、病気治療、公共保健サービスのような医療介入が何百万もの人々に届いていない場所が数多くあります。その結果、平均余命が他地域に比べて短く、死なずに済んだはずの人々が何百万人も命を落としています。地方に暮らす人々にとって、医療へのアクセスに立ちはだかる大きな障害の一つが輸送手段です。医薬品、ワクチン、医療機器を運ぶ確実な手段がなければ、命を救う治療と介入は切実に必要とされている場所にたどりつけません。これは輸送サプライチェーンの重要なミッシングリンク〔鎖の中の欠落した環〕となっています。

　イギリス人**社会起業家**のアンドレア＆バリー・コールマンはオートバイでアフリカを冒険旅行したとき、この問題をまのあたりにしました。訪れたアフリカの国々の多くで、夫妻は衝撃的な事実に出遭いました。医療

従事者が毎日20キロメートル以上も徒歩で自分たちが働くコミュニティまで通勤していること。慈善団体や援助プログラムによって寄付された車両が故障したまま、ちょっとした修理や整備で簡単に使えるようになるのに、道端に捨てられていること。そこで1996年に、コールマン夫妻は自分たちのオートバイの知識を活かして、医療従事者と医療品の確実で安価な輸送手段がないという問題に対処しようと、**非営利団体**ライダーズ・フォー・ヘルス（Riders for Health）を立ち上げました。

コールマン夫妻は思い切った方法で事業構想を実現しました。自宅を抵当に入れたのです。こうして獲得した資本で2人は、トランスポート・リソース・マネジメント〔輸送資源管理〕（TRM）システムを構築し、これが資力の乏しい医療システムの解決策を提供するライダーズの重要な土台となりました。TRMは車両に予防整備のスケジュールを組んで、故障をなくし、運用のコストを下げて効率を上げ、車両隊全体を本来の機械的な寿命を迎えるまで良好なコンディションに保ちます。

やがて、ライダーズはアフリカの7カ国で医療輸送車両隊を管理するまでに成長し、**社会的企業**として数々の賞を受けます。しかしまずは、ガンビアでのライダーズの旅の始まりに話を戻しましょう。

ガンビアで救急車を管理する

ライダーズ・フォー・ヘルスの最初の市場はガンビアでした。ここでライダーズは保健・社会福祉省と提携し、2002年に政府の車両隊を管理しました。当初の資金はスコール財団（Skoll Foundation）ほかいくつかの財団からの助成金で賄いました。

ガンビアで車両隊を管理するようになって7年後、新たな車両管理方法の可能性が見えてきました。自組織の財務的な持続可能性を向上させつつ、顧客である**政府機関**のコストも節減できる方法です。車両の整備スケジュールだけでなく、車両そのものも管理しよう。コールマン夫妻はこの手法をトランスポート・アセット・マネジメント〔輸送資産管理〕（TAM）と名づけ、2008年に全国的なTAM車両リース・プログラムのアイデア

をガンビアの保健省に売り込みました。ライダーズ・フォー・ヘルスが老朽化した政府の医療用車両（救急車、オフロード用自動車やオートバイを含む）を新車に入れ替え、政府はライダーズから車両を直接リースして、税金で車両を購入する費用を節約するのです。

　ガンビア政府はこのアイデアに興味を示しました。これなら政府は、僻地で暮らす人々も含め全国民に完全な保健サービスを届けられる確実で整備良好な車両隊を、手頃なコストで利用できます。政府から口頭で合意をもらったライダーズ・フォー・ヘルスは、車両隊の購入に必要な350万ドルの資金調達を開始しました。

　非営利団体のライダーズは、設備投資のためにこれだけの現金を入手するのが難しいこと、ガンビアのような小国ではなおさら困難であることをわかっていました。ライダーズの新しい資産所有方法の**事業計画**と財務モデルの作成に助成金を出したスコール財団は、この新たな戦略を支持していました。アンドレアは当時スコール財団の法務顧問だったエドワード・ディーナーに、車両隊の購入費用を融資してもらえるかと相談しました。

　エドワードには別のアイデアがありました。ガンビアの銀行に融資を申し込み、財団を**保証人**にしてはどうか。こうすれば、将来ライダーズは資産取得の資金を調達するために現地の資本を使えるようになります。

スコール財団が保証を引き受ける

　エドワードはこの方法にどれだけ実現性があるかを知ろうとガンビアに飛びました。そしてライダーズのチームと合流し、ガンビアの地元の銀行、イスラム銀行、社会的企業の銀行などの融資業者と最初の話し合いをしました。しかしいずれも社内外の制約があって融資ができませんでした。非営利団体にデットファイナンスの裏付けとなる**ビジネスモデル**があることを理解できない銀行もありました。融資に前向きなガンビアの銀行はいくつかありましたが、銀行の資産基盤が十分でないとしてこれだけ多額の資本を融資することをガンビアの中央銀行が許しませんでした。要するに、ライダーズが求めていた融資額が大きすぎたのです。

この出張では融資パートナーが見つからなかったものの、エドワードはアメリカに帰国すると理事会に**「プログラム関連投資（PRI）」**[1]としてスコールが保証を提供することを提案しました。また、時間の経過とともに保証の必要をなくしていくような形で投資契約を構成することを主張しました。「財務モデルによれば、通常の車両が寿命を迎える5年後には、ライダーズは次の車両隊の頭金20%を用意できているはずでした」とエドワードは説明しました。「ですから、ライダーズが2代目の車両隊を購入するためにデット〔借入〕を利用する必要が生じた際は、私たちが提供する保証は小さくなります。そして3代目の車両隊を購入するときには費用の半分弱をライダーズが自前で用意できるはずですから、デットファイナンスを利用するための保証は不要になる」

　その間、ライダーズのほうは、西アフリカに大規模な拠点網を有し、ライダーズと以前から関係のあったナイジェリアのギャランティ・トラスト・バンク（Guaranty Trust Bank、GTバンク）にアプローチをかけていました。GTバンクはライダーズに融資を申し出ましたが、金利はなんと年利27%。アンドレアは自分にとってもエドワードから見ても冗談としか思えない提案だった、と笑いながら振り返ります。とはいえ、融資のコストを下げられないか様子を見ようと2人はGTバンクと話し合いを続けました。

　話し合いでは2つのポイントを主張したとアンドレアは言います。まず、銀行が社会的取り組みに協力していることをガンビアの全国民が知るわけですから、この融資は銀行のイメージにプラスになること。そして、今回の取引は銀行にとって車両リースについて学び、その能力を育てるチャンスとなること。

　GTバンクは条件を見直すことに合意しましたが、ライダーズの収益源を証明するためにガンビア保健省からの署名入りの契約書を先に要求してきました。

1）プログラム関連投資については第13章で取り上げています。

銀行のリスク軽減

　TAM 車両リースシステムは保健省にとって新しく、実証されていない概念だったので、エドワードがライダーズの代理人として契約書の最終承認を得るのは一苦労でした。それまで保健省は車両隊や輸送にかかるコストを寄贈された車両で賄っており、ライダーズとは寄贈された車両の管理契約しか結んでいませんでした。そのため、長期契約でシステムの総コストの合意を取り付けるには、省の高官と相当な回数の話し合いを重ねなければなりませんでした。

　ところがガンビアから署名入りの契約書をもらって6カ月経っても、GT バンクからの融資は下りませんでした。エドワードには時間がかかっている理由が理解できず、飛行機に飛び乗って再びガンビアに向かい、現地で GT バンクの融資責任者と膝詰めで融資の**タームシート**を書き直し、ガンビア保健省の高官たちに会いました。保健相と一緒にガンビアのテレビに出演し、この投資契約によってガンビアの全国民が医療にアクセスできると説明することまでしました。そしてエドワードの滞在最終日になってようやく、GT バンクのシニアマネージャーがナイジェリアからやってきて、契約が正式に締結されました。

　結局、GT バンクはスコール財団が GT バンクのガンビア支店口座にお金を預ける形で前もって保証に「資金提供する」という条件で3％の金利を提示しました。そうすれば、もしライダーズ・フォー・ヘルスが**債務不履行**を起こしても、銀行はスコールが預けたお金を当てにできるわけです。この取り決めによって、ガンビア政府が輸送サービスへの支払の約束を守らずライダーズが融資を返せなくなった場合の銀行のリスクが軽減されます。ライダーズとスコールはこの条件に同意しました。さらにライダーズは、当初の融資に発生する外国為替差損を補うため、スコールに追加で5％支払うことにも同意しました。こうしてついに2009年、ライダーズ・フォー・ヘルスはガンビアの医療用車両隊の車両の購入にこぎつけました。

GT バンクの融資が大きな一歩に

　ライダーズの車両隊のリースは計画通りスムーズに進んだわけではありません。ガンビアの保健省には初年度に全車両をリースするお金がありませんでした。これまで政府は寄贈された車両に頼ってきたため、車両をリースするコストを年間予算に組み込むとなると予算編成全体に影響が及ぶおおごとでした。しかし、ライダーズの運営が始まって 1 年経つと、状況は変わりました。保健省の統計部門が、保健所で出産する女性の数、国民の予防接種率など、重要な保健統計の大幅な改善を報告し始めたのです。これが転換点となりました。保健へのインパクトを示すデータによって、ライダーズのプログラムの有用性と価値が大規模に証明され、政府にとってプログラムを継続すべき政治的な切迫感が生じたからです。そこでガンビア政府は寄付金頼みではなく一般税収からプログラムの資金を出すよう財政を組み直しました。

　GT バンクの融資とスコールの保証がライダーズの運営にいかに重要だったかをアンドレアは素直に認めます。7 年後にライダーズが車両購入用の新たな資金調達を探し始めると、融資をめぐって各銀行が入札合戦をしました。どこに行っても断られ、あるいは法外な金利を提示された初回とは天地の差でした。「ライダーズの活動がうまくいくと銀行にわかったからですね」とアンドレアは言います。そして「農村に届けられる医療の実に良い PR」ともなりました。

　ガンビアの初代の車両隊が入れ替え時期を迎えた 2016 年に、ライダーズは保証なしで金利 1.7％ の融資を獲得できました。

　初めての資金調達ラウンドのもう一つの収穫は、ライダーズにとって他国に転用できる資産リース財務モデルができたことでした。

　今日、ライダーズはアフリカ 7 カ国で 1400 台以上の車両を運用して救急車サービスを提供し、医薬品、ワクチン、医療従事者を輸送しています。TAM モデルの展開はこれからですが、ナイジェリアやレソトなどガンビア以外の国々でも開始するべく準備中です。2020 年初めには、ガンビア政府がレソトの保健副大臣をガンビアに招き、プログラムについて会

談しています。

　医療システムへの投資において「輸送の重要性はいまだになおざりにされています。証拠はいくらでも挙げられるのに」とアンドレアは嘆きます。しかし「私たちにはモデルがありますから、これからもあきらめず、各国の保健省に採用してもらう努力を続けます」と言葉を継ぎます。

　スコール財団はGTバンクに預けたお金をアメリカに引き揚げ、ライダーズから5％の支払を受けて、保証のために提供した資金の大部分を回収しましたが、ガンビアの通貨ダラシが大幅に下落したためいくぶん損失を被りました。しかし財団にとって投資の真の価値は、ガンビア保健省において医療輸送インフラへの資金充当に大きな変化が起きたことと、ライダーズの資産リースモデルに再現性があると証明されたことにあります。

　この投資契約について今ならこうしたいと思う点はありますか、とたずねると、アンドレアはもっとしっかりした監視・評価システムを作るために最初の資金をもっと提供してもらえばよかった、と答えてくれました。エドワードはこの投資契約を構成するうえでのGTバンクの限界をもっと早くに認識していればよかった、わかっていれば契約の成立に向けて自分がもっと積極的に動いたのに、と言っています。

借入保証はあなたに適しているか

創業者へ

　保証の利用は、いうなれば友人か親族を頼ってアパートの賃貸契約書の連帯保証人になってもらうようなものです。あなたがこれまでに家賃を払った経験のない若者だとしたら、大家さんはあなたに家を貸したがらないかもしれません。あなたに支払能力があるかどうかわからないからです。でも、あなたよりも信用履歴のある人が出てきて、もしあなたが払えない場合は自分が払うと約束してくれれば、大家さんのリスクは下がります。あなたのデット〔借入〕に保証人を獲得することには、基本的に貸し手にとって同様のリスク緩和効果があり、あなたが**借入資本**にアクセスしたり借入の金利を大きく下げたりするのに役立ちます。問題は、しっかり

した評判があるかあなたに代わって現金を用意してくれる保証人がいなければならないことです。

　保証を設定する方法は2つあります。貸し手がアクセスできる口座に保証人が金額の一部もしくは全額を振り込む「資金提供あり」（スコール財団がライダーズ・フォー・ヘルスのために行ったように）と、融資が保証されているという誓約に近い「資金提供なし」です。

　資金提供ありの保証には追加的な料金とコストがかかる場合があり、それを考えておかなければなりません。例えば、スコール財団はライダーズ・フォー・ヘルスの資金提供ありの保証に関して、ある程度の**通貨リスク**とライダーズが融資を返済しないリスクを引き受けました。その結果、ライダーズ・フォー・ヘルスが外国為替差損を補うために5%を財団に支払ってもなお、多少の金銭的損失が出ました。

　資金提供なしの保証の成否は保証人に対する貸し手の信頼にかかっています。あなたが債務不履行を起こした場合は保証人が支払うと貸し手が信じてくれなければ、貸し手は保証を受け入れてくれない可能性が高いでしょう。創業者は立派な貸借対照表を持っている大手の資金提供者を探すと、使える資金提供なしの保証を確保する確率が高くなります。

　保証のコストは提供者によって変わります。慈善事業戦略の一環として保証を用いる財団もあり、その場合は比較的低コストかノーコストで保証を提供してくれるかもしれません。**開発金融機関**は米国国際開発金融公社（DFC）のように、開発プログラムの一環として補助金付保証を提供してくれるかもしれません。銀行も商業保証を提供していますが、通常は市場レートです。保証のコストと保証人から求められるデューデリジェンスの金額に、それに見合う価値があるかどうか評価する必要があるでしょう。

資金提供者へ

　何年も前、あるインパクト投資カンファレンスのパネルディスカッションに参加したときのことです。同じ壇上にいたパネリストの一人が保証は財団の資金提供方法の中で「十分に活用されていないツールの筆頭」だと発言しました。アーリーステージの組織と一緒に仕事をしてきて、彼らが

現地通貨でのデット〔借入〕による資金調達に苦労する姿を見ながら、この発言がずっと頭に残っていました。

個々の投資契約で保証が活用されないのには、それなりの理由がいくつかあります。第1に、取引のコスト、ステークホルダー、複雑さが増えること。ライダーズの事例でエドワードが融資交渉に多大な時間を費やしたのを見ればわかります。さらに、スコール財団はガンビア国内の口座に融資相当額を預金して通貨リスクを引き受けてくれました。これほどまでの関与と資本リスクをほとんどの資金提供者は負いきれません。多くの資金提供者がファンドレベルの保証を提供するほうを好む理由は複雑さとコストのためです。そのほうが、ファンドマネージャーは自分のリスク許容度に応じて保証を使ったり、ファンドの資本コストを下げたりできるからです。

第2に、借り手によこしまなインセンティブを持たせてしまう、つまり、融資が保証されているとわかっていると、借り手の返済へのインセンティブが低くなってしまう懸念があります。この懸念を和らげる一つの方法は、保証を将来の資金調達を見据えた設計にすることです。ライダーズの場合、保証は信用履歴を築いて将来的に現地の資本にアクセスできるように設計されていたので、期日通りに返済して借り手としての責任を果たすインセンティブが持てました。

第3に、保証が対象としているのが**現実のリスク**なのか**知覚リスク**なのかわかりにくいことです。通貨リスク、政治的リスク、アーリーステージ・リスクなどの現実のリスクは財務モデルに組み込むことができ、それに応じて資本の価格設定ができます。知覚リスクはデータの欠落に基づいたリスクです。スコール財団はライダーズへの保証を、非営利団体への融資にまつわる銀行の知覚リスクに対するもの、ととらえていました。ライダーズの**収益モデル**が安定しており持続可能であるとわかれば、銀行は自分たちのリスクモデルを調整して知覚リスクを受け入れるだろうと考えたわけです。保証自体は、企業の現実の潜在的リスクに対処するものではありません。知覚リスクではなく現実のリスクプロファイルが高い企業の資本コストを下げる目的で保証を使う資金提供者には、債務不履行のコスト

を引き受ける意思がなくてはなりません。

　資金提供者であるあなたは、どのタイプの保証が自分の組織の貸借対照表とリスクプロファイルに合っているかを評価する必要があるでしょう。比較的小さな組織であれば、保証の提供に利用する保証ファンドの創設を考える必要があるかもしれません。アーリーステージ企業や**中小企業**のデット〔借入〕へのアクセスを高め、借入コストを下げてあげたい大手の資金提供者であれば、自組織の貸借対照表を活用した資金提供なしの保証プログラムを創設する選択肢もあるでしょう。どのような保証をしたいのか、借り手にとって保証のコストは何か、ソーシング〔投資対象の企業探し〕をどのように行い、リスク評価のためのデューデリジェンスはどう行うのかを検討する必要があるのは、他の投資と同様です。

　アニー・E・ケイシー財団の保証の扱いをトレイシー・カーティは次のように説明しています。「当財団の保証はすべて資金提供なしです。貸借対照表上は偶発負債という扱いです。一種の損失、引当金を計上していますので、結果的に資産額が下がります。保証の構成方法は2つあります。一つは、求められた場合には慈善分配金として支出し、それで終わり。もう一つは、回収可能にする方法です。例えば、手頃な価格の住宅を開発する会社への融資を保証する場合は、**資産**が存在します。その会社が銀行に対して債務不履行を起こしたら、財団が間に入って銀行の損失を補償し、銀行と回収可能条項を取り交わします。将来、開発会社から返済があれば、財団がそれを回収できるのです。この契約は財団の貸借対照表上はPRI 融資として記載され、返済を追跡し期待します」

　アメリカの税法上、財団が保証をPRI として使う場合は、債務不履行を補償するために実際に支出があるまでは、分配金とみなされないことに注意が必要です。

第15章 Recoverable Grant : Upaya Social Ventures

回収可能な助成金
―― ウパヤ・ソーシャル・ベンチャーズ

　次に、ウパヤ・ソーシャル・ベンチャーズ（Upaya Social Ventures）の旅を通じて**回収可能な助成金**という万能ツールを見ていきます。回収可能な助成金とはプロジェクトの成功いかんによっては資金提供者に返済される**助成金**です。回収可能な助成金は**財団**、政府など助成金を出す組織が、柔軟な低コスト資本で**非営利団体**を支援するために世界中で使うことができます。

安定した雇用で貧困を断つ

　サチ・シェノイ、シリラム・グッタ、スティーヴ・シュワルツがウパヤ・ソーシャル・ベンチャーズを設立したのは、インドの最貧困層に尊厳ある有意義な職を創出するためでした。創業者3人は、公正で当てになる賃金を出す安定した職が貧困の再生産を断つ鍵だという考えのもと、シアトルとバンガロールを拠点とする非営利団体を立ち上げました。サンスクリット語で「目標達成を助ける巧みな手段または手法」を意味するウパヤという名称が組織のミッションを明確に示しています。ウパヤはインドの**中小企業**の成長を助けるシード資本を投資することによって、そのミッションを実現しています。

　2010年の創設以来、ウパヤはインドの23の企業に主にエクイティ投資を行い、投資先の企業は1万7000以上の尊厳ある無期雇用の職を創出してきました。ウパヤのシード出資がこの成長を促進した一つの要因として、投資先の企業がウパヤが投資した資金の4倍の**追加投資**を誘致できた

ことがあります。ウパヤはこれまでに投資先企業のうち3社の**イグジット**に成功しています。

しかしウパヤ自身は何年もの間、**成長資本**の調達に悩みました。シード資本を必要とする成功の見込みの高いアーリーステージ企業と太い**パイプライン**を持っていたのに、その有望な企業の多くに投資する資本がなかったのです。非営利団体のウパヤは**忍耐強い資本**(ペイシェント・キャピタル)として投資できる助成金を確保しなければなりませんでした。自身の資金調達のために助成金——資金提供者のために**市場期待収益率**を上げなくてよい——を獲得することによって、ウパヤはアーリーステージ企業にリスクの高い賭けをし、こうした企業がしばしば必要とする専門的な助言を提供できました。ウパヤは60万ドルの助成金の調達に成功しましたが、パイプラインの資金需要は自分たちの資本供給力をはるかに上回ることがわかっていました。

回収可能な助成金の実験

2015年にウパヤはオープン・ロード・アライアンス(Open Road Alliance)という民間の慈善活動に出合いました。この活動では回収可能な助成金[1]の実験を行っていました。助成金を受けた組織が事前に合意された一定の金銭的**アウトカム**を達成すれば、助成金が資金提供者に返済されるというものです[2]。返済の条件は資金提供者と助成対象組織のニーズに合わせてカスタマイズできます。

サチは、ウパヤ自身の成長を支えるためにこのタイプの資本を使う方法をブレーンストーミングしよう、とウパヤ創設時の取締役だったケイト・コクランに呼びかけました。話し合いで、回収可能な助成金を獲得すれば、有望な起業家への投資件数を増やすのに使える柔軟な資本のもっと大きなプールにアクセスできるかもしれない、と2人の意見は一致しました。そこで彼女たちはオープン・ロード・アライアンスに2万5000ドル

---

1) この契約は返還可能な助成金とも呼ばれることがあり、まぎらわしいのですがこれを**転換権付助成金**(第17章で取り上げます)と呼ぶ資金提供者もいます。もっと一般的になるにつれてこの契約の関連用語が標準化されるとよいのですが。

2) 回収可能な助成金には社会的マイルストーンも使うことができます。その方法については第22章で取り上げます。

の回収可能な助成金を申請し、採択されました。2017年には資金提供者からさらに2回の回収可能な助成金を支給されました。

　回収可能な助成金はウパヤの投資活動資金の調達方法をがらりと変えましたが、当初の助成金は毎回、特定の投資に紐づけられていました。つまり、ウパヤは獲得した助成金をそれぞれ、新しい会社1社だけに投資したということです。回収可能な助成金をまとめてプールしてファンドのようなものにできないだろうか、とケイトは考えました。

助成金をプールしてファンドにする

　ウパヤは**インパクト投資**に関心のある財団にあたってみましたが、11カ月の間は1件も投資を獲得できませんでした。サチとケイトとウパヤのチームは、財団が慣れている従来の助成金提供方法からあまり逸脱せずに新しいやり方を試す方法として、回収可能な助成金ファンドを売り込みました。回収可能な助成金をプールしたファンドになんとか100万ドルを調達したときには2018年末になっていました。ファンドへの資金提供者にはサード・クリーク財団（3rd Creek Foundation）、チントゥ・グディヤ財団（Chintu Gudiya Foundation,）、ギャロウェイ・ファミリー財団（Galloway Family Foundation）、ヴァイヴラント・ヴィレッジ財団（Vibrant Village Foundation）、ノーウィージャン・インターハンズ財団（the Norwegian Interhands Foundation）、デルタ基金（the Delta Fund）などがありました。

　ファンドは投資が承認されればウパヤが1回につき5万ドル使える構造に作られました。ファンドを通じてウパヤが5年間に20件投資できる計算です。各財団の資本をプールすることにより、**投資家グループ**全体に**返済リスク**が分散され、**ポートフォリオレベル・リターン**が出る確率も上がります。ウパヤが投資をイグジットすれば助成金は返済されます。さらに、10年目にウパヤのポートフォリオ上の企業から資本がすべて返済されていれば、追加のリターンが支払われます。助成金を出した団体に入る金額はもちろん、ウパヤが回収する金額次第です。資金提供者への返済額

はファンドへの出資比率に応じ、年率5％を上限として設定しました。ただし、10年目まではウパヤは**アップサイド**が発生しても投資先の企業に再投資し、雇用創出と**社会的インパクト**の拡大を支援することができます。

　資金調達プロセスの間にケイトとサチは、ウパヤの社会的仮説に関心はあるが従来のエクイティ〔株式〕やデット〔借入〕がこのファンドになぜ適さないのかを知りたがる財団から、多数の質問を受けました。彼女たちはウパヤがインドの最貧困層に雇用を創出している企業に意図的に市場期待収益率を下回る投資を行っている、と説明しました。回収可能な助成金のおかげで、ウパヤは自分たちが行うエクイティ投資に関して柔軟で忍耐強くいられます。そしてそのおかげで企業は良質な職の創出を最優先できるのです。ウパヤはこのファンドでインパクトを最大化できるよう、投資先企業をソーシングし、選抜し、支援する事業運営費を賄うために100万ドルを追加調達しました。

　ウパヤの回収可能な助成金ファンドから行った最初の2件の投資先は、畜産農家のためのテクノロジーを活用したプラットフォームであるフレシュR（FreshR）と、酪農品および農作物の流通プラットフォームであるレイメン・アグロ（Laymen Agro）でした。ウパヤはインドの農業ビジネスを対象とした2018年の**アクセラレーター**プログラムを通じてこの2社を紹介されました。極貧生活をしている人々のために尊厳ある職を創出し、所得と生活を大幅に向上させるという2社のミッションに、ウパヤは感銘を受けました。今後は廃棄物管理、技能育成、地方の製造業などの産業に携わる企業も対象にするつもりです。ファンドを通じて投資する100万ドルによって、合計5万もの職が創出されるとウパヤは考えています。

　「この回収可能な助成金プールのいいところは、市場経済の穴を埋め、でなければ取り残されてしまうかもしれない人々も恩恵が受けられるようにするために、従来の慈善活動を基盤としてそこに追加する形で革新的なツールを作っている点にあります」とサチは言います。

元金の返済を保証しないファンド

ウパヤは回収可能な助成金を利用することによって、インドで尊厳ある職を創出している有望な起業家に投資を行っています。ウパヤが投資のイグジットに成功した場合にだけ、資金提供者は資本の回収と少額のリターンを期待できます。投資を分配し管理するコストを相殺するために、ウパヤは回収可能な助成金とともに従来型の助成金も調達しました。でも、その2つを合体させ、回収可能な助成金を使ってインパクトの大きい企業にリスクの高い融資を行い、その融資の実施と管理のコストを賄いたい場合はどうするか。つまり、資金提供者に元金の返済を保証しない回収可能な助成金を設計したい場合はどうするか。ベネフィシャル・リターンズ（Beneficial Returns）のテッド・レヴィンソンがレシプロシティ・ファンドという最新のファンドで行ったのはまさにそれでした。

ベネフィシャル・リターンズでテッドはウパヤと同様、低コストで柔軟な資本にアクセスする手段として回収可能な助成金を利用してきました。彼は**社会的企業**に市場レートより低い金利で融資する資本を回収可能な助成金で調達しています。資金提供者には2％のリターンを出すことを目標にしています。この戦略のおかげで、市場期待収益率を上げられない社会的企業を対象にでき、ファンドの管理コストも賄えます。

2019年にテッドはある資金提供者から、なぜアメリカの先住民コミュニティを支援している社会的企業に出資しないのかと問い合わせを受けました。現行モデルでは地理的な遠さ、言葉の壁、企業規模の小ささ、先方のデット〔借入〕を行う意思と能力からうまくいかないのだとテッドは答えました。ベネフィシャル・リターンズは収益目標を2％としているので市場レートより低金利での融資が可能とはいえ、先住民コミュニティの社会的企業に効果的にリーチするには、それ以上に柔軟な資本が必要になるだろうとテッドにはわかっていました。

そこで、テッドはこの資金提供者と一緒に目的にかなう新しいファンドを設計しました。資金提供者は7年間で50万ドルを拠出し、ベネフィシャル・リターンズはその期間に受領した元金の全額を返済すると約束

しました。利息支払はベネフィシャル・リターンズが受け取り、融資の分配と管理のコストを賄います。これにより、ベネフィシャル・リターンズはリーチにきわめて時間と労力のかかるプロジェクトへのずっと少額でリスクの高い融資を実施できます。

回収可能な助成金はあなたに適しているか

　回収可能な助成金は非営利団体から非営利団体に支給され、返済は双方が合意した財務上の**マイルストーン**に基づき、受給者の裁量に任されるべきです。助成金を支給する資金提供者が営利の社会的企業に対して、返済の可能性が低いか助成された資本が必要とされている場合に回収可能な助成金を出す選択をすることもありますが、第18章で取り上げる会計上および税務上の考慮点は認識しておかなければなりません。

　回収可能な助成金の契約を結ぶ前に、資金提供者と創業者の双方が返済条件に関して合意しておくことがきわめて重要です。返済条件は契約書の**サイドレター**か契約書の本文で取り決められます。

　回収可能な助成金が資金提供者と創業者の文化に適合していることも同じくらい重要です。資金提供者はこれが非常にリスクの高い投資で、リターンが得られる確率は半々であることを想定する立場にいるべきです。また、たとえ返済されてもこのタイプの投資に市場期待収益率を期待してはいけません。

創業者へ

　タイムリーな**つなぎ資金**、低リスクの**プルーフ・オブ・コンセプト（POC）資本**、信用履歴を築く機会、あるいは転貸融資したり投資したりできる**柔軟性の高い資本**が必要な創業者にとって、回収可能な助成金は優れた選択肢となりえます。

　あなたが非営利団体の創設者であれば、大型プロジェクトの合間や大型プロジェクトの開始前、あるいは寄付者からの資金拠出を待つ間に資金ギャップに直面することがたびたびあるかもしれません。これは**営利企業**

の創業者が**運転資本**を必要とする場合と似ています。このようなギャップを埋めるのに役立つタイムリーな資本はあなたの組織の存続と**社会的ミッション**の達成になくてはならないかもしれません。その資金調達を回収可能な助成金として構成すれば急場をしのげますし、返済は追加的な資金調達が確保できた場合にしか求められません。次章で取り上げる**返済免除条件付融資**として構成することも可能です。

　市場で信用履歴を作ろうとしているなら、回収可能な助成金の返済実績によって自組織がもっと従来型のデット〔借入〕を行う能力があるという信用を作れます。公的な実績ができるだけでなく、従来型の貸し手と付き合うために必要な社内の体制作りにも役立ちます。

　回収可能な助成金は、まだプルーフ・オブ・コンセプト（POC）のステージにあるか、アーリーステージの製品をテストしていたり新市場を作ろうとしていたりする企業にも向いています。このような場合、社会ないし環境への潜在的な有益性が非常に大きいため**市場牽引力**が発生する前に高水準の補助金を受けるに値するにもかかわらず、**リスク資本**はどうしても不足します。このような状況は非常にハイリスクであることが多く、融資を引き受ければ損失を出す可能性が高いのですが、企業が財務的に持続可能になる可能性はあります[3]。同様に、市場利益率を出せない市場で事業を行っている企業も、自社の**資本構成**に回収可能な助成金が欠かせないと考えるかもしれません。

　回収可能な助成金は、ベネフィシャル・リターンズのように非営利団体や社会的企業に転貸融資したい非営利団体や、ウパヤのようにアーリーステージの社会的企業にエクイティ投資したい非営利団体に最も向いているかもしれません。

　外部資本を調達する場合にはいつでもそうですが、この助成金についても組織としての自分たちのミッションに合致しているか確認する必要があります。回収可能な助成金であっても、金銭的リターンとインパクト優先課題のバランスを取ることが求められます。例えば、ウパヤは現在に至る

3）Armeni, A. & Ferreyra De Bone, M. (2017) Innovations in Financing Structures for Impact Enterprises: Spotlight on Latin America. Transform Finance. 以下のサイトにて閲覧可能：https://transformfinance.org/briefings/2017/9/1/innovations-in-financing-structures.

まで雇用創出を金銭的リターンよりも優先する慈善組織と見られてきました。それでも、新たな資金提供者のために、インパクトと金銭的リターンのバランスをたえず管理していかなければならないでしょう。

資金提供者へ

　自分たちの資本を再投資することに関心のある慈善組織の資金提供者にとって、回収可能な助成金はその機会を提供してくれる仕組みです。回収可能な助成金が確立されている法域では、これがインパクト投資の分野に進出する比較的簡単な方法になるかもしれません。エクイティ投資ほど複雑にならない可能性があり、今いる非営利団体パートナーに対して実践できます。この章で述べた通り、この資金提供方法はハイリスクなものとして扱い、返済条件は創業者と取り交わす契約書かサイドレターに明記すべきです。

　また、回収可能な助成金によって資金提供者は金銭的リターンの範囲を広げることができます。これまで、インパクトに対する金銭的リターンをめぐる話し合いは、従来型の助成金のマイナス100％を想定するかインパクト投資の0％以上を想定するかに二分していました。これでは、0％から100％までのリターンの範囲内に有意義な戦略的オプションがないままです。多くの回収可能な助成金は0％以上のリターン（元金が返済されリターンがつく）を約束していますが、資金提供者にとってはリターンをこの0％から100％までの範囲内のどこにするかを具体的に定めた契約を構成する可能性を探る余地がおおいにあります。ベネフィシャル・リターンズの事例で見たように、元金の一部しか回収されない回収可能な助成金を設計することも可能です。

　法律の専門家でも回収可能な助成金の契約書の作り方がわからなかったり、調達した資金の会計上の扱いに企業が迷ったりするなど、法的なテンプレートと会計基準がないことは一部の資金提供者と創業者にとって問題となってきました。プライム・コアリション（Prime Coalition）がこれに気づいたのは、プライム・インパクト・ファンドのために資金調達していたときでした。同ファンドは、従来の市場からは資金提供を受けられない、

気候変動問題にフォーカスしたアーリーステージのテック企業に資金提供する目的で創設されました。2020年にプライム・インパクト・ファンドは**触媒的資本**(カタリティック・キャピタル)に5000万ドルを調達しました。この資本には従来型の助成金、回収可能な助成金、**プログラム関連投資（PRI）**、**ミッション関連投資（MRI）**が含まれます。プライム・インパクト・ファンドは投資家からの回収可能な助成金契約の柔軟性を利用して、普通の投資家からはリスクが高すぎると思われるような企業を支援しています。

プライムは2通りの方法で回収可能な助成金を受けています。1つ目は、プライムと**寄付者助言基金（DAF）**のスポンサーが署名する回収可能な助成金契約書を通してです。2つ目は、従来型の助成金を支給した後で、プライムと寄付者が直接締結するサイドレター[4]を使う方法です。契約書もサイドレターも、プライムがファンドで**投資収益**を上げた場合には年率1〜15%相当の**プロラタ**ベースで資金提供者に資本を返還すると定めます。インパクト投資ポートフォリオで得てよい収益の金額に組織内で制限を設けている財団などの慈善団体が参加できるよう、収益率には柔軟性を持たせています。収益が15%を大幅に下回るのが最もよくあるシナリオですが、プライムの投資対象のハイリスク・ハイリターンな性格を反映してこのような水準に上限設定されていました。本書の別の箇所で述べたように、アーリーステージのエクイティ投資では、とてつもなく高いリターンが発生する可能性も完全に失敗に終わる可能性も同じくらいあります。

最後に、回収可能な助成金を評価する際は融資に関連する費用と便益を比較して考慮する必要もあるでしょう。これについては第18章でさらに詳しく取り上げます。

4）契約書本体と別添で、契約の追加的な条件を入れたレター。

第16章　Forgivable Loan : IkamvaYouth

返済免除条件付融資

———イカンヴァユース

　前章で、ウパヤは**回収可能な助成金**（融資に転換される**助成金**）を使ってインドの起業家に手の届く資本を融通しました。この章では南アフリカを旅して、資金提供者が**返済免除条件付融資**（助成金に転換される融資）を使って**非営利団体**と**社会的企業**を支援する方法を見ていきます。

南アフリカの教育格差

　ジョイ・オリヴィエとマコシ・ゴグワナはケープタウンにある南アフリカ人間科学研究評議会（HSRC）の研究員だったとき、公正平等な教育に熱い思いがあることを互いに知り、非営利団体イカンヴァユース（IkamvaYouth）を創設しました。教育の研究プロジェクトで一緒に仕事をしていた2人は、南アフリカの教育システムについてそれぞれの体験を話し合いました。そして自分たちの学校教育体験の違いに、南アフリカで数十年続いた人種隔離政策、アパルトヘイト[1]の負の遺産が凝縮されていることを知ったのです。ジョイはクワズール・ナタール州のピーターマリッツバーグにある恵まれた学校に通いました。マコシは西ケープ州のカエリチャにある黒人居住区の貧しい学校に通いました。ジョイは優秀な成績を上げて高等教育に進むために必要な資料や情報にすべてアクセスできました。マコシは基本的な教材にアクセスできず、支援も受けられず、教師が毎日出勤してくるとは限らなかったため先生がいないことさえありました。大学入学にも苦労しました。奨学金の利用にはこぎつけたものの、

---

1) アパルトヘイトは「隔離」または「隔離された状態」を意味するアフリカーンス語。1948年から1994年まで南アフリカの国民党が実施していた人種隔離の法制度を指します。

専攻を選ぶにあたっての情報や支援がまったくなかったのです。

　ジョイとマコシが調査していた統計からは、人種の隔離と抑圧が南アフリカの教育にもたらした暗然たる影響が浮かび上がりました。小学校に入学した南アフリカの子供のうち高校の最終学年までたどりつくのはわずか半数、その中から高等教育機関に進むのは 3 分の 1 だけです。南アフリカの教育システムから毎年 50 万人以上の子供たちが脱落していきます。ごく少数の大学入学予定者（南アフリカの高校最終学年）で科学と数学の学部に進学できる成績を有するのはほぼ全員が、財源の豊富な恵まれた学校の出身者です。

　ジョイとマコシは、南アフリカの貧しい黒人もしくは親のどちらかが黒人である生徒の運命を変えるために何かしなければと決意しました。週末に公立図書館に常駐して高校生に勉強を教える取り組みを始めると、生徒たちの成績は大きく伸びて高等教育に進むようになり、たちまち活動は広がっていきました。生徒たちが教わる側から教える側に回り、南アフリカで教育環境に恵まれない若者の成功を助けることに情熱を燃やすジョイとマコシのようなボランティアたちの活発なコミュニティができたからです。2 人は 2004 年にこの取り組みを非営利団体として形にしました。恵まれないコミュニティ出身の学習者が知識とスキルとネットワークと資源を獲得でき、高校を出たら高等教育か雇用機会につながれるようにする。これがイカンヴァユースのミッションです。

成長に合わせてオフィスを確保する

　イカンヴァユースの活動はあっというまに軌道に乗り、この活動モデルのインパクトと南アフリカに学業支援のニーズがあることを証明しました。支援してくれる**財団**と企業のおかげで、活動範囲は南アフリカの 5 州に拡大しました。そこで力を発揮したのは、財務管理から成果のモニタリングと評価まで、バックエンド機能をうまく実行してスケール化を可能にした若い専門家チームでした。イカンヴァユースの快進撃に伴い、増員の続くチームを収容するスペースもどんどん拡大していきました。

「新しいオフィスに移るたびに、『うわあ、広いねえ』と皆で言うのですが、4カ月も経つとまた新しいオフィスを探して引っ越さなければなりませんでした」とジョイは振り返ります。長く腰を据えられる不動産の購入を真剣に考え始めたのは、13年で数えきれないほど引っ越しを重ねた後でした。しかしいったんその案が出ると、人員が増えても十分なスペースのある建物を見つけることの良さが見えてきました。使っていないスペースを貸し出してローン支払の足しにできるので、組織の**資産**としても価値があるはずです。

ジョイは夜と週末に不動産のウェブサイトを物色するようになり、ある日、公共交通機関で行きやすい地域に理想の物件を見つけました。見た瞬間に「ここだ」と直感しました。立地は将来性のある場所なので、価値が上がる可能性がある。公共交通機関にも近い。広さの条件もすべて満たしていました。ジョイはイカンヴァユースの事業開発マネージャー、アレックス・スミスに電話して、自組織に銀行からの正規の融資で購入する力はあると思うかとたずねました。あると思う、というのがアレックスの答えでした。イカンヴァユースはこつこつと資金を貯めてきましたし、ある資金提供者から予定よりも遅れて多額の小切手を受け取ったところでした。つまりその資金提供者からその年の助成金として受け取った分をあと数カ月で使わなければならなかったのです。イカンヴァユースはかなりの頭金を用意できる状況にありました。賃貸収入を見込めるので、ローンの支払は十分に賄えるはずです。

銀行から融資を断られる

イカンヴァユースは自信をもって建物の購入を申し込み、ローン申請用の財務計算書を銀行に提出しました。最初の銀行に断られたときには運が悪かったとしか思いませんでした。しかし8回目か9回目に断られて、運の問題ではないとさとりました。

ローン申請したどの銀行からも断られたのは、イカンヴァユースが非営利団体だったからでした。「私たちはおそらく多くの企業より財務状況が

しっかりしているのに、それでも融資を受ける資格がないと言われました」とアレックスは回想します。理由は「私たちが次年度の助成金契約を結んでおり、売上や収益から債務の返済をするのではないから」でした。

　ジョイとチームは頭を切り替え、別のタイプの資本、メザニンによる資金調達を試みました。しかしこれは時間がかかりすぎました。投資契約の締結は建物の獲得に間に合いませんでした。資金を用意できないまま、イカンヴァユースの購入申し込みは無効となり、もはやこれまでかと思われました。

　数カ月後、ジョイは友人たちとのランチの席で、ローンを借りようとした体験を話しました。友人の1人は、イカンヴァユースの資金調達問題を助けることに関心を持ってくれそうな財団に心当たりがありました。

　ここで共同慈善信託であるマプラ・トラスト（Mapula Trust）のマイケル・バイロンが登場します。マイケルは、ジョイの友人からメールが来て、イカンヴァユースという組織を見て本社ビルを購入する支援ができそうか考えてみてくれないか、と頼まれたのを覚えていました。

　「イカンヴァユースは建物を購入する資金を必要としており、その時点で13年の立派な実績がありました」と彼は振り返ります。「マプラがイカンヴァユースとつながったのは信頼のおける人脈を通してだったので、先方の人たちと会って建物を見て、私たちに何ができるか考えようということになりました」

マプラから無利子融資を受ける

　ジョイと話をして、マイケルはイカンヴァユースの話とチームがなしとげてきたことに深く感銘を受けました。イカンヴァユースが購入を望んでいた建物にも好印象を持ち、イカンヴァユースにとって良い投資になると見たので、この非営利団体に2年間で200万ランド（13万ドル）の**無利子融資**を行う許可をマプラの理事会に諮りました。マプラが助成金ではなく融資を検討したのはこのときが初めてで、理事会メンバーは興味津々でした。メンバーは記録的なスピードで融資を承認しました。

ジョイは不動産業者に連絡を取り、建物がまだ売れていないと知って心の中でガッツポーズを取りました。イカンヴァユースは再び建物の購入を、今回は値を下げて申し込みました。最初の希望価格で売れていなかったからです。不動産業者はさっそく持ち主に相談し、ジョイに嬉しい知らせを伝えました。建物はイカンヴァユースのものになったのです——しかも、前回よりも安い価格で。チームはすっかり張り切って、まだ入居もしないうちからマプラに返済する資金の調達に動き始めました。

　「十分な資金を調達して適切に配分し、十分な賃貸収入を得られるように手を尽くしました。6年前までさかのぼって付加価値税の還付を受けるために、南アフリカ歳入庁（SARS）に登録までしたんですよ」とジョイは振り返ります。

融資の免除

　マプラのメンバーはトラストの融資のインパクトをじかに確認しようと、新しいビルに入ったイカンヴァユースを時々訪ねました。マプラの幹部はイカンヴァユースの活動に感激して、返済期間の最後に融資を助成金に転換し、全額を返済免除しました。

　現在、イカンヴァユースは南アフリカの5州で、教育環境に恵まれない5000人以上の高校生に放課後の個別授業を提供しています。

　投資契約を振り返って、その後の展開はまったくの予想外だったとジョイは言います。「こんな機会にめぐり合うことなんてまずありません。もっと多くの財団がマプラのように、収入を生む資産を非営利団体が購入するのを支援してくれたらすばらしいのに。すごくいい助成金の使い方ですよね」

　マイケルは、融資も慈善事業を運営する資金提供者の手法の一つであるべきだと堅く信じている、と言います。なぜなら「なんでもかんでも助成金にする必要はないからです。それに無利子融資は実際とても有益です。すべての組織にとって理想的ではないかもしれませんが、これが命綱になる組織もあります」

そしてこう付け加えます。「非営利団体には返済の優先順位に関して商業的な基準を課せるとは限りませんから、柔軟で寛大な対応も必要です」

返済免除条件付融資はあなたに適しているか

創業者へ

　柔軟性があり自分たちの**社会的ミッション**と合致した資本を求めている創業者にとって、返済免除条件付融資は優れた選択肢です。次のパートで取り上げるように、この融資は**社会的マイルストーン**にリンクさせることができるので、社会的企業が社会的・環境的ミッションを達成することによって低コストの資本にアクセスできます。

　シグナリング効果は意識する必要があるでしょう。返済免除条件付融資を受ければ、返済されない可能性もある市場価格以下の融資が自社には妥当だ、というシグナルを市場に対して発信することになるかもしれません。この種の柔軟な融資はさまざまな理由からあなたにとって有益でしょうが、後日あなたが従来型のデット〔借入〕を利用しようとする場合は、自社がもっと高コストでおそらくは柔軟性の低い融資を受ける力がある、と伝えることができなければなりません。

　自社に返済免除条件付融資を求める**営利企業**の創業者であれば、非営利団体と同様に強い**インパクトの仮説**と、なぜ従来型のデット〔借入〕による資金調達が適さないかの正当な理由を示す必要があるでしょう。

資金提供者へ

　返済免除されるかどうかに関係なく、ミッションが合致した資金提供者からの低コストのデット〔借入〕は、非営利団体にとっても営利組織にとっても強力なツールとなりえます。**社会的インパクト**を生み出す組織の支援に関心のある資金提供者はその価値を見過ごすべきではありません。

　イカンヴァユースの事例では、返済や返済免除のトリガーとなる明示的なマイルストーンがありませんでした。マイケルは融資のメカニズムを利用して、新規の助成対象であるイカンヴァユースがマプラから借りた資金

を使って約束したインパクトを生み出す状況を確保しました。この契約の性格上、アレックスのチームは融資を返済するつもりで財務的な準備をし、結果的に融資が免除された際には余剰金が生まれました。ですから資金提供者であるあなたは、借り手が目標に掲げる社会的・環境的インパクトを達成するためのニーズに最も役立つと思う融資戦略を選択してよいのです。

　新型コロナ禍に社会が直面したときには、**ソーシャルメトリクス**を転換に組み込んだ返済免除条件付融資として大量の資金が配分され、企業に雇用を維持するインセンティブを与えるのを私たちは目にしました。環境汚染度が高い企業の融資に気候変動メトリクスを組み込む議論もされています。**中小企業**と事前に合意した明確なメトリクス〔指標〕を設定することで、配分された資金は社会的・環境的インパクトの創出を支援できます。これについては第18章で取り上げます。

第 17 章 　Convertible Grant : Trackosaurus

転換権付助成金

—— トラッカソーラス

　回収可能な助成金（デット〔借入〕に転換される**助成金**）と**返済免除条件付融資**（助成金に転換される融資）を見てきたところで、今度はトラッカソーラス（Trackosaurus）のルーク・クロウリーに同行し、助成金をエクイティ〔株式〕に転換できる方法を探っていきましょう。このような契約は**転換権付助成金**と呼ばれ、非常に特殊な状況にのみ適用されます。それは、アーリーステージの**スタートアップ**が、商業的な**アップサイド**が生じるかどうかが未知数の**研究開発（R&D）**などの用途に助成金を調達したい場合です。このストラクチャーの適用範囲は広くありませんが、私たちが助成金資本を触媒的に使う方法を調査した際に検討の価値があった興味深いイノベーションです。

プリスクール 2.0

　2017 年にルーク・クロウリーは妻のミーガン（メグ）・ブレアとともに乳幼児発達支援（ECD）組織、アーリーバード・エデュケア・ネットワーク（Earlybird Educare Network）を立ち上げました。彼には南アフリカで 10 年以上も大規模な発達支援プロジェクトのランダム化比較試験を監督した経験がありました。ルークはイノベーションズ・フォー・ポバティ・アクション（Innovations for Poverty Action, IPA）、アブドゥル・ラティフ・ジャミール貧困アクション・ラボ（the Abdul Latif Jameel Poverty Action Lab, J-PAL）、ケープタウン大学など多数の組織で、モバイルヘルス〔モバイル端末を保健医療に利用すること〕、天然資源管理、金融、教育を対象とした

プロジェクトの効果を評価する仕事をしてきました。教育分野には子供の幼児期の発達を促進するための効果的でスケール化の可能性を持つ介入が多数あることを彼は知っていました。そこでルークは、教師で教育政策の修士号を取得したばかりだったメグと、そのような選りすぐりの介入を幼い学習者に提供する組織を立ち上げたのです。

ルークとメグはアーリーバード・エデュケア・ネットワークを「プリスクール〔未就学児教育〕2.0」と説明しています。このコンセプトを発展させる際には、メグがカリキュラム開発、栄養指導、教員の育成を担当し、ルークは教育者が学習者と学習の進捗を評価するために役立つツールやリソースを調査しました。

幼児にタブレット端末を？

ECDの評価に大きな格差があることにルークはすぐに気づきました。高品質でよく吟味された、科学的裏付けのある評価ツールは存在しますが、ほとんどのプリスクールにとってはまったく手が届かないもので実用的ではありませんでした。その一方で、簡単に使える比較的低コストの観察ツールもありますが、これでは発達評価ツールの機能として肝心かなめの子供一人ひとりの違いを認識しにくいというエビデンスが上がってきていました。アーリーバード・エデュケア・ネットワークには効果的で簡単で手の届く価格のツールが必要でした。

最初はテクノロジーに頼ったアプローチに懐疑的だったものの、ルークは教師の負担が小さく、**第三者評価機関**を雇わずに済む児童観察ツールが必要だと感じていました。人工知能のような先端技術を使えば子供の関心を最適化できるし、機械学習能力によって時間の経過とともに評価が改善されていくのもわかっていました。タブレット端末が最も理にかなっていそうだとルークは考えました。

そのようなツールはアーリーバード・エデュケア・ネットワークのカリキュラム以外にも用途があるはずだとすぐに見てとった彼は、ECD界の他の人々に自分のアイデアを話し始めました。その一人がUBSオプティ

マス財団（UBS Optimus Foundation, UBS-OF）のダン・ダヴァールでした。ルークはダンと 2017 年 11 月にシンク・フューチャーというカンファレンスで出会いました。イノベーション・エッジ（Innovation Edge）が主催し南アフリカで行われたシンク・フューチャーは、多種多様な分野から実務家、イノベーター、資金提供者を招いて ECD の専門家との交流を図り、ECD 関連のイノベーションを誘発することを狙いとしています。スイスから参加したダンはルークから、アーリーバードの話と手頃な価格で実用的かつ厳密な評価ができる方法を探す苦労を聞きました。ECD 介入に出資した経験が長かったダンはたちまち問題を理解し、タブレットを利用するというルークのアイデアの有効性を見抜きました。アイデアの進捗をこれからも教えてほしい、と彼女はルークに頼みました。

スタートアップに財団が出資する手段

　ルークはアイデアの具体化をかなりのスピードで進めました。シンク・フューチャーの直前に、彼の評価ツールのアイデアはケープタウンにある教育テック・**アクセラレーター**、インジニ（Injini）の最初のコホートに採択されていました。ルークはこのプログラムから得た資金やリソースを使って初期のプロトタイプを製作し、「バード・トラックス」と名づけました。

　2018 年 4 月にルークは初期のプロトタイプを持ってダンと再会しました。ダンの反応は上々でした。このツールに UBS は資金提供する価値があるはずだと彼女は考え、どうやって商品化し売り出すつもりかとルークに質問をたたみかけました。バード・トラックスは営利の**社会的企業**として独立子会社にできると思う、とルークは答えましたが、十分な資金がない限りその方向に進める気はない、と譲りませんでした。必要な資金を彼は 500 万南アフリカランド（40 万ドル）と見積もりました。

　ダンはその金額を妥当としたものの、分離独立事業にするのがベストな方法なのかと質問してきました。学者や**非営利団体**が開発した評価ツールには昔からずっとスケール化できる流通手段がなく、利用者が将来長く

使い続けられる有効なメンテナンスがされてこなかった、とルークは指摘しました。バード・トラックスについて、彼は大きな市場が確立しているアメリカのような国では市場価格で、南アフリカ市場のような場所では原価に近い価格で製品を販売するという形で内部相互補助を行う構想を描いていました。

　助成金を、実質的にはスタートアップ資本として提供するのがふさわしいとダンには思えませんでした。ルークが提案するバード・トラックスのスタートアップ事業には、UBS-OFにとって出資しづらい問題がいくつかありました。**営利企業**に助成金を出すのは**財団**として抵抗がある。かといって、財団の現在の憲章ではエクイティ投資も行えない。ダンは UBS-OF としてルークのアイデアにぜひ関わりたいと願っていましたが、すぐに出資できる手段がなかったため、ルークと連絡を取り合いながら方法を探していくことにしました。

　ダンとの話し合いから数週間後に、ルークはイノベーション・エッジ主催の革新的な金融手段に関するワークショップに参加しました。そのワークショップの進行役を務めていたのが……私、オーニー・パットン・パワーでした。ルークと顔を合わせたり ECD 界での彼の仕事について聞いたりしたのはそれが初めてではありませんでした。私もシンク・フューチャーのカンファレンスに参加しましたし、インジニのコホートを対象として革新的な収益源やアーリーステージ投資の交渉方法をテーマに 2 回のワークショップを実施したことがあったのです。自分の**インパクト投資**の授業でミーガンにアーリーバードの話をしてもらったこともありました。イノベーション・エッジのワークショップでは、アーリーステージの資金提供者と起業家が投資契約に**社会的インパクト**をどのように埋め込めるかをテーマにしました。そこで私が提示した出資の選択肢の一つが転換権付助成金でした。

株式に転換できる助成金

　転換権付助成金は SAFE に似ており、何十年も前からアーリーステー

ジの研究開発投資に使われてきました。企業が投資資本の調達前に製品やサービスを開発できるようにする、これが転換権付助成金の従来の使われ方でした。出資後、その会社が将来エクイティ〔資本金〕によって資金調達すれば、助成金はエクイティ〔株式〕の**所有権**に転換されます。この取り決めによって、資金提供者には助成金を新たなイノベーションに再投資できる可能性が生まれます。ただしもちろん、これは最初の資金をエクイティ〔株式〕に転換して**イグジット**できるかどうかによります。転換権付助成金がSAFEや**コンバーティブル・デット**契約と異なるのは、創業者が後で投資資本を調達しなければ助成金のままである点です。その場合は返済は求められません。つまり、この手段を使う資金提供者は、返済を期待せずに助成金として資金を提供するわけです。

　私がワークショップで転換権付助成金を取り上げた理由は、参加者の中にアーリーステージの営利企業に資金提供する方法を模索している財団がいるのを知っていたからです。助成金を出す能力を使ってそれを実現し、投資先企業が黒字化すればアップサイドも得られる選択肢を紹介するのが私の狙いでした。

　ワークショップの準備をするにあたって、私は複数の選択肢を評価するために使える事例、投資契約、潜在的な出資機会を送ってほしいと参加者全員に依頼していました。参加を予定していた数少ない社会的起業家の一人だったルークは、かわりに次のような短いメモを送ってきました。

> インジニがシード資金を出してくれた当社のゲーム式の形成的評価〔学習の進捗状況の評価〕テクノロジー、バード・トラックスの共同資金提供者となることに、UBS-OFが関心を持ってくれそうな感触を得ています。市場投入にこぎつけるまでに2年半で約500万ランド必要です。

　ワークショップの間、私が配布した転換権付助成金の**タームシート**のサンプルについてルークがした質問から、彼が何を考えているのか手に取るようにわかりました。UBS-OFはエクイティ投資に関心があるが、実行

できる状況が整うには少なくともあと1年かかるだろうと彼にはわかっていました。財団がエクイティ投資を後で行えて、なおかつ自分が構想するテクノロジーの実現に必要なキャッシュを確保できる方法を彼は求めていたのです。

用意周到な提案

　ルークはワークショップで紹介したタームシートのテンプレートを使って転換権付助成金の提案書を書き、再びダンとUBS-OFの元に赴きました。ダンは興味をそそられ、自分のチームに提案書を見せました。チームの他のメンバーにもそれぞれECDに携わる営利の社会的企業で面白い、支援したいと思う会社があったので、ダンはバード・トラックスの転換権付助成金の案をテストケースとして財団の理事会にプレゼンすることにしました。UBS-OFがバード・トラックスにいずれエクイティ〔株式〕の持ち分を獲得すれば、同社が成長しても**社会的ミッション**から離れないようある程度の影響力を及ぼせるし、資本を再利用できる可能性もある、という点を彼女は主張しました。

　ダンは理事会から出る質問を予想していくつか先手を打っておきました。UBS-OFの規制当局とチューリッヒの税務当局から承認を得るために動き、ルークと契約書の個別項目について交渉を進めたのです。最終的に財団の理事会に出すことで合意した条件は、44万ドルの助成金を分割で支給するというものでした。いずれバード・トラックスが22万5000ドル（契約書上は20万スイスフラン）以上をエクイティ・ラウンドで調達する場合は、助成金はUBS-OFの裁量で5年後までは同社の普通株に転換できます。バード・トラックスに資金調達のインセンティブを与えるため、助成金支給から6カ月以内にエクイティ・ラウンドを実施すれば株式購入の**割引率**は0％、18カ月以内なら15％、それ以降は25％となります。3年間の助成対象期間にバード・トラックスがこの条件に該当する資金調達を実施しなかったとしても、UBS-OFは第三者機関に同社の**企業価値評価**をさせるようバード・トラックスに求めてオプションを行使

ることができます。

　スイスの規制当局から承認が下りると、ダンは契約書を理事会に持ち込みました。組織内の企業部門である UBS 銀行からエクイティ投資を行う許可はまだ出ていなかったものの、理事会はこの契約に後から**株式**に転換するオプションがある点に心が動き、承認しました。2019 年 1 月にバード・トラックスは UBS-OF から転換権付助成金を獲得しました。

　現在、バード・トラックス（現トラッカソーラス）は製品第 1 号を完成させようとしています。ルークは会社の次のステージに向けた資金調達ニーズについて複数の資金提供者と交渉中です。転換権付助成金契約を交渉する中で彼が考慮したリスクの一つは、この契約が将来の投資家を敬遠させてしまうのではないかということでした。UBS-OF が転換によって大株主になったら特にその懸念があります。しかし今のところ、これは大きな問題として持ち上がっていません。資金提供者たちは転換権付助成金を従来のコンバーティブル・デットに似たアーリーステージ投資の一種とみなしていました。

　この契約によって UBS-OF の資金提供の幅が広がりました。すでに複数の点でその有用性が証明されていますが、特に正式な承認を得る前から財団がエクイティ〔株式〕契約を試運転できるのは大きな利点です。そのおかげで、完全な承認が下りた際に重要になってくる課題をあらかじめ考えておけたからです。例えば、UBS-OF が助成金を出した企業の中には、アイデアを独立事業にして営利の社会的企業になれる会社がいくつもありました。以前であれば、財団はデット〔融資〕を通じてしか独立子会社に資金提供する機会がなく、それもすべてのケースに適用できるわけではありませんでした。しかし転換権付助成金という選択肢があれば、ごくアーリーステージの企業のエクイティ〔株式〕に似たリスクをこのような会社に対して取ることができ、その資本の一部が将来戻ってくる可能性があります。UBS-OF があらかじめ考えておける課題には他に次のようなものがありました。投資先企業にはどの程度のインパクト測定を求めるべきか。現実的に実行できるインパクト測定の水準はどのくらいか。その会社が社会的ミッションを持ち続けるために UBS-OF には何ができるか。

UBS-OFは、資金提供者として自組織に最も理にかなう条件、発展と成長のさまざまな段階にある起業家にとって理にかなう条件について理解を深めるため、様々なバリエーションの転換権付助成金契約を試し続けています。

転換権付助成金はあなたに適しているか

創業者へ

ルークの事例で見たように、このタイプの金融商品は非常に強い**インパクトの仮説**があって会社のガバナンス文書にしっかり埋め込まれている会社にとても向いています。商業的なアップサイドが生じるかどうかわからない研究開発（R&D）用の資本など、多額の助成金を求めている創業者にとって理想的です。

転換権付助成金契約の意味を長期的な視点で考えることが重要です。転換されれば、資金提供者は長期にわたって会社の投資家になるかもしれません。創業者はこの資金提供者と今後長く付き合う意思がなくてはなりませんし、成長していく会社に何らかの貢献をしてくると確信できなければなりません。また、営利事業体にとって助成金収入は課税の対象ですので、会計上は返済免除条件付融資と同様の扱いをする必要があるでしょう。税制は地域性が高く、利用例が少ないだけに扱いが不明確な可能性があります。あなたの会社固有の事情を税の専門家に相談することを強くお勧めします。

資金提供者へ

この章の冒頭で述べたように、このストラクチャーは非営利の資金提供者がアーリーステージのスタートアップの研究開発（R&D）を支援したい、という非常に特殊な状況にしか適用できません。他にスタートアップの新技術開発を促す手段として転換権付助成金を利用する資金提供者には、大学などがあります。例えば、1999年にはイギリス政府、ウェルカム・トラスト（Wellcome Trust）、ギャツビー財団（Gatsby Foundation）が

資金提供し、市場に到達するまでに支援が必要な技術プロジェクトに助成金を出すオックスフォード大学チャレンジ・シード・ファンドが創設されています。同ファンドは対象の会社が調達する初めての資金であることを条件に、最大25万ポンドまで支給できます。助成金は1ページの簡単な「オファー・レター」に基づいて支給されます。レターには資金の用途、**知的財産（IP）** の所有者、外部投資家と同じ価格でのエクイティ〔株式〕への転換、新規の分離独立会社ではなく既存の会社にライセンスがある場合は**ライセンス収入**の取り分、報告義務、オファーの対象期間の6条項が記載されています[1]。

　投資に前向きでも投資契約を主導することに不安を感じている助成金の資金提供者にとって、これは社会的企業にアップサイドを生む機会を提供します。この契約には助成金を支給するというあなたの組織の今ある能力を活用しつつ、後にその助成金をエクイティ〔株式〕に転換する選択肢を含めることができます。とはいえ、回収可能な助成金および返済免除条件付融資と同じく、このストラクチャーには税に影響を及ぼす可能性があり、まずはその点を検討すべきです。

---

1) オンライン・コンパニオンにこのレターのコピーを掲載しています。

第18章

(Part 3 まとめ) 革新的な助成金

　このパートでは、ミッションが合致している資金提供者と創業者が力を合わせて社会的・環境的な課題に取り組むためのさまざまな選択肢を見てきました。本書ではここまで、**営利企業**の創業者と投資家に主に注目してきましたが、慈善団体の資金提供者や**非営利団体**の創設者も、アーリーステージの資金調達において重要なプレーヤーとなりえます。このパートで検討したストラクチャーは、非営利団体の資金調達方法となり得るものたちです。

　従来、**助成金**とは助成金提供者（通常は政府、**財団**、信託）が助成対象者（通常は非営利事業体、教育機関、企業、個人）に対し、厳格な基準に基づき用途に厳しい制約を設けて提供する、返還されない資金、**資産**、あるいはサービスです。本パートの各章では、この従来の助成金に少し応用を加えた考え方を紹介しました。こうした選択肢の多くは、法人形態が営利企業である**社会的企業**に役立ちます。

　助成金による資金調達は社会的企業にとって、社会的イノベーションのプロトタイプ作成フェーズと始動フェーズにおいてきわめて有益になりえますが、ほとんどの営利企業にとって長期的な資金源としては当てにできないことも認識しておくべきです。なんらかの助成金を受けてスタートした大半の企業が、成功を望むなら、助成金への依存から多様な収益源と資金調達源（商業金融を含む）に移行する戦略を持つべきなのは、そのためです。

　メアリー（第13章）はハーレム・スタジオ美術館の改修工事プロジェクトを実現するために資金調達する必要があるとわかっていました。非営利団体だったために、彼女は銀行からの融資の利用に苦労しました。**プログ**

ラム関連投資（PRI）という体裁で融資を利用することによって、彼女は美術館のビジョンと潜在的なインパクトを信じてくれた資金提供者と協力できました。フォード財団にとっては、助成金とデット〔融資〕、エクイティ〔株式〕、**保証**を併用することによって、非営利団体と営利組織の両方をその成長に必要なタイプの資本で支援できます。

アンドレアとバリー（第14章）は、非営利団体ライダーズ・フォー・ヘルスが医療用車両管理システムを成功させるためには持続可能な資本が必要だとわかっており、妥当なコストで地元銀行の融資にアクセスするために保証を利用しました。銀行にローンを返済することによって、2人は自分たちの**信用力**を証明し、将来的にもっと安価なデット〔借入〕にアクセスすることができました。スコール財団はライダーズがガンビアで、他のアフリカ諸国に拡大できる持続可能な**ビジネスモデル**を構築する手助けをしたいと考えました。その目標のために最も重要だったのが、妥当なコストで地元のデット〔借入〕にアクセスできることでした。非営利団体の信用履歴に不安を持っていた地元銀行の「**債務不履行**されるのではないか」という**知覚リスク**に対処するために、保証が使われたのです。

サチとケイト（第15章）は、インドの**中小企業**に低コストの融資を提供する非営利団体ウパヤのモデルがインパクトを創出していることをわかっていましたが、その融資の原資を助成金に頼ることがウパヤの成長を制約していると感じていました。自分たちのファンドのために**回収可能な助成金**を調達したおかげで、彼女たちは慈善的寄付を再利用する機会に関心のあった寄付者（寄付者助言基金など）の資金の大きなプールを作り、柔軟かつ低コストの資本にアクセスできるようになりました。

ジョイとアレックス（第16章）の事例はハーレム・スタジオ美術館のメアリーと似ています。2人は非営利団体イカンヴァユースの本社ビルの購入に必要な資本になかなかアクセスできませんでした。マプラ・トラストからの融資にアクセスできたことがビル購入の後押しとなり、その融資が返済を免除されたおかげで多額の余剰金が生まれ、それを若者育成プログラムに回せました。マプラ・トラストにとっては、ビルを**担保**にした**返済免除条件付融資**を使うことによって、新規の助成金対象者に通常提供する

よりも大きな資本でイカンヴァユースを支援できました。

トラッカソーラスのルーク（第17章）は、製品第1号を開発するための**研究開発（R&D）**資金が必要な営利の社会的企業の創業者として、UBS-OFと協力してその資金にアクセスするための**転換権付助成金**ストラクチャーを作ることができました。UBS-OFにとっては、ごくアーリーステージの企業に助成金を提供しつつ、製品が成功した場合には**アップサイド**が発生する可能性も確保できました。

回収可能な助成金と返済免除条件付融資の比較

回収可能な助成金という用語は返済免除条件付融資と互換的に使われることがよくあります。しかし本パートの2つの章を読んでいただけばわかるように、適用には違いがあり、その違いは重要なものとなりえます。税制と会計の観点からはきわめて重要な違いですので、2つのストラクチャーのどちらを選ぶかにあたって参考になる情報を一通りお伝えしましょう。

回収可能な助成金は非営利団体から非営利団体に対して支給する場合が最も簡単で、返済は受給者の裁量に委ねられるか、双方が合意した財務上ないし**社会的マイルストーン**に基づきます。返済についての合意は契約書に付随する**サイドレター**の形を取るか、契約書そのもので行えます。この場合、回収可能な助成金は双方が会計上助成金扱いにできます。将来、資金提供者に返済されれば、寄付とみなすことができます[1]。

資金提供者が営利組織に回収可能な助成金を支給したい場合、その営利組織は支給された資金を返済免除条件付融資のように記録する必要があります（以下参照）。会計上の一貫性を保つために、資金提供者側も返済免除条件付融資として扱うべきか検討したほうがよいでしょう。

アメリカの財団の場合、PRIの他の考慮事項がすべて満たされている限り、回収可能な助成金はPRIとみなせます。返済はマイナス支出条項の

---

1) アメリカとイギリスではこのような扱いですが、別の法域で試みる場合は税務当局に確認を取る必要があります。

対象となります。また、営利組織になんらかの助成金を支給するときには、**支出責任**を果たす必要があります。つまり、監査の際に裏付けとなる書類を出せるように、助成の対象となっている支出をすべて追跡して、特定の慈善目的の名目で使われていると証明できなければなりません。これを効率的に行う手順を開発した資金提供者もいますが、事務の手間が増えるため営利企業への助成金支給を思いとどまる資金提供者が多いです。アメリカ以外の法域に関しては、あなたの会社固有の事情を税の専門家に相談してください。

返済免除条件付融資は非営利ないし営利組織から非営利ないし営利組織に対して行えます。返済は資金提供者の裁量に委ねてもよいし、双方が合意した財務上または社会的マイルストーンに基づくこともできます。

返済免除条件付融資は創業者の貸借対照表上は債務として記載しなければなりません。資金提供者の貸借対照表上は債権として記載しなければなりません。融資が免除された場合、借り手が非営利団体であれば免除された金額を助成金として記載し、営利組織であれば免除された金額を経常収入として記載する必要があります。資金提供者は債権を損金として処理する必要があります。

法域によりますが、融資が免除された場合、営利企業の借り手は免除された金額に課税される可能性が高いでしょう。資金提供者にとっては、融資先が非営利団体でない限り免税の対象にはならないかもしれませんが、

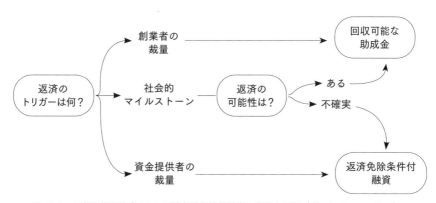

図18-1　回収可能な助成金 VS 返済免除条件付融資の決定木分析（ディシジョンツリー）

税の扱いは地域性が高く、返済免除条件付融資については明確に定まっていない可能性があるため、あなたの会社固有の事情を税の専門家に相談することを強くお勧めします（図18-1、前頁）。

では、回収可能な助成金か返済免除条件付融資か、どう判断すればよいでしょうか。非営利団体ウパヤに回収可能な助成金というアイデアを紹介した民間の慈善活動、オープン・ロード・アライアンスは、業界で回収可能な助成金を支給した先駆けでした。オープン・ロード・アライアンスがこのタイプの助成金を使い始めたのは2014年からで、大型助成金の支給の遅れやプロジェクトの資金調達の交渉に予想以上に時間がかかるなど、想定外の障害や資金不足に直面した組織に一時的な金銭的支援を行うためでした。

こうした慈善事業の**つなぎ資金**に大きな需要があると知ったオープン・ロードは、最終的に3年間に40件を超える回収可能な助成金を支給しました。しかし資金提供が成立するまでに事務作業に1〜2カ月も要することは、オープン・ロードがやりたいつなぎ資金の迅速な提供というコンセプトに合いませんでした。課題は、助成先が営利企業だった場合に助成金の支出責任が求められたことや、**寄付者助言基金（DAF）** に取引を完了させるための内部要件があったことでした。そこで、オープン・ロードはDAFを通じて回収可能な助成金を支給するかわりに、**ファミリーオフィス**から対象組織に直接融資を行ってみようと決断しました。

営利組織に対して行った融資は非営利団体への助成金のように課税対象額から損金として差し引くことはできませんが、オープン・ロードはアメリカの税法で認められている慈善寄付控除をすでに最大限まで利用していたので、この方針転換には何の不都合もありませんでした。やり方を変えたおかげで、オープン・ロードはDAFから4〜6週間かけて回収可能な助成金を支出していたのが、48時間で融資を行えるようになりました。非営利団体の理事会が融資や、何であれ返済を求められる体裁の資金提供を初めて受けることに抵抗があって助成金のストラクチャーのほうが安心するというのでない限り、オープン・ロードは今では融資を標準の選択肢にしています。

技術援助(TA)融資枠

　ミッション重視型投資に高い効果を発揮しそうなツールの最後は、**技術援助(TA)**です。TA融資枠は技能育成、能力開発、会社の特定の相談ニーズのために確保された資金です。この資金は開発資金提供者がデット〔融資〕やエクイティ投資資金に付随するものとしてよく使います。この助成金で資金調達すると、創業者はデット〔借入〕やエクイティ〔資本金〕による資金調達をしなくても、自社の成長に必要な専門知識にアクセスできます。

選択肢の比較

　表18-1(次頁)を参照してください。

表18-1 革新的な助成金の比較

	保証	従来の助成金
説明	第三者によって提供された保証	金銭的な返済を期待しない資本
法人形態	営利企業、非営利団体、協同組合、社会的企業	非営利団体[a]
収益モデル	何でもよい	
会社のステージ	何でもよい	
事業成長見通し	何でもよい	
エンベデッドネス	ミッション・ドリブンな資金提供者からの保証を求めるなら、ミッション・エンベデッドネスの度合いが高い必要がある	高程度のミッション・エンベデッドネスが求められる
実績	ミッション・ドリブンな資金提供者から譲許的な保証を求めるなら、大きなインパクト実績が求められる可能性がある	インパクト実績が求められる可能性が高い
資金の用途	資産、運転資本	POC、成長資本、運転資本、資産
担保になる資産	保証が別の取引の担保の役割を果たす	求められない
返済に予定される資金源	返済が求められる場合は内部キャッシュフロー	なし
所有権	所有権には影響なし	
将来の資金調達	将来のデット〔借入〕のための信用履歴を築くのに役立つ可能性がある	将来の資金調達に大きな影響はない
資金提供者の関与	資金提供者がミッション・ドリブンであれば、インパクトとダウンサイドを重視し、両方に関連した誓約事項を設ける。そうでなければ、ダウンサイドにのみ注目する	インパクトと金銭的な支出報告を重視する
最も可能性の高い資金提供者	開発金融機関、財団、ファミリーオフィス、非営利団体	大学、財団、政府

回収可能な助成金	返済免除条件付融資	転換権付助成金
デット〔借入〕に転換される助成金	助成金に転換されるデット〔借入〕	エクイティ〔株式〕に転換される助成金
非営利団体[b]	営利企業、非営利団体、協同組合、社会的企業	社会的企業
何でもよい		まだ確定していなくてもよい
何でもよい		コンセプトステージ
何でもよい		高成長ベンチャー、カテゴリー・パイオニア
高程度のミッション・エンベデッドネスが求められる		
インパクト実績が求められる可能性が高い	返済免除か金利優遇にインパクト・マイルストーンが使われる場合は、インパクト実績が重要になる	実績は求められないが、インパクト測定を行う約束が必要
POC、成長資本、運転資本、資産		POC
求められない	資金提供者によるが、一般的には小さい	なし
なし、または内部キャッシュフロー	なし、または内部キャッシュフロー、将来の資金調達	なし、または売却、IPO、合併ないしセカンダリー・セールによるサードパーティー・イグジット
所有権には影響なし		将来は会社の所有権を希薄化させる意思が必要
将来のデット〔借入〕のための信用履歴を築くのに役立つ可能性がある		将来のエクイティ〔資本金〕による資金調達を支援する
インパクトを重視し、契約書にミッションを埋め込むための誓約事項(転換権もしくは資本コストをインパクトの達成にリンクさせるなど)を用いる可能性がある	インパクトとアップサイドを重視する。転換された場合は取締役の派遣、議決権、情報受領権で継続的に関与する可能性がある	
財団、ファミリーオフィス、開発金融機関、政府、非営利団体		大学、財団

a,b) 営利企業であってもよいが、税に関する考慮事項についてオンライン・コンパニオンを参照のこと。

Part 4

資金調達をインパクトに
リンクさせたい場合はどうする？

パート3では、慈善的な資金提供を触媒的な投資資本に転用するための、工夫を凝らした選択肢をたくさん探訪しました。このパートでは、慈善団体やミッション重視型の投資家が、資本のコストと配分をインパクト・マイルストーンと直接リンクさせることによって社会的・環境的なインパクトの実績にいかに影響を与えられるかを探っていきます。つまり、インパクトの実績を、資本を配分するタイミングとコストの額に直結させるのです。このような**インパクト・リンクド・ファイナンス**は**助成金**がベースになる場合もありますが、必ずそうでなければならないわけではありません。

　第19章では、借り手の**インパクト実績**をデット〔借入〕コストにリンクさせた**金利優遇付の契約書**をマイケル&スーザン・デル財団が構成したいきさつを見ていきます。第20章では、**社会的企業**にもっと深いインパクトの達成を促すために成果連動型の支払を用いる**ソーシャル・インパクト・インセンティブ（SIINC）**について、クリニカス・デル・アスカルから学びます。第21章では、別の成果連動型の支払ストラクチャーであるインパクト・ボンドについて、私自身の体験談を使ってコンセプトを紹介し、このモデルの機会と課題をお話しします。

　本パートを旅するうちに気づくでしょうが、インパクトを資金調達にリンクさせるために不可欠な要素は、資金調達が**セオリー・オブ・チェンジ〔変化の方法論〕**の枠組みにリンクしていることです。セオリー・オブ・チェンジとは社会的・環境的な**アウトカム**〔成果〕を達成するための理論的根拠と計画です。セオリー・オブ・チェンジは人々、課題、システムにどのような変化をもたらすのかを明らかにし、あなたが起こすべきインパクトを見定めるのに役立ちます。活動（あなたがこれから何をするか）、**アウトプット**（短期的な直接の結果）、アウトカムとインパクト（あなたの活動から直接・間接に発生する長期的な変化）の間のつながりと筋道を明らか

にするのです。

　セオリー・オブ・チェンジは企業単位でも、投資一件単位あるいはポートフォリオ単位でも開発できます。あなたが起業家であっても**資金提供者**であっても、まず自分が求める長期的な目標を見きわめ、目標達成に必要なステップや活動と中間アウトカムをリバースエンジニアリング〔逆行分析〕することによってセオリー・オブ・チェンジを構築します。活動がどのような環境や条件のもとで行われるのかを考慮し、自分の主張の根拠となる前提とエビデンスを精査しなければなりません。この作業はインパクト・リンクド・ファイナンスに不可欠です。しっかりした前提と適切なメトリクスか信頼できるデータがなければ、求めるインパクトの達成を資金調達の条件によって成功させる可能性は低いからです[1]。

　適切な**マイルストーン**の設定と目標の実現には当然、困難が伴います。もしあなたの会社が確立したステージにあれば、自社の製品とエンドユーザーに基づいて達成できそうなインパクト実績の水準に見当がつくかもしれません。もしあなたがスタートアップなら、まだ市場に送り出すものを設計している段階にあり、会社を形成しながら自社の**ビジネスモデル**と製品を調整していく柔軟性が必要になるでしょう。会社のステージに関係なく、すべての**創業者**にとって軌道修正は重要です。ですから、契約書に埋め込まれたマイルストーンには柔軟性を持たせるべきです。もしくは、マイルストーンを再交渉するプロセスを事前の合意で確保しておく必要があるでしょう。

　次の3つの章では、資金調達をインパクト・マイルストーンにリンクさせるための選択肢を見ていきます。この新たに登場した手法のパイオニアたちから学ぶチャンスとしてください。資金調達契約にインパクト・マイルストーンを加えるのはいろいろと大変かもしれません。この3つの章があなたの選択肢および機会と課題を熟考する一助となれば幸いです。

---

1) セオリー・オブ・チェンジを構築するための標準的なフォーマットに私はまだ出合っていません。しかし *Impact Investing Handbook*, by Steven Godeke, Patrick Briaud は良い出発点になるでしょう。

第19章 Interest Rate Rebate : Michael and Susan Dell Foundation

金利優遇

――マイケル＆スーザン・デル財団

　第16章で、マプラ・トラストが**返済免除条件付融資**を使って**非営利団体**イカンヴァユースへの融資をすべて**助成金**に転換したいきさつを見ましたが、これはほとんどの資金提供者にとっては実行可能な戦略ではありません。今度の旅では、マイケル＆スーザン・デル財団（Michael and Susan Dell Foundation）のラヒル・ラングワラに同行します。彼は融資のコストをインパクトの**アウトカム**にリンクさせることによって、より優れたアウトカムを達成するインセンティブをインドの学校運営者に与えることを狙った契約を結びます。つまり、あらかじめ決められたインパクト目標を達成することによって**金利優遇**を受ける資格を学校運営者に与えるのです。これは**インパクト・リンクド・ファイナンス**の一例です。金銭的なインセンティブを社会的・環境的な業績目標の達成にリンクさせるわけです。

インドの教育にインパクトを与える

　マイケル＆スーザン・デル財団（MSDF）は教育にシステムレベルの変化を生み出すことに特化した世界的な慈善財団です。**財団**が教育分野のプログラムを実施する活動で力を入れているのがインドです。インドでは公立校が資金不足である一方、私立校は高額の費用がかかるため、その中間で低・中所得家庭の子供たちの教育格差を埋めようとする、授業料の安い私立校のネットワークができました。インドには手頃な授業料の私立校がおよそ30万校あり、9200万人以上の子供たちが通っています[1]。この

---

1) Faces of Budget Private School in India. (2018). Center for Civil Society. 以下のサイトにて閲覧可能：https://ccs.in/sites/default/files/2022-08/bps-report-2018.pdf.

教育セクターの成長によって、金融機関、教育サービス提供者、インフラ企業のエコシステムが誕生し、活況を呈しています。しかしこのような投資環境があるにもかかわらず、授業料の安い私立校は公立校と同様に、教育成果をなかなか上げられていません。生徒の約75％が学年の標準レベルを下回る成績です[2]。

MSDFはそれまでの15年間、インドの公立と私立の小中学校教育の質を上げることに取り組み、指導プロセスを改善したり生徒の学習アウトカム測定に効果的な標準的評価方法を開発したりするためにさまざまな組織と提携してきました。我が子に公立校よりも質の良い教育を受けさせようと授業料の安い私立校に入れる貧しい家庭の数が増えており、財団はそのような私立校に関心を向けるようになっていました。

手頃な授業料の私立校セクターとその教育の質にインパクトを与えられるはず、と財団が考える領域の中に、そのような学校が利用できる金銭的リソースの改善がありました。インドの法律では営利の民間企業が学校を経営できない[3]ため、学校運営者はエクイティファイナンスを利用できず、授業料収入で賄えない資本ニーズを満たすにはデット〔借入〕に頼らなければなりませんでした。こうした事情から、授業料の安い私立校の数が増えるにつれ、そのような教育機関のニーズを満たすために**ノンバンク**の貸し手のネットワークも増えたのです。

インド学校金融機関（ISFC）は低コストの私立校を対象にしたノンバンクの一つです。同機関は学校運営者に対し、インフラの改善や提供する教育の質を向上させるためのリソース獲得を目的とした融資を行っています。2008年にスティーヴ・ハードグレイヴによって創設されたISFCは、インパクト・ベンチャーキャピタル会社グレイ・マターズ・キャピタル（Gray Matters Capital）のインキュベーションプログラムを経て融資を開始しました。2015年には、主力商品であるインフラ整備などの設備改善をしたい私立校向けの3〜6年の融資をスケールアップするため、ISFC自身にエクイティの導入〔資本金〕が必要になりました。

---

2) Rangwala, R. 17 January 2018. A New Impact Investing Model for Education. 以下のサイトにて閲覧可能：https://ssir.org/articles/entry/a_new_impact_investing_model_for_education#.

3) Chattopadhay, T. & Roy, M. 18 May 2017. Low-Fee Private Schools in India: The Emerging Fault Lines. Columbia University.

MSDFのインドプログラムのディレクター、ラヒル・ラングワラと彼のチームはエクイティ投資を視野にISFCの評価を行いました。しかし、財団が手頃な授業料の私立校セクターで検討した他の投資契約と同じく、ISFCも融資先の教育機関の学習アウトカムを十分に重視していないように思われました。そのため財団は投資を見送りました。が、ラヒルにとっては心残りな案件でした。財団が資金提供者と学校運営者に学習アウトカムの優先度を上げるインセンティブを与える方法が何かあるはずだ。彼は別の金融セクターで自分が積んだキャリア経験から解決の糸口を探すことにしました。

金利を学習アウトカムに直結させる

　2011年にMSDFに入るまで、ラヒルはヘッジファンド、**中小企業**向け融資機関、**マイクロファイナンス機関**で働いてきました。主流の金融市場では、従来型の融資機関は金利を借り手の財務業績にリンクさせます。ならば、**インパクト実績**の観点からも同じことができるのではないか、と彼は考えました。ISFCのようなノンバンクの多くは、自社の事業を成長させるためにデット〔借入〕を必要としていました。MSDFがそのような組織の資金調達ニーズを満たす手助けをしつつ、学習アウトカム向上のインセンティブを与えることができないか、やってみようじゃないか。つまり、財団の融資の金利を学習アウトカムに直結させようと思いついたのです。自分のアイデアを発展させるうちに、融資機関だけでなく校長にも学校の学習アウトカム向上へのインセンティブを与える必要がある、とラヒルはすぐに気づきました。そこでラヒルと彼のチームは、望ましい学習アウトカムが達成されれば金利が調整される融資商品の設計に取り掛かりました。融資機関と借り手である学校運営者の双方が、融資期間中に生徒の成績が上がれば**資本コスト**が下がるという恩恵を受けるものです。

　インパクト・リンクド・デットのアイデアを財団内部に売り込むとすんなりと通りましたが、一部の同僚から、仕組みの抜け道を利用するインセンティブを校長に与えてしまうのではないか、と懸念の声が上がりました。

例えば成績の悪い生徒を排除したり、学力診断テストをごまかそうとしたりするのではないかと。そこでチームは学校の基準的な成績をカテゴリー分け（金、銀、銅）する格付けシステムを設計しました。インパクト・リンクド・ファイナンス商品の基盤を用意したうえで、MSDFはISFCに融資のオファーをしました。

MSDFは投資先の学習アウトカム達成に結びつけた**変動金利**付の3年の**非転換融資**という形で、ISFCに200万ドル融資することで合意しました。学校はISFCに融資を申し込み、自発的に学力診断プログラムに参加できます。一定の学習レベル目標に達した参加校は、報奨として金利優遇（融資総額のおよそ10％に相当する）を受けます。学習達成目標は事前に設定され、第三者機関による学力診断（費用はMSDFが負担）をもとにします。達成度を測定するため2回目の学力診断を2年後に行い、この時点で金利が支払われます。学校が学習目標を達成できた場合は、ISFCの金利支払を調整することによって、優遇された金利のコストをMSDFが負担します。

法律上のハードルを乗り越える

このシステムを具体的に説明しましょう。10年生までの生徒を教えるスリ・ヴィドゥヤ・バラティという学校が11年生と12年生も受け入れたいとします。政府の認可を得るには、教室4つと科学室の増設が必要です。生徒からの授業料だけでは増設の資金を賄えず、融資が必要になりました。ISFCが同校に2万9000ドルの5年融資をオファーし、一定の学習目標を達成すれば金利を下げられると説明します。第三者機関がサンプルの3年生、5年生、7年生に英語と算数／数学のテストを実施し、学校の費用負担はありません。2年後に生徒のテストの成績が5〜10点上がれば、同校は最大10％の金利優遇を受けられます。その後、ISFCからMSDFに支払う金利を調整することによって、ISFCが支払った金利をMSDFが全額補償します。

ISFCはこのアイデアに乗り気でしたが、借り手や市場全体から誤解さ

れないように商品を販売するにはどうしたものかと二の足を踏みました。両者で話し合いを重ねるうちに、正しく伝えればこの商品は営業チームの武器になる、とISFC側は気づきました。というのも、ISFCに融資を申し込む校長は例外なく、必ず金利の引き下げを求めたからです。この商品なら、「こうすれば金利を下げられますよ」とすぐに回答できます。

MSDFの次の一歩は、新商品の法律上と規制上の問題を解消することでした。インドの法律は外国の投資家と資金援助機関に特別に厳しい。投資も慈善的資本の提供も行うアメリカの機関であるMSDFは、融資ストラクチャーが現地の法律と規制に抵触しないよう細心の注意を払う必要がありました。融資の元金については全額返済を期待する意思を明らかにし、助成金と混同されないようにすることが必須要件でした。また、インド準備銀行（RBI）から商品を認可してもらう必要もありました。さらに、ISFCと借り手の学校が会計記録にこの融資をどう記載すべきかについて、明確な会計上のアドバイスを与える必要がありました。

この商品には乗り越えなければならないハードルがいくつもありました。**社会的インパクト**にリンクさせた融資商品を評価するのは弁護士や規制当局者にとって初めてだったからです。ラヒルとチームは**変動金利融資**の金利介入に関する他の事例を引き合いに出し、弁護士や監査人にこのストラクチャーに対して安心感を持ってもらうよう努めました。結局、ISFCは学校に支払う金額を調整して金利優遇扱いにしました。ISFCの金利を調整するにあたっては、MSDFは金利支払を毎回変動させるかわりに優遇された金利を累積させることにしました。つまり、融資の元金を含むISFCからの最後の返済を、獲得した金利優遇の総額で調整するのです。

規制当局から認可が下りると、MSDFはISFCに対する200万ドルの3年融資を承認し、12.5％の金利を提示しました。ISFCは学習インパクトにリンクする条件の下、96校と融資契約しました。参加したすべての学校が学習目標を達成してデット〔借入金〕を無事に返済したとしても、ISFCへの融資からは8.3％の金利が発生するだろうとMSDFは計算しました。この計算から、「当財団の200万ドルは、従来型の1回限りの助成金

に同じ金額を使うよりも多くの学校と生徒に届けられます」とラヒルは言います。

　実際に融資期間が終わったとき、インセンティブを支出しても、MSDF はプラスの収益を上げました。組織内では通常「子供 1 人当たりのコスト」をもとに教育資金援助のインパクトを説明している MSDF にとって、今回の取り組みのコストはマイナスだったということです。通常は寄付金を出すかきわめて譲許的な（緩和された）条件で投資を行う組織として、マイナスのコストを計上するのは少し不思議な気持ちだった、とラヒルは振り返ります。

モデルに修正を加えていく

　ISFC と初めてインパクト・リンクド・デット契約を結んだ後、MSDF は低コスト私立校を対象とする別の融資機関、ヴァーサナ（Varthana）に同じ商品を提供しました。ただし設計にはいくつか修正を加えています。1 つ目は、報奨を大幅に簡素化したことです。金銀銅の格付けシステムは ISFC の営業チームにとって説明が難しすぎ、学校長を混乱させただけでした。また、この不正防止策は不要だったこともわかりました。ISFC が確認したところ、学校が成績の数字をごまかしたり水増ししたりしようとした形跡は皆無でした。

　2 つ目の修正として、MSDF は校長からの要望に応じ、学校の学力診断の時間枠を 2 年から 1 年に短縮しました。

　3 つ目として、ヴァーサナとの融資契約では学力向上に向け教師への支援サービスを追加しました。多くの教師は基準の成績指標を告げられると、受け持つクラスの問題を解消して学習成果を上げたいと非常に前向きでしたが、そのためのツールがありませんでした。このような支援サービスを追加すれば MSDF の介入コストは増大しますが、財団のミッションと合致していたので加えることにしました。

　最終的に、ラヒルと彼のチームは望ましい成果を明確に定義し、インセンティブを与え、インパクト測定し、金融商品そのもので報酬を支払い、

それを最小限の経費で行える**インパクト投資**のツールを設計することに成功しました。2つの取引を振り返り、財団は今後もインパクト・リンクド・デット契約を利用する可能性が高いだろうと彼は言っています。

金利優遇はあなたに適しているか

創業者へ

社会的企業と非営利団体にとって、金利をインパクト目標にリンクさせることは、投資契約にインパクトを埋め込んで社会的ないし環境的ミッションを達成する金銭的インセンティブを作り出す一つの選択肢です。このような契約を締結するためには、自社とそれを取り巻く状況にふさわしい指標をよくわかっておく必要があるでしょう。また、社会的ないし環境的インパクトの達成にお金を出す気がある、ミッション重視型の資金提供者も必要です。資本の配分に融通が利く財団か**ファミリーオフィス**が、この契約を最初に提案する相手として最適といえそうです。その手順については第22章でさらに詳しく取り上げます。

資金提供者へ

あなたがミッション重視型の資金提供者なら、あなたが行うデット〔融資〕の資本コストにインパクトをリンクさせることは、借り手の社会的・環境的インパクトの達成にインセンティブを与える具体的な方法になりえます。長期的に見て、社会的・環境的アウトカムの達成が借り手に金銭的な恩恵を与える結果になるかもしれません。ただし、金利優遇契約で融資する側として、あなたには借り手が目標を達成した場合に自分の金銭的リターンの一部を放棄する意思があり、それが可能でなければなりません。ミッションが合致していること、あなたが自分のステークホルダーに果たすべきリターン要件に関して融通が利くことが条件になります。

次の3つの基準を守れば、この契約は教育以外のセクターでも再現できるとラヒルは考えています。

- 明確に定義された、簡潔で、客観的で、測定可能な**インパクト指標**がある。
- インパクト測定のコストが、支払われる報奨金を上回らない。
- ラストワンマイルをカバーするネットワークと到達力を有し、投資家と目標を共有する現場のパートナーがいる。

　ラヒルが考える通り、あなたはインパクトの測定コストが報奨金額を超えてしまわないように意識する必要があります。つまり、把握しやすい**アウトプット**と、より完全ではあるが追跡に費用と手間がかかるアウトカムを比較検討しなければならないでしょう。すでにしっかりしたインパクトの測定方法と管理プログラムのある企業と組み、そのプログラムと整合する指標を選べば、このようなコストは下げられます。

　報奨の大きさも重要です。借り手に仕組みを悪用する出来心を生じさせるほど大きくても、変化のインセンティブを与えるには不十分なほど小さくてもいけません。

　あなたがインセンティブを与えるアウトカムについて、借り手と意識合わせができていることは重要です。先方のミッションに一致しない形で財務上の業績や社会的インパクトの実績を上げるインセンティブを与えるのは難しいですし、双方が不満を抱く結果になりがちです。言い換えれば、賄賂で釣って社会的企業になるよう仕向けたり、業績が不十分な会社を罰しようとしたりするのではなく、その会社のミッションに含まれている目標に対してインセンティブを与えるのが最適な使い方です。

　最後に、このタイプの契約でインパクトを増大させるもう一つの方法は、ミッションの合致する他の資金提供者と協力することです。MSDFはヴァーサナへの融資の際にトリオドス銀行とこれを実行しました。MSDFの金利をトリオドス銀行から融資を受けていた学校のインセンティブに使ったのです。それによってMSDFの金銭的リターンは減りましたが、追加の融資を実施しなくても財団のプログラムの対象範囲を大きく広げることができました。

第20章 Social Impact Incentives : Clinicas del Azucar

ソーシャル・インパクト・インセンティブ
―― クリニカス・デル・アスカル

　次の旅先はメキシコです。**ソーシャル・インパクト・インセンティブ（SIINC）**による資金調達を行ったハビエル・ロサーノとミゲル・ガルサの旅に同行します。前章で取り上げたデル財団の**インパクト・リンクド・デット**契約と同じく、SIINC も**インパクト・リンクド・ファイナンス**の一種ですが、複数のステークホルダーが社会的・環境的インパクトのインセンティブ提供に関わる点でもう少し複雑です。

ワンストップ医療サービス

　ハビエル・ロサーノが低コストの医療サービス会社、クリニカス・デル・アスカル（Clínicas del Azúcar）を創業したのは、母親が糖尿病の管理に長年苦労する姿を見ていたからでした。メキシコでは糖尿病が死因の上位に入っています。ハビエルの母親は民間保険と潤沢なリソースの恩恵を受けていたものの、それでも糖尿病との戦いは続いていました。母がこれだけ大変な思いをしているなら、貧困層や地方在住の多くのメキシコ人はもっと苦しんでいるはずだ、とハビエルにはわかっていました。ハビエルはメキシコの先住民コミュニティで教育や栄養改善のプロジェクトに多数携わってきて、先住民が基本的なサービスにアクセスするのがどれほど困難かを間近で見ていたのです。事実、貧困線未満の生活をしているメキシコ人の80％近くには民間診療を受けるだけのお金がありません。専門医療にアクセスできない低所得のメキシコ人にとって糖尿病の管理がどれだけ難しいかは想像するしかありませんでした[1]。

2010年にハビエルはフェルナンダ・ソリージャと手を組み、**社会的企業**を通じてメキシコにおける質の高い糖尿病治療へのアクセス不平等に挑みました。彼が社会的企業を知ったのは、MITスローン経営大学院でMBAを取得していたときでした。事業パートナーとなった2人は糖尿病の治療と管理の「ワンストップ・ショップ」というアイデアを追求しました。クリニカス創業の目標は、社会経済的地位に関係なくすべてのメキシコ人に質の高い総合的な糖尿病治療を提供することでした。患者がそこに行きさえすれば必要なケアを手頃な費用で受けられるリテール・クリニック〔小売店に併設された小さな外来クリニック〕・チェーンでそれを実現しようとしたのです。

　ハビエルとフェルナンダは6年間クリニカスの事業に打ち込み、メキシコ各地に9つのクリニックを開設しました。柔軟なサブスク式の支払構造と、治療の効果と効率性を高める機械学習技術を中心とする革新的な**ビジネスモデル**により、クリニカスは2016年には民間でメキシコ最大の糖尿病治療機関に成長し、5万人以上の患者にサービスを提供していました。また、他の民間の治療機関より40％も安くサービスを提供することにも成功しました。それでも、きわめて低所得の患者にはまだまだサービスを届けられていないと創業者2人は思っていました[2]。2021年までにさらに200のクリニックを開業するという野心的な計画と、メキシコで最も**社会的弱者**である人々へのケアを優先課題とすることの両立は難しいのではないかと2人は懸念していました。

　クリニカスのCFOのミゲル・ガルサは、会社を拡大するための**成長資本**を調達しようと奮闘しながら、クリニカスが深い**社会的インパクト**の追求と財務的な持続可能性の折り合いをつけなければならないことに歯がゆさを感じていました。クリニカスの**社会的ミッション**は2014年に彼が入社した理由の一つでした。ところが面談した資金提供者たちは会社の商業的な成功のほうに関心があるように見えました。最貧困層の患者のアクセ

---

1) この事例はルーツ・オブ・インパクトの「SIINC・クリニカスの事例」とオマラ・テイラーが執筆した「クリニカスの事例」から改変して収録し、ルーツ・オブ・インパクトとクリニカスのチームへの取材で補足しています。
2) 1日当たりの収入が2〜5ドル未満（状況により異なる）で経済的なピラミッドの底辺にいる人々を、経済ピラミッドの底辺（BOP）といいます。

スを増やしながら事業拠点を拡大し続ける、という目標をクリニカスがうまく両立できるとは彼は楽観できなくなっていました。

マイルストーンを達成すれば「ボーナス金」

　海を隔てたヨーロッパでは、ルーツ・オブ・インパクト（Roots of Impact）とスイス開発協力庁（SDC）がまさにクリニカスが直面していた社会的企業の資本を調達するという難題に取り組んでいました。ルーツ・オブ・インパクトの創業者ビョルン・シュトリューバーとSDCのピーター・ビーツは、高いインパクトを生み出す社会的企業に出資する際に、投資家への金銭的リターンを優先するせいで会社のミッションを損なうことのないようにしたいと考えていました。2人は協力してインパクト目標との整合性を保証する金融商品を設計しました。彼らが考案したのが、「ソーシャル・インパクト・インセンティブ」、略してSIINCでした。

　SIINCは社会的企業に必要なインパクト資本を獲得させつつ、ミッションから逸脱しないための金銭的インセンティブも提供する仕組みになっています。SIINCが成立するには2種類の資金提供者が必要です。一つは投資家で、社会的企業が必要としている**運転資本**ないし成長資本をまず提供します。もう一つが公的機関ないし慈善団体の「**アウトカム・ペイヤー**」で、対象の社会的企業が一定のインパクト・マイルストーンを達成すれば「ボーナス金」として**助成金**を出すことに合意します。このようなインパクトにリンクした支払は、企業にとって新たな収益源として効果的に機能し、商業的な採算性が低い（しかしインパクトは高い）事業品目であっても投資家を惹きつけるためのものです[3]（図20-1、次頁）。

　ビョルンとピーターは自分たちが考案したSIINCという金融商品に実効性があるかを確認したいと米州開発銀行（IDB）、ニュー・ベンチャーズ、アショカにアプローチをかけ、最初の投資契約の試験的パートナーになってもらいました。あとはこのアイデアを試す意欲のある社会的企業の登場を待つばかりでした。

3）ルーツ・オブ・インパクトのウェブサイトより。

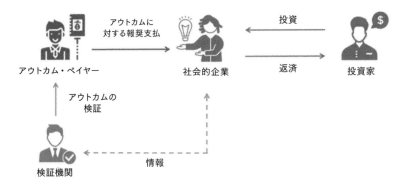

図 20-1　SIINC の説明

SIINC 第 1 号になる

　ハビエルがアショカ・フェローに選出されていたことから、ビョルンはハビエルと彼がクリニカスで取り組む事業について知っていました。ビョルンはメキシコで毎年開かれるインパクト投資カンファレンス、フォロ・ラティノアメリカーノ・デ・インベルシオン・デ・インパクト（Foro Latinoamericano de Inversión de Impacto, FLII）2016 年の会場で会いたいとクリニカスのチームに声をかけました。ミゲルはクリニカスの資金調達についてビョルンと話をすることに大乗り気でした。ビョルンはピーターと自社のプログラム担当マネージャーのローリー・テューズを連れてきて、4 人でクリニカスの戦略計画と成長意欲について軽く雑談しました。ビョルンとピーターとローリーは、クリニカスの成長意欲が同社の社会的ミッションとどの程度整合しているのか探りを入れました。ミゲルがクリニカスが抱えていたジレンマを包み隠さず話したのを機に、3 人は SIINC のコンセプトを説明しました。ミゲルとハビエルには何の迷いもありませんでした。もっと多くの困っている人々にサービスを届ける方法があるなら、そして他の社会的企業が将来インパクトと金銭的リターンの折り合いに悩まずに済むのに役立てるなら、喜んでクリニカスがその金融商品の実験台になろうと決めました。ルーツ・オブ・インパクトと SDC にとって

も、クリニカスは理想的な試用事例に見えました。拡張性が高く財務的にしっかりした実証済みのビジネスモデルを有していることに加え、サービスを届けられる低所得の患者が増えれば社会的インパクトを発揮する可能性が非常に大きかったからです。

　全員の意識が揃ったところで、SIINC 第 1 号を実現する大事な次の一歩は、インパクトにリンクさせた支払の根拠となる指標の合意でした。ハビエルとミゲルは、達成目標が自社の短期目標と一致していると同時に、一人でも多くの社会的弱者の顧客にサービスを提供するという自社のミッションを支えるものであることを希望しました。資金提供者側としては、達成目標がクリニカスのインパクト創出の原動力になることが絶対条件でした。交渉には数カ月かかりましたが、両者は結局 2 つの達成指標で合意しました。

1. クリニカスがサービスを提供する全患者数に対する低所得患者数の比率
2. クリニカスの低所得患者セグメント内で中期的に実現した血糖値レベル（糖尿病管理の重要な指標）の改善レベル

　この合意によりそれぞれの**インパクト指標**の基準が定まり、インパクトにリンクさせた支払のトリガーとなる相対的業績目標が決まりました。インパクトへの支払を受けるためにクリニカスが達成しなければならない**マイルストーン**が「オール・オア・ナッシング」ではなかった点にぜひ注目してください。一定の時間枠でマイルストーンが設定されてはいましたが、クリニカスは進捗に応じて支払を受けることになっていました。つまり、もしクリニカスが予想より早く目標を達成すれば支払は早まりますが、もしマイルストーンに間に合わなくても、インパクトにリンクした資金提供が受けられないのはその目標についてだけでした。

　SIINC 契約を発効させるためには、クリニカスはまずエクイティ・ラウンドを完了しなければなりません。その後、SIINC のアウトカム・ペイヤーがエクイティ投資家と並行して関与し、クリニカスが事業成長目標とともにインパクト目標を達成するごとに、追加的な資金を注入すること

になります。2016年後半に、クリニカスは150万ドルのエクイティ・ラウンドを無事完了しました。

実験は大成功

　クリニカスのSIINCは大成功でした。同社は合意した2年半のうちに社会的**アウトカム**の達成目標を大きく超える実績を上げ、インパクトにリンクした支払として最大額の27万5000ドルを予定より早く受け取りました。結局、インパクトにリンクした支払いとエクイティファイナンスを併用したおかげで、クリニカスは10万人以上の患者にサービスを拡大しつつ、低所得患者の割合を32%から37%に伸ばすことができました。さらに国際金融公社（IFC）、米州開発銀行（IDB）、その他の投資家から追加で600万ドルの資金調達にも成功し[4]、これは今後数年間でクリニックの数を100カ所に増やす原資となります[5]。

　SIINCについての当初の話し合いは、クリニカスに興味深い成果をもたらしています。あのときの会話だけで、同社のインパクトのアウトカムが伸びたのです。つまり、資金獲得につながる**インパクト実績**の達成目標とその実現方法を見きわめる作業をしたこと自体が、最も社会的立場の弱い患者へのより良いサービス提供にエネルギーとリソースを集めるのに役立ったわけです。おかげで、同社のインパクト実績はSIINC契約をまだ締結しないうちから早くも向上し始めました。そのため、ハビエルが最終的にSIINC契約を締結する前に、基準となる低所得患者の比率を更新しなければならなかったほどです。

　SIINCが終了した今、残念ながら逆効果も出てきました。クリニカスはインパクトKPI〔重要業績評価指標〕の測定を続けていますが、測定だけでは報奨ほどの効果がありません。ハビエルとミゲルは2人とも、もしこの契約をもう一度結ぶなら、期間をもっと長くしてインパクト・マイル

4-5) IFC. (2019). Case Study: A Retail Approach to Diabetes Care. [online] www.ifc.org. 以下のサイトにて閲覧可能：https://www.ifc.org/wps/wcm/connect/industry_ext_content/ifc_external_corporate_site/health/publications/a-retail-approach-to-diabetes-care [2020年5月27日にアクセス].

ストーンを小さくするか金額を下げたいと言います。説明責任を負う達成指標があるだけで十分な動機付けになるからです。

とはいえ、ハビエルとミゲルは SIINC が会社を良い方向に変化させたことは認めています。同社は経験を通じ、低所得顧客をどう惹きつけて維持するかについて貴重な知見を得ました。また、自社のサービスがメキシコで最も恵まれない層の糖尿病患者にどのようなインパクトを与えているかについて、今では充実したデータを持っています。そのデータが、もっと多くの低所得コミュニティにサービスを拡大する自信を与えてくれました。

ルーツ・オブ・インパクトも初めての SIINC 契約から多くを学びました。同社はインパクトにリンクした支払をエクイティ〔株式〕からデット〔融資〕へ、さらに**保証**へとどんな金融商品にも応用できるようにこのコンセプトを進化させました。次の3つの基本要素が揃っていることが条件です。

1. 明確に定義されたインパクト目標および（または）対象組織のインパクト実績を測定するための重要業績評価指標
2. 業績評価指標を評価するためにデータをどのように、いつ収集するかについての条件
3. 金額、頻度、必要な場合はインパクト目標の修正をどう行うかなど、業績をインパクトにリンクした支払とどのように相関させるかについての条件

「インパクト・リンクド・ファイナンスは、サービスが行き届いていない市場における市場の失敗〔望ましい資源配分が実現しないこと〕を是正するのに大きな力を発揮できます」とビョルンは言います。実際に、インパクト・リンクド・ファイナンスは**ブレンデッド・ファイナンス**契約に使われることが増えています。ブレンデッド・ファイナンスとは、公的機関ないし慈善団体の資金提供者と開発機関が、民間投資を動員して商業的なバイアビリティ・ギャップ〔採算性の不足〕を埋めつつインパクトも保証する

ためにインセンティブを提供する取引です。

インパクト・リンクド・ファイナンスは、従来型の投資家にとって商業的に魅力の小さい企業だけを対象にする必要もありません。むしろ、「市場重視型の企業に対して、低所得の顧客や女性にサービスを提供したり地方に力を入れたりするなど、追加的なアウトカムを生むことによってその企業の良いインパクトを加速・深化させることを可能にし、そのインセンティブを与えるために使えます」とビョルンは指摘しています。

ソーシャル・インパクト・インセンティブはあなたに適しているか

創業者へ

インパクト・リンクド・ファイナンスを受ける資格を得るためには、自社の戦略に強い**インパクトの仮説**が埋め込まれていることと、インパクト実績を説明できるデータセットを持っていることが必要です。つまり、企業業績と関連しており独立機関によって実証できるインパクト・データを収集している必要があります。また、そのインパクト・データを戦略決定にどのように利用できるかを示せなければなりません。

そして市場の失敗のエビデンスも必要です。インパクトを強めると同時に最大のインパクト領域を狙う、あるいはそのどちらかをすると、短期的にではあってもリスクが高まり収益性が下がることを示せなければならないでしょう。つまり、製品の価格をもっと手頃にしたり品質を上げたりすると同時に非常に低所得の集団に提供するかさらに地方に進出する、あるいはそのどちらかをすれば、自社の財務が短期的に犠牲になることを証明する必要があるでしょう。

最後に、スケーラビリティの高さと、中期的には自力で商業的に持続可能であるか公共契約（政府にサービスを提供する契約）が取れそうであることを示す必要があるでしょう。あなたの会社が短期的に市場の失敗に対処しなければならないだけでなく、出資契約の終了後も組織として持続可能でありインパクトを生み出し続けることを証明する必要があるのです。この契約は、商業的に採算が取れない組織を恒久的な補助金で成り立たせる

ことではなく、追加的なインパクトのインセンティブを与えることを目的としているのです。

資金提供者へ

　ミッションが合致している資金提供者なら、財務的制約に関係なくインパクト・リンクド・ファイナンスに関与できます。**市場期待収益率**を求める**リミテッド・パートナー（LP）**のいる資金提供者は、追加的なインパクトに支出をいとわない民間ないし公共の資金提供者と提携すれば、契約成立に必要な条件が揃います。民間ないし公共の資金提供者にとって、インパクト・リンクド・ファイナンスはブレンデッド・ファイナンスと**インパクト投資**と**成果連動型ファイナンス**（次章で取り上げます）を足して3で割ったような形で「実効性のあることをスケール化する」効果的な方法となりえます。

　インパクト・リンクド・ファイナンスの実施に関心のある資金提供者は、次の点を確認してください。

- 望ましい成果を上げるためのインセンティブの適正な水準
- 市場のひずみをどう回避できるか
- インパクトを最大限透明化するにはどうするか

　これらの点を押さえ、確実に実現するために、ルーツ・オブ・インパクトはボストン・コンサルティング・グループ（BCG）と組んでインパクト・リンクド・ファイナンスの設計原則を作成しました。設計原則はこの新しい資金提供方法の最も効果的な利用を推進するために作られました。実務家、専門家、学者その他のステークホルダーへと関与する人々を広げるための足掛かりになります。

　このような取引の多くは個別性が強いため、インパクト・リンクド・ファイナンスには今後も取引コストが高く手間がかかるという問題が伴います。ですから、このような契約を導入するためにはテクノロジーを使いこなすことが必須です。

第21章 Outcomes-Based Financing

アウトカムベースド・ファイナンス
―― 私の経験

　この章では、**アウトカムベースド・ファイナンス**をめぐる私の旅にお付き合いいただきます。旅の出発点はイギリス、そして終着点は今私が暮らしている南アフリカです。この旅では**ソーシャル・インパクト・ボンド**を作った私の体験をお話しします。それはすばらしい学びを得た経験であり、資金調達方法を工夫すれば実に大きなインパクトをもたらす可能性があることを証明してくれました。ただし、この話の前置きとして言っておきますが、ソーシャル・インパクト・ボンド（SIB）と**開発インパクト・ボンド（DIB）**は、ほとんどの創業者と資金提供者にとっては決して簡単なストラクチャーではなく、最も有益なストラクチャーであることも稀です[1]。インパクト・ボンドには複数のステークホルダーと複雑な契約が必要なため、創業者にとっては実行が難しいのです。とはいえ、インパクト・ボンドは**インパクト投資**の世界では重要なイノベーションであり、**ベンチャーファイナンス**をもっと幅広いステークホルダーに使い勝手の良いものにすることを志す本書の大きな意図に沿うものとして取り上げています。

ソーシャル・インパクト・ボンド

　先に進む前にちょっと前に戻ってインパクト・ボンドとは何かをお話ししましょう。

---

1) SIBとは政府がアウトカム・ペイヤーの役割を担う契約、DIBは民間の資金提供者がアウトカム・ペイヤーの役割を担う契約を指します。この章では両方を含めてインパクト・ボンドと呼びます。

まず注意したいのは、これは債券(ボンド)ではないことです。2010年にトビー・エクルズがこの造語を生み出したとき、彼はボンドという言葉を金融市場に上場された負債ストラクチャーではなく、約束という意味で使いました。インパクト・ボンドはアウトカムベースド契約の一種で、エクイティ契約のように機能しますが、投資家のリターンを企業や組織の財務業績にリンクさせるかわりに、インパクトの達成にリンクさせます。そのためリターンの計算が複雑になり、したがって成功させるには多種類のステークホルダーが必要になります。

基本的には次のような仕組みです。**社会的企業**か**非営利団体**が、自社のミッションを果たすために新しいプログラムか事業を実施したり、既存の事業を拡大したりする資本を必要としています。そのミッションに関心を持っている政府か寄付者は、最終的にはその社会的企業ないし非営利団体に資金提供する意思がありますが、まずはその企業が掲げているインパクトを達成できるのか知りたがっています。先行資本を提供するつもりはないわけです。別の資金提供者か投資家には、リスクを取ってすぐに出資し、社会的企業や非営利団体に力量を証明するチャンスを提供する意思があるかもしれません。ただし、**アップサイド**の可能性がなければそのリスクを取るつもりはありません。**アウトカム**が達成されたら出資金に収益が乗って戻ってくることを望んでいます。

インパクト・ボンドの構成と契約締結にはうんざりするほど長い時間がかかる可能性があります。複数のステークホルダーが関わり、それぞれが少しずつ異なる目的を持っているからです。実務において、典型的なインパクト・ボンドの構成プロセスは次のように進みます。

1. 政府、**財団**、その他の資金提供者が、特定の社会的ないし環境的な目的を念頭に、非営利団体、社会的企業、その他の**サービスプロバイダー**に契約の作成を依頼します。この参加者を**アウトカム・ペイヤー**といいます。取り組みに対して最終的に支払う責任を負うからです。伝統的に、ソーシャル・インパクト・ボンド（SIB）とは公共の資金提供者（政府）がアウトカム・ペイヤーの役割を担う契約、

開発インパクト・ボンド（DIB）は民間の資金提供者がアウトカム・ペイヤーの役割を担う契約を指します。ここからは両方のタイプの契約と、公共と民間が一緒にアウトカム・ペイヤーの役割を担う契約をひっくるめてインパクト・ボンドと呼びます。

2. **中間支援機関**が依頼を受け、目的達成に必要な**運転資本**を獲得するために民間投資家に接触します。
3. アウトカム・ペイヤーが望むインパクトを（うまくいけば）達成するはずのプログラムないし介入を実施するサービスプロバイダーに資本が投入されます。
4. 中間支援機関が取り組みの目標である社会的・環境的アウトカムの**データ**と**マイルストーン**を追跡し、サービスプロバイダーが必要に応じてプログラムや介入をリアルタイムで修正するのを支援します。
5. 一定のマイルストーンで、独立した立場の**第三者評価機関**が事前に合意されたアウトカムが達成されているかどうか精査します。社会的・環境的アウトカムの達成に成功すれば、それがトリガーとなり、取り組みを支援した民間投資家に支払が行われます。投資家（およびサービスプロバイダー）へのリターンはインパクト・ボンドにおいて段階的に提供されることが多いです。つまり、介入が成功すればするほどリターンが大きくなります。

オックスフォードから陽光降り注ぐケープタウンへ

私のインパクト・ボンドとの関わりは2012年11月にオックスフォード大学で始まりました。当時、私はオックスフォード大学とイギリス内閣府が共同開催するソーシャル・インパクト・ボンドのシンポジウムに同僚のアレックス・ニコルズ博士とともに携わっていました。ソーシャル・インパクト・ボンドはこのときまだ、公式に始まって2年しか経っていませんでした。発売されたボンドは世界で合わせて7本。イギリスで5本、アメリカで1本、オーストラリアで1本でした。そしていずれもステークホルダー、問題領域、ストラクチャー、求められるアウトカムが大きく

異なっていました。シンポジウムで私たちが目指したのは、まだ事例が少なかったソーシャル・インパクト・ボンドについて、経験者をできるだけ多く集め、この金融商品のベストプラクティスとトレンドと将来の方向性について見解の統一を図ることでした。結局、5カ国から38名が講堂に集まりました。

　本書を執筆している現在は世界で138本、4億4000万ドル相当のインパクト・ボンドが発行されていますが、それは後の話。オックスフォードに戻りましょう。

　シンポジウムでは興味深い議論が活発に行われ、ソーシャル・インパクト・ボンドのベストプラクティスについていくつか共通の見解が得られました。この集まりの後、私は市場の状況に関する考察と学びを記録するために短い論文を執筆しました。

　数カ月後、ケープタウン大学（UCT）経営大学院のフランソワ・ボニーチとタムジン・ジョーンズから連絡を受けました。2人はUCTのバーサ・センター・フォー・ソーシャル・イノベーション・アンド・アントレプレナーシップ（Bertha Centre for Social Innovation and Entrepreneurship）に在籍しながらロックフェラー財団のためにインパクト投資と公共政策の研究を行っており、ケープタウンに来てそのプロジェクトを一緒にやらないか、また関係者に私のインパクト投資の研究を発表してくれないか、と声をかけてくれたのでした。自分の研究を発表でき、雨の多いイギリスからいっとき離れる機会に心惹かれ、私は2013年4月にケープタウンに飛びました。

　フランソワとタムジンとその同僚たちへの発表は、インパクト・ボンド・シンポジウムから得た知見とイギリスで関わっていたソーシャル・ファイナンス政策の研究を中心に行いました。公共と民間、両方の関係者から、インパクト・ボンドのコンセプトを南アフリカで試してみたいという意欲が感じ取れました。

新興国の最初の事例をつくる

　時間を早送りして 2014 年 3 月に話を進めましょう。私は前年 6 月からケープタウンに住まいを移し、在南アフリカ・フランダース政府代表部からインパクト・ボンドのスコーピング研究〔対象分野の研究状況を把握するための研究〕資金を調達し、バーサ・センターで新しく立ち上げられたイノベーティブ・ファイナンス・イニシアチブ（Innovative Finance Initiative）で初の専任チームメンバーであるスーザン・デ・ウィットを採用したところでした。スーザンと私は西ケープ州政府の公共政策室に政策論文をプレゼンする準備をしていました。論文では南アフリカでインパクト・ボンドを発展させる機会を推奨しましたが、西ケープ州政府が特に関心を持っていた一分野が乳幼児発達支援（ECD）でした。

　ケープタウンの所在地である西ケープ州の政府は当時、州のすべての子供たちにどうやって ECD 教育を届けるかという課題に取り組んでいました。そのためには保健部（DoH）と社会開発部（DSD）の部門間連携が必要になります。また多額の費用もかかります。政府は州の子供たちが必要とし受ける資格のある教育サービスと社会サービスを提供しつつ予算不足を補う方法として、ソーシャル・インパクト・ボンドに関心を寄せていたのです。しかし当時、ソーシャル・インパクト・ボンドが新興国で試された事例はありませんでした。

　スーザンと私は南アフリカでインパクト・ボンドを実施することに 3 つの主要な利点があると考えました。第 1 に、主に民間セクターから公共サービスの資金として新たな資本を呼び込めます。第 2 に、アウトカムに注目するので、コスト効率とサービス提供を改善できます。第 3 に、「市場的な」メカニズムの導入によって、公共サービスのイノベーションを誘発し、民間セクターにリスクとリターンを分担させることができます。

　西ケープ州政府内の何人かのキーパーソンも可能性を見出していました。しかしインパクト・ボンドはすでに指摘したように複雑であり、構成に時間がかかりがちです。成功させるにはいくつかの要素が不可欠でした。

1. 多大な政治的支援と、何をもってアウトカムの成功とするのかについて関係者間の合意があること。
2. プログラムと介入の有効性を裏付ける強力なエビデンスを持った、能力の高いサービスプロバイダーがいること。
3. 投資家とペイヤーが出資分の価値を得られると確信できるように、社会的アウトカムの適正な値付けを行うための強固なデータがあること。

3年がかりのファンド設計

　西ケープ州政府へのプレゼンから1カ月後、スーザンと私はレゴ財団（Lego Foundation）から**助成金**を獲得し、イギリスに本社のあるコンサルティング会社ソーシャル・ファイナンス（Social Finance）を起用して、西ケープ州のためにECDを対象とするボンドの設計をすることになりました。ソーシャル・ファイナンスには、イギリスで世界初のソーシャル・インパクト・ボンドであり再犯防止を目的とする「ピーターバラ」インパクト・ボンドを組んだ実績がありました。同社は国、州、民間のステークホルダーの関心を刺激し、ECDの複数の要素を対象にできる**インパクト・ボンド・ファンド**の設計に役立つ提言をしてくれました。

　2014年10月には、公共政策室の強力な後ろ盾を得て、スーザンと私はECDを対象とする慈善団体イノベーション・エッジ（Innovation Edge）から助成金を獲得し、ECDボンド・ファンドの設計を続け、インパクト・ボンド・イノベーション・ファンド（IBIF）と名づけました。そして国と州の政府官僚、投資家、ECDの実践家、学者、監視・評価の専門家など14名にIBIF諮問委員会に入ってもらい、次のことを決めました。

- ファンドの受益者を誰にするか
- ファンドが目標とする成果は何であるべきか
- そのアウトカムを達成できるのはどのような介入か
- アウトカムの価値は金額にしてどれだけか
- イノベーション・ファンドの運営方法はどうするか

これらの問いを土台に、それから実に3年がかりでファンド設計を行いました。IBIF 諮問委員会の会合で、インパクト・ボンドを設計するために必要な状況調査を完了するには半年から 1 年かかりそうだと私は予告していました。委員の 1 人から呆れたように「なぜそんなに時間がかかるのですか？　絶対にもっと早くできるはずだ」とたずねられました。そんな私たちの予測がよもや短すぎたとはスーザンも私も知る由もありませんでした。

　ソーシャル・インパクト・ボンドが新興国、まして南アフリカで実施された例はなかった、と私が述べたのを覚えているでしょうか。地元には参考となる枠組みが存在せず、イギリス、アメリカ、オーストラリアなど他国で実施されたモデルはそれぞれの国でしか適用できませんでした。私たちはこの概念を実質的にゼロから作り、その作業には事前に想定しようのなかったたくさんの課題が伴いました。例えば次のようなことです。

- 地方、州、国の全てのレベルの**政府機関**でアウトカムベースド契約作成の政策フレームワークを確立する。
- 前述した枠組みとなる問いをもとに、今回の契約に対するステークホルダーのニーズを調整する（問いが短くて単純に見えるからといってだまされないでください。出すべき答えは短くも単純でもありませんでした）。
- 指針を正しく設定し、アウトカムの真のコストを判断するためのECDデータが入手できないがゆえのトラブル対応。

　さらに、ステークホルダー間の対立にも対処しなければなりませんでした。IBIF は DoH 用と DSD 用の 2 つのボンドに資金を供給するために設立されました。ところが、2017 年半ばに、DoH のボンドのために選定されたサービスプロバイダーと最後の最後になって意見が折り合わず、計画そのものが頓挫しました。ECD インパクト・ボンドの一部が白紙に戻ったことで DSD のボンドも大幅に遅れ、契約がようやく締結されたのは 1 年後の 2018 年半ばになってからでした。

高額な費用と煩雑さ

　西ケープ州政府社会開発部（DSD）のためのインパクト・ボンドは、3000 人の子供たちの認知・言語・運動スキルの向上を目指していました。契約先のサービスプロバイダー、ウェストケープ・ファウンデーション・フォー・コミュニティ・ワーク（Western Cape Foundation for Community Work, FCW）が 3 年にわたって定期的に家庭訪問し、乳幼児学習アウトカム測定（ELOM）ツールを使って進捗を測定します。アウトカム・ペイヤーは西ケープ州政府 DSD と民間の寄付者である企業財団の ApexHi が引き受けました。FCW が介入を実施するために必要な先行資本を出す民間投資家には、LGT ベンチャー・フィランソロピー（LGT Venture Philanthropy）、スタンダード銀行トゥトゥワ・コミュニティ財団（the Standard Bank Tutuwa Community Foundation）、フューチャーグロース（Futuregrowth）が名を連ねました。アフリカ全土の母子に保健サービスを提供する国際 NGO、マザーズ 2 マザーズ（Mothers2mothers）が技術面における中間支援機関として加わり、ファンドにプログラム、予算作成、監視・評価機能を提供し、コンサルティング会社のヴォルタ・キャピタル（Volta Capital）が金融面における中間支援機関として参加しました。

　南アフリカ初のインパクト・ボンドの取り組みが始まってまだ 2 年ですが、政府後援のアウトカムベースド契約や革新的な金融商品が他にも複数進行中です。

　今回のプロセスを振り返ると、アウトカムベースド契約の構成にあたってスーザンと私がさまざまな政府機関とともに行った政策策定には明らかに価値があります。しかし契約の設計に煩雑さ、コスト、とてつもない時間が伴う点は、私たちが願ったスピードでは改善していません。南アフリカでも、世界でもそれは同じです。イギリス以外では、政府が後援するアウトカム・ファンドのエコシステムが出現したアメリカが多少ましですが、インパクト・ボンドは依然としてきわめて個別性の強い取引であり、契約インフラ、ステークホルダー教育、政策提言活動に多大な投資が必要です。

ソーシャル・ファイナンスやロナルド・コーエン卿率いるグローバル・ステアリング・グループが先駆となったインパクト・ボンドなどのアウトカムベースド契約は、コストを下げ煩雑さを減らす努力が続けられています。構成要素の合理化と自動化にテクノロジーも活用されています。とはいえ、クリニカス・デル・アスカル（第20章）とデル財団（第19章）で見たように、インパクトにリンクさせアウトカムに基づいた融資はこれほどまでに煩雑である必要はありません。融資モデルがもっと単純で、関わるステークホルダーの数が少なければ、インパクトのインセンティブはもっと効率的かつ適切に実現できるのです。

インパクト・ボンドはあなたに適しているか

創業者へ

　インパクト・ボンドのインフラがすでにできていて、あなたが参加を検討している状況であれば、アウトカム・ペイヤーが特定したアウトカムにあなたの介入をリンクさせるのに十分なエビデンスがあるかどうかを検討してみましょう。そのエビデンスが**インパクト・ボンド投資家**によって分析されて金融モデルが構築されるので、実証可能かつプログラムのコストにリンクしていなければなりません。また、サービスが提供できるかどうかだけでなく、要求されたリアルタイムのインパクト測定を実施し、そのデータを使って必要に応じて自社モデルを修正できる能力が社内にあるかどうかも判断する必要があります。最後に、あなたや他にもいるかもしれないサービスプロバイダーの管理に関わる投資家および（または）中間支援機関と気持ちよく提携できなければなりません。

　もし今のところ**アウトカム資金提供者**になる意思のある相手と**契約インフラストラクチャー**が存在しない状況でインパクト・ボンドの組成を考えているとしたら、それはあなたの時間とリソースの有効な使い道にはならない可能性が高いでしょう。革新的なファイナンスの幅広い選択肢の中から別の資金調達方法に目を向けることをお勧めします。

資金提供者へ

　本書を読んでおわかりのように、ポジティブな**社会的インパクト**を創出している創業者にミッション重視型資金提供者が出資する革新的な手段はたくさんあります。あなたが金銭的リターンを求めないリソースを有する大きな民間ないし公共の資金提供者なら、アウトカム・ファンドに参加するのは面白い選択肢かもしれません。また、例えば播種(はしゅ)技術の支援提供者や政策提言者や他の中間支援機関など、産業インフラの発展に慈善的出資をすることで触媒的な効果をもたらすことができます。

　あなたがミッション重視型資金提供者で金銭的リターンを求められている場合は、インパクト・ボンドやインパクト・ボンド・ファンドを探し出せば、特に革新的で効果の高い非営利事業体に出資できる投資機会となるかもしれません。

　このような機会を評価する際には、インパクト・ボンド・モデルが自分の求めるアウトカムに対して本当に適切なメカニズムであるかどうかを理解することが重要です。本書の最後に入れた評価フレームワークが役立つかもしれません[2]。

---

2) オンライン・コンパニオンにもたくさんの資料を用意しています。

第22章

(Part 4 まとめ) 資金調達をインパクトにリンクさせる

　第19章から第21章を読んで、あなたは疑問に思ったかもしれません。「なぜ資本のコストと配分を社会的ないし環境的な目標の達成とリンクさせる必要があるのだろう？　資金調達をいたずらに煩雑にするだけではないのだろうか」と。

　その疑問は間違ってはいません。このせいで資金調達は非常に煩雑化しかねません（時には不必要に）。でも現実問題として、インセンティブがすべてであり、もしあなたが**社会的企業**か**非営利団体**かミッション重視型資金提供者なら、締結する契約ではインセンティブをよく検討する必要があります。本書では、エクイティ〔資本金〕に関するインセンティブの不整合を皮切りに、ずっとこのコンセプトを論じてきました。

　インパクトへのインセンティブを加えたいなら、いきなりインパクト・ボンドを利用しなくても、出資契約にインパクト・マイルストーンを入れるというずっと簡単な方法があることはぜひ覚えておいてください。

　それを契約に取り入れる方法についてどこから考え始めればよいか、もっとよく理解していただくために、選択肢を一つひとつ見ていきましょう。あらかじめ言っておきますが、この章はのっけからかなり専門的な内容になるかもしれません。まずはざっと目を通しておいて、いざ出資契約の設計をする段階になったら参考にする、という使い方をしていただいてもかまいません[1]（表22-1）。

---

1) オンライン・コンパニオンにインパクトを融資にリンクさせる方法に関する資料をさらに用意しています。

表 22-1　インパクトにリンクさせた融資

カテゴリー	関連用語	インパクトにリンクさせた選択肢
資本コスト	金利、配当金／利益分配、返済、償還	金利優遇、マージン・ステップダウン、アウトカムベースド支払
融資の実行	出資スケジュール	インパクト・マイルストーン分割出資
所有権	ベスティング、従業員所有権	インパクト・リンクド・ベスティング、株式買い戻し
転換権	転換権	インパクト・マイルストーン・リンクド転換権

資本コスト

　第19章にはマイケル＆スーザン・デル財団（MSDF）が登場しました。MSDFはインパクトを最重視する投資家で、リターンの減少については融通が利きます。おかげでより深いインパクトを生むインセンティブを与えるために**金利優遇**を使うことができました。こうした金利優遇は、起業家と企業に短期的にインパクトを優先したり、顧客やエンドユーザー側のコストを下げることに注力したりする意欲を与えます。MSDFはインパクトを最重要視する借入金提供者として、短期に教育の質を向上させるための投資に対して金銭的リターンが減ることをいといませんでした。

　これと似た金利優遇の事例は、UBS-OFがケニアのジャカランダ助産院グループに実施した6年のインパクト融資です。金利の調整に用いた**アウトプット**は3つあります。

- 医療水準：緊急帝王切開が必要と判断された後、手術の実施に要する時間で測定
- 利用者数：公的健康保険の対象となっている患者数の割合で算出
- 顧客満足度調査

UBS-OFは助産院グループの持続可能性を制約しないよう配慮しつつ、自財団のインパクト目標と同社のインパクト目標を合致させることによって、これらのアウトプットを選択しました。外部の**アウトカム・ペイヤー**と協力する場合とは異なり、自分たちだけで取引ができたおかげで、この取引の成立にかかった時間と労力はこれまで関わってきたインパクト・ボンドに比べて減りました。また、自分たちが貸し手とアウトカム・ペイヤーを兼ねているので、ジャカランダとの取引に融通が利き、同社がインパクト・マイルストーンを達成しつつ財務上も成功するようはからうインセンティブを持てています。

　マージン・ステップダウンはエクイティ投資家にとっての同様の選択肢です。マージン・ステップダウンでは、投資先の企業が特定の**マイルストーン**を達成すれば、エクイティ投資家は自分のリターンを減らすことに同意します。

　現実問題として、多くの社会的ないし環境的**アウトカム**の達成には、深いインパクトを創出するために何らかのトレードオフが必要になります。しかし、トレードオフを必要としない、財務業績と整合するアウトカムも存在します。例えば、もし**マイクロファイナンス機関**が、女性への融資や金融リテラシー研修の実施といった特定の活動が**債務不履行率の低下**につながったことを示すリスク・スコアカードを作成すれば、女性への融資率の上昇や金融リテラシー研修の回数のようなアウトプットがリスクの低下や財務業績の向上と整合することを示せるはずです。自分たちのリターンに融通を利かせられない財務最重視型の資金提供者は、マイルストーンが短期の財務業績かリスクの直接的な低下に整合する場合にしか金利優遇を利用できません[2]。

　財務最重視型の資金提供者がトレードオフの可能性を含む深いインパクト・マイルストーンを構成する場合は、投資先ベンチャーに思い描くインパクトを創出させるためにトレードオフ（すなわちデルタ〔オプション価格の変化額〕）への支出負担をいとわない外部の**アウトカム資金提供者**が必要になります。**ソーシャル・インパクト・インセンティブ（SIINC）**（第20

---

2) エクイティ投資で考えると、マージン・ステップダウンを金利優遇と同じように使うことは可能なはずですが、実際の例は見たことがありません。

章）やインパクト・ボンド（第 21 章）は、契約においてアウトカム資金提供者が投資家と協力する例です。

　クリニカス・デル・アスカルの例（第 20 章）では、貧困層の顧客に注力したため、深いインパクトを創出することと収益性の高い顧客を対象にすることのトレードオフが生じました。そのため、社会的マイルストーンにはより深いインパクトを達成するためのトレードオフが必要でした。インパクト・ボンド（第 21 章）は一見似ているようですが、重要な違いがあります。つまり、SIINC は投資先企業に対し収益の上乗せとしてプレミアム〔奨励金〕を支払いますが、インパクト・ボンドは一般的に非営利団体の介入に使われ、投資家のリターンを含む介入コストの全額を支払うのです。

融資の実行

　資金提供者は財務、社会、環境のすべてまたはいずれかのマイルストーンに基づいて、投資金または**助成金**を**トランチング**する選択もできます。トランチングとは支出を少額ずつ分割することを意味します。トランチングすれば、資金提供者は財務上および社会的・環境的なリスクを軽減し、追加出資を行う前に投資先企業がきちんと計画を達成しているかを確認することができます。インパクト重視型の資金提供者がトランチングの要件にインパクト・マイルストーンと財務上のマイルストーンを併用すれば、創業者に対して会社の財務業績と**インパクト実績**の両方を重視していることを伝えられます。

　グローバル・イノベーション・ファンド（GIF）が投資の 2 回目のトランシェ〔トランチングにより分割された部分〕を支出する前に達成すべしとしたインパクト・マイルストーンの一例を挙げましょう。

1. 第 2 回トランシェの直前 6 カ月間に、7 つ以上の標的集団からソーシングし、投資先企業の 20％を標的集団からソーシングしていること。

2. 第2回トランシェの直前6カ月間に、非標的集団への売上総額が20%を超えていないこと。
3. その企業の専有プラットフォームに最低でも4000名の標的受益者が登録されていること。

　これらのインパクト・マイルストーンが、達成すべき収益水準や利益水準などの財務上のマイルストーンとともに設定されました。GIFのジニーはインパクト・トランチングの利用を振り返って、これは資金提供者である自分たちにとって強力なツールだと述べています。もちろんその鍵は適切なマイルストーンの設定です。GIFは投資契約チームに必ずエコノミストを入れており、その人が投資先の会社について調べ、創業者と資金提供者それぞれの利益が合致する適切で達成可能なマイルストーンの設定を支援します。契約にマイルストーンが入る場合は、マイルストーンが創業者との契約交渉において重要なトピックになります。

所有権

　エクイティ投資では、資金提供者が創業者に持ち株の**ベスティング・スケジュール**[3]について合意を求める可能性があります。もし創業者が会社を去ることになった場合、権利確定前の**株式**が新しい経営者の採用に使われるようにするためです。従来は、ベスティング・スケジュールは時間か財務上のマイルストーンをもとに決められます。トランチングと同様に、インパクト・マイルストーンをもとに決める選択肢もあります。

　所有権については他にも、資金提供者が購入した所有権をインパクト・マイルストーンの達成によって創業者が買い戻すインセンティブを作る選択肢があります。これを**株式買い戻し**といいます。その場合は、創業者が買い戻せる所有権の割合とそのために達成しなければならない特定のマイルストーンが契約書に明記されます。

　そのインパクト・マイルストーンが財務業績と整合するなら、この選択

---

3) ベスティングとベスティング・スケジュールについての詳細はオンライン・コンパニオンをご参照ください。

肢はインパクト最重視型資金提供者と財務最重視型資金提供者の両方にとって妥当性があるかもしれません。もちろんモデルの作成にかかっていますが、整合するインパクトを追加的に達成するインセンティブを創業者に与えれば、会社が成長して企業価値が高まるはずですから、資金提供者がたとえ所有権を犠牲にすることになっても、持ち株の価値は上がります。

もしマイルストーンによってトレードオフが発生する場合は、追加的な**社会的インパクト**達成と引き換えにリターンの減額を受け入れるインパクト最重視型資金提供者か、もしくは収益の喪失などの譲歩に対して投資家に補償する公的／慈善的資金提供者が必要になるでしょう。（追加的な）インパクトを誘発するために公的／慈善的資金提供者が投資家と協力する取引を、**ブレンデッド・ファイナンス**といいます。

転換権

転換条項があるタイプの出資については、転換権のトリガーを財務上のマイルストーンにするかインパクト・マイルストーンにするか選べます。これは、例えば雇用している従業員に占める女性の数とか、**経済ピラミッドの底辺（BOP）**に分類される顧客の割合など、インパクト・マイルストーンにリンクされた**回収可能な助成金**であってもいいのです。その場合、資金提供者は資金を助成金のままにする条件として、あなたにそのマイルストーンの達成を求めるかもしれません。達成できなければそれが転換のトリガーとなり、返済義務が生じます。この手法は絶対的なインパクト・マイルストーン（オール・オア・ナッシング）ではなく相対的なインパクト実績に適用できます。そうすれば起業家はインパクトの「単位」を積み重ねるインセンティブを持ち続けられるからです。場合によっては、時差をつけたインパクト・マイルストーンについて合意することもできます。

インパクト・マイルストーンは**返済免除条件付融資**によく使われます。資金提供者は創業者が融資で返済義務を負った元金を減額できるマイルストーンを指定でき、場合によっては融資そのものが**損金処理**されます。

インパクト・マイルストーンは**ストラクチャードイグジット**や**転換権付**

助成金にはあまり使われません。非常に煩雑になりかねないからです。このような契約でインパクトの達成を気にする資金提供者は、ミッション関連契約不履行条項（第27章参照）を設ける可能性が高いです。

本書で紹介した各種の転換契約を表にまとめました（表22-2）。

ファイナンスをインパクトにリンクさせることがすべての創業者や資金提供者にとって正解とは限りませんが、この章の冒頭で述べたように、あなたが締結しようとしているどのような出資契約でもインセンティブは検討する価値があります。あなたの会社がどう成長するか、あなたの資本がどう使われるかの指針としてきわめて重要になるからです。

表22-2　タイプ別の転換金融商品

		転換後		
		デット〔借入〕	エクイティ〔株式〕	助成金
転換前	デット〔借入〕		コンバーティブル・デット；コンバーティブル・レベニュー・ベースド・ファイナンス（コンバーティブルRBF）	返済免除条件付融資
	エクイティ〔株式〕	償還可能株式		株式買い戻し
	助成金	回収可能な助成金	転換可能な助成金	

Part 5

資金調達プロセスを
まるごと再設計する

パート2で、**ユニコーン**を目指していない**創業者**のニーズにもっと合うように**リスク資本**を再設計する方法をお伝えしました。でも、ほとんどの創業者、特に従来の「テック起業家」の基準に当てはまらない創業者が適切なリスク資本にアクセスできない問題が、投資ストラクチャーのせいだけでないとしたらどうするべきでしょうか。

　ユニコーンを目指す一握りの創業者の中でも、**ベンチャーファイナンス**に成功する創業者のタイプには大きな格差があります。世界最大のベンチャーキャピタル市場であるアメリカで、創業メンバーが女性だけの企業が2020年に調達したのはVC資金総額の3％未満でした[1]。アフリカ系アメリカ人が創業した企業は1％未満でした[2]。

　そしてこの格差は他国でも小さくありません。ヨーロッパでは、VCから支援を受けた**スタートアップ**のうち、女性だけで創業した会社が獲得した資本は全体のわずか1.1％でした[3]。投資会社ヴィレッジ・キャピタルによる2017年の調査では、東アフリカで調達されたVC資金のうち東アフリカ人創業者が調達したのは10％にすぎず、残りの90％は外国人創業者が調達していました[4]。

　この不公平の大きな理由は、投資判断を誰がするかに関係があります。アメリカでは、VC会社で投資の意思決定をする人のうち女性はたった12.4％であり、VC会社の81％には黒人の投資家がいません[5]。最近の

1) Pitchbook.com data 2021.
2) 引用：Nornam, J. (2020) A VC's Guide to Investing in Black Founders. 以下のサイトにて閲覧可能：https://hbr.org/2020/06/a-vcs-guide-to-investing-in-black-founder.
3) Pitchbook.com data 2021.
4) Baird, R., Fram, V., Tashima, R. & Matranga, H.S. Capital Evolving: Alternative Investment Strategies to Drive Inclusive Innovation. John D. and Catherine T. MacArthur Foundation. 以下のサイトにて閲覧可能：https://assets.ctfassets.net/464qoxm6a7qi/729JKXLUPQQAFCJ9SeJlmy/277319a6983ae544f83dfdf87daca919/Capital-Evolving-Village-Capital-2.pdf.
5) Heller, J. (2020) The Hazards of Raising Venture Capital While Black. 以下のサイトにて閲覧可能：https://www.barrons.com/articles/the-hazards-of-raising-venture-capital-while-black-51593103012.

研究では、同じ事業提案をしても女性より男性のほうが資金を調達できる確率が60％高いことがわかっています[6]。ベンチャーキャピタルと機関投資の両方に存在するこのようなジェンダーや人種による格差は、何十年も前からありました。システムが抜本的に変わらない限り、今後も存在し続けるでしょう。

このパートでは、創業者と**資金提供者**がソーシング、デューデリジェンス、投資の**イグジット**に対してミッション合致型アプローチを取ることによって、資金調達の利用可能性と公平性、すなわち資本にアクセスしやすく公平な条件で資本を獲得するための、平等な競争の場づくりができる方法を探っていきます（表V-1）。

表V-1　資金調達プロセスの再設計

ソーシング	デューデリジェンス	イグジット
第23章で、コード・フォー・オールの体験を通じてクラウドファンディングの世界を探ります。	第24章で、デューデリジェンスを行う際により民主的な意思決定をすることを目指したロス・ベアードの旅に同行します。	第25章で、カル・ソーラーおよびプロジェクト・エクイティの旅を通じ、投資家にとってのイグジット機会と従業員所有権の関係性を見ていきます。

---

6) Wood Brooks, A., Huang, L., Wood Kearney, S. & Murray, F.E. (2014) Investors prefer entrepreneurial ventures pitched by attractive men." PNAS. 以下のサイトにて閲覧可能：http://www.pnas.org/content/111/12/4427.

第23章　Crowdfunding : Code for All

クラウドファンディング

——コード・フォー・オール

　この章はコード・フォー・オール（Code for All）のコーディング・ブートキャンプ開催のいきさつを追い、**クラウドファンディング**を通じてアーリーステージ企業の資金調達に個人が果たせる役割を探ります。クラウドファンディングによって支援者コミュニティ、エンドユーザー、普通の個人があなたの資金調達と会社の発展に参加できます。形はさまざまですが、最も一般的なのは**寄付型クラウドファンディング**、**購入型クラウドファンディング**、**デット〔借入型〕・クラウドファンディング**、**エクイティ〔株式投資型〕・クラウドファンディング**です。この章では、参加型政府予算や**直接株式公開（DPO）**がどのようにクラウドファンディングの概念に当てはまるかも見ていきます。すべて、あなたの支援者コミュニティとエンドユーザーに資金調達に参加してもらうための選択肢です。

リスボン市の参加型予算から資金を確保

　私たちの日常生活にテクノロジーは欠かせませんが、技術者、特にソフトウェア開発者は世界的に不足しています。2030年には世界で8500万人以上の技術労働者が不足する可能性があるとされるほど、技術者不足は深刻です。その一方で、世界では7人に1人の若者が職を見つけられずにいます。世界の多くの国で若者の失業は大きな問題になっています。豊かなヨーロッパでさえ、一部では若者の失業率が25〜40％に達しています[1]。

1）2020年6月のEU加盟国の若者の失業率。2020年8月26日。H. Pletcher発表。以下のサイトにて閲覧可能：https://www.statista.com/statistics/266228/youth-unemployment-rate-in-eu-countries/.

ジョアウ・マガリャイスとドミンゴス・ギマレイスとルイ・フェラウは
この問題を母国ポルトガルでまのあたりにしました。なぜ腕のあるソフト
ウェア開発者がこれほど足りていないのに失業率が高いのか、3人は釈然
としませんでした。労働者のスキルのミスマッチは、明白なニーズに応え
て**社会的インパクト**を生み出すビジネスチャンスに映りました。彼らはア
メリカで成功している集中講座をもとにコンピュータプログラミングの
ブートキャンプを立ち上げることにし、「コード・フォー・オール」と名
づけました。
　2015年、最初のブートキャンプを開発して運用するための資金が必要
でした。3人は元祖クラウドファンディングともいえる、リスボン市の**参
加型予算**からの公的**助成金**に応募することにしました。参加型予算とは公
的助成金をプールし、市民が配分を決めるものです。ポルトガルは世界に
先行して2000年代初めに自治体の参加型予算を確立しました。具体的な
枠組みとプロセスがあり、応募者は提案、審議、決定の段階を進んでい
きます。コード・フォー・オールはリスボンの参加型予算委員会に15万
ユーロの申請書類を提出し、最高記録に並ぶ票数を獲得して無事に資金を
確保しました。

ブートキャンプは大成功

　ジョアウとドミンゴスとルイは、友人たちやスタートアップ・リスボア
のネットワークと無料PRを通じて第1回ブートキャンプを宣伝し、定員
15名の枠に失業者600名の応募が集まりました。応募者にプログラミン
グやソフトウェア開発の経験は求めず、プログラムをやりとげるだけの動
機と意欲に注目して審査しました。
　コード・フォー・オールの第1回ブートキャンプは成功しましたが、
修了生の職探しをしてみると、未経験者にたった14週間でソフトウェア
開発が教えられるのかと疑われることが何度もありました。ジョアウとド
ミンゴスとルイは**スタートアップ**やテック企業にいる友人知人に電話し
て、この分野への足掛かりとして修了生にインターンシップをやらせてほ

しいと頼み込まなければなりませんでした。

　最初の1年間でコード・フォー・オールはブートキャンプを通じて102名のトレーニングに成功し、公立校と私立校で子供たちへのプログラミング教育も始めました。創業者たちは成長を加速させたいと熱望していましたが、それにはさらに資本が必要です。ところが資金の確保は次第に難しくなっていきました。成功の実績があり、キャッシュフローは黒字なのに、資金提供者は二の足を踏んでいました。**社会的企業**が何かを理解する資金提供者は少なく、コード・フォー・オールのミッションは失業対策を中心としていたため、従来型のベンチャーキャピタル（VC）とプライベート・エクイティ（PE）投資家は同社のモデルは**非営利団体**に近いと臆測して敬遠したのです。創業者たちが利用できると認識していた唯一の外部資金源は**銀行融資**でした。しかし非営利団体であると誤解されているとなれば、銀行もコード・フォー・オールが事業拡大のために必要とする額を融資してはくれないでしょう。

　コード・フォー・オールはクラウドファンディングで資金調達してみようと決断しました。選択肢は次の通りです。

- **寄付型クラウドファンディング**：社会的ないし環境的プロジェクトに対して個人が寄付金を出す。
- **購入型クラウドファンディング**：後で商品やサービスなど非金銭的な見返りを得ることを期待して、個人がプロジェクトまたは事業に寄付金を出す。
- **エクイティ〔株式投資型〕・クラウドファンディング**：会社の**所有権**と引き換えに個人が会社に投資する。
- **デット〔借入型〕・クラウドファンディング**：一定期間、個人が会社に融資する。

　コード・フォー・オール特有のニーズが選択肢を評価するヒントになりました。創業者たちは寄付型クラウドファンディングは使わないことにしました。将来、多額の資本を調達しなければならないことがわかっており、

個人からの寄付を受けてしまうと投資家に自社の財務的な持続可能性を説得しづらくなるからです。購入型クラウドファンディングは事前販売できる有形製品ないしデジタル製品を作っている会社向きで、研修プログラムには合わないように思われました。エクイティ〔株式投資型〕・クラウドファンディングで、今のようなアーリーステージで会社の**株式**を売り自分たちの所有権を**希薄化**するのも気が進みませんでした[2]。となると残る選択肢はデット〔借入型〕・クラウドファンディング（別名 P2P レンディングまたは融資型クラウドファンディング）です。このタイプの資金調達方法では、クラウドファンディング・プラットフォームを通じて個人投資家から資金を借りることができます。創業者チームは、この方法が資金調達ラウンドを開始して必要な資金を調達し、市場にブランドを認知させ、投資家に見せる財務的な実績を作る早道だと判断しました。

皆の力を借りる

　ジョアウとドミンゴスとルイはポルトガルで最も人気の高い P2P プラットフォーム、Raize を使うことにしました。プロセスが進行する速さに 3 人は目を見張るばかりでした。2016 年 6 月に Raize に登録してからプラットフォームに自社の案件を掲載するまでにかかった時間はわずか 2 週間。初めての資金調達ラウンドだったため、3 人は 18 カ月の融資に年 9.21％の金利を提示しました。資金調達はスムーズに実現し、24 時間足らずでコード・フォー・オールは必要な 2 万 5000 ユーロを 138 名の投資家から獲得しました。

　コード・フォー・オールはクラウドファンディングにすっかりハマりました。それは同社の投資家たちも同じで、投資家の数は増え続けました。2017 年 3 月に、コード・フォー・オールは 7 万 5000 ユーロの 18 カ月の融資を今度は金利 7.82％で募り、再び成功させました。この資金調達

---

[2] ポルトガルでは 2015 年にクラウドファンディングの法的枠組みが作られましたが、証券規制当局によって施行されたのはだいぶ後になってからです。このように法的にグレーな状況でしたが、ポルトガルではかなり早くからいくつかのクラウドファンディング・プラットフォームが運営されていました（例えば P2P レンディングでは Raize、エクイティ〔株式投資型〕・クラウドファンディングでは Seedrs）。

には380名の投資家が集まりました。同社はどちらの融資も無事に返済し、さらに2回の資金調達を実施して成功させました。2018年12月に募った金利4.25％、4年で20万ユーロの融資には3769名の投資家が出資し、2019年7月に同じ条件で募った40万ユーロの融資には5784名の応募がありました。

　資金が必要だったのはもちろんですが、アーリーステージでの**成長資本**を調達するためにクラウドファンディングを選んだことには思わぬ大きな副次効果がありました。Raizeでの実績が他の投資の話し合いで役に立ったのです。「私たちがしっかりキャッシュの管理をして融資を返せたことがわかり、投資家の心証が良くなりました」とコード・フォー・オールのなくてはならない一員になっていた**エンジェル投資家**のベルナルド・アフォンソは言います。

　2018年にコード・フォー・オールは初期のクラウドファンディングの実績を活かし、フンド・ベン・コムン（Fundo Bem Comum）というポルトガルの社会的責任投資を行う会社から**償還可能株式**による資金調達ラウンドを実施しました。この投資会社はコード・フォー・オールが株式を償還した後、2019年7月に**イグジット**しました。1カ月後、ポルトガル最大手のエクイティ・ファンドに数えられるエクスプローラー・インベストメンツ（Explorer Investments）がコード・フォー・オールに150万ユーロのエクイティ投資を行いました。

ポルトガル国外に進出

　コード・フォー・オールの事業の成功は社会的インパクトの成功に支えられています。同社の研修修了生の就職率は90％で、ブートキャンプの修了生を採用した企業は80社以上にのぼります。ブートキャンプに参加できるのは応募者のわずか7％、一流大学並みの難関であり、データサイエンス技術を用いて参加希望者の中からプログラマーやソフトウェア開発者として最も有望な人が選ばれます。いまや1000人以上の修了生のネットワークができており、研修地はポルトガル各地のほかオランダと

カーボベルデ共和国の7カ所に増え、さらに拡大を計画しています。またウブ（Ubbu）という独自のソフトウェアを使って学校の子供たちにコンピュータプログラミングを教えることも続けています。先生がソフトウェアを使うのにコンピュータサイエンスの素養は必要ありません。

2016年に同社に初めて投資し、2019年1月にCFOとして入社したベルナルドは、クラウドファンディングが同社の資金調達には最高の選択肢だったと思う、と言います。コード・フォー・オールの初期の成長ステージで投資家が関与してくれていれば助かったかもしれませんが、資金提供者との初期の話し合いから同社が典型的なVCモデルに合わないのは明らかでした。もしVC投資家の資本がかかっているとなったら、何が何でも成長を追求せよという圧力がかかって、同社の**社会的ミッション**が脅かされていた可能性もありました。

しかし会社を応援してくれるコミュニティから借入ができたおかげで、コード・フォー・オールの創業者たちは所有権の希薄化を避けられたうえ、ヨーロッパ内でプログラムの認知度を高めることもできました。

他社の創業者へベルナルドはこうアドバイスしています。「投資家から一定の成長モデルに従えと強制されるいわれはありません。自社の成長モデル、ミッション、文化に合う投資家を見つけるべきです」

クラウドファンディングはあなたに適しているか

創業者へ

クラウドファンディングには単なるお金以上の意味があります。寄付型、購入型、デット型、エクイティ型、どのタイプのクラウドファンディングを通じてにせよ——あるいは参加型予算を通じてでも——一般の人々から資金調達するとは、あなたの会社を中心としたコミュニティを築いて、その人たちに関わってもらうことなのです。

最も有名なエクイティ・クラウドファンディングの一つは、アイスクリーム会社のベン&ジェリーズが1984年に直接株式公開（DPO）というストラクチャーを使って実施した75万ドルの調達でした。DPOは現

代のエクイティ・クラウドファンディングの嚆矢であり、創業者がIPOに必要な従来型の**中間支援機関**、例えば投資銀行や**ブローカー・ディーラー**や証券引受業者のいずれとも付き合わずに、どんな投資家（裕福であろうとなかろうと）からでも直接、資金を調達できる選択肢が生まれました。州の規制当局に登録して実施の資格をもらうだけでよかったのです。DPOは投資家になってくれそうな人々と直接関わりたい創業者にとって、今でも一つの選択肢です。

創業者であるあなたは、テクノロジーを活用したクラウドファンディング・プラットフォームを通じ、自社の資本ニーズに応じてさまざまな金融商品を駆使した資金調達方法を構築できます。寄付型と購入型は設定しやすく、資金提供者が会社に投資する必要がありません。証券型（つまりデットとエクイティ）クラウドファンディングの領域に踏み込むなら、本書で取り上げてきた選択肢の多くをもとに資金調達を組み立てることができます。デットにする場合は「**ミニ債券**」、融資、**レベニュー・ベースド・ファイナンス（RBF）**、**コンバーティブル・デット**が相当するかもしれません[3]。エクイティにするなら、普通株、優先株、償還可能株式、**SAFE**が使えるでしょう。

これら以外のカテゴリーでは、不動産の取得や開発、家畜への投資、機器リースの円滑化にクラウドファンディングが使えます。また、**インボイスファクタリング**と売掛債権ファクタリングにも使えます。

コード・フォー・オールの事例で見たように、クラウドファンディングはアーリーステージの成長資本と**運転資本**の調達プロセスとして、より効率的で使いやすい選択肢になりえます。また、あなたの会社に投資してくれた一般投資家からネットワーク、非金銭的サポート、**メンターシップ**を得られる可能性もあります。ブランディングとマーケティングの観点からは、注目を集め、製品やサービスを試し、市場に検証してもらい、ソーシャルメディアやニュースに取り上げてもらうことで見込み客を獲得するのに役立つ可能性があります。

考慮しておくべき潜在的な難点もいくつかあります。人脈が乏しく──

---

3) Howard, E. & Mbengue, M. (2020). ACfA Label Framework. African Crowdfunding Association.

きわめて低所得であったり社会から取り残された境遇にいたりした人に多い——、ソーシャルメディアやネット上の存在感が薄い創業者はクラウドファンディングを使って資本を調達するのが難しいかもしれません。企業相手に自社製品を販売する会社（B2B）についても同様です。顧客に直接販売する（B2C）会社でなければ、クラウドファンディングで会社をアピールしづらいかもしれません。

中には資金調達の実施に大規模なマーケティング活動が必要なプラットフォームもあるため、資金調達費用が結局は高くつく場合もあります。また、もしあなたの会社の事業に関する規制が不明確な状況だとしたら、クラウドファンディング仲介業者と創業者の両方にとってリスクとなりえます。

最後に、覚えておいてほしい大事なことがあります。クラウドファンディングは非常に公共性の高い場で行われます。会社の返済がたとえ一時的にでも滞ったら、そうした公共性の高い場で注目されるということを忘れないでください。不満を抱いた投資家たちがソーシャルメディアを通じて会社に対する苦言を発信するかもしれません。それが公になり、会社のブランドを損ないかねません。予定通り返済できていても、適切なツールと統治プロセスなしに大人数の投資家を管理するのは創業者にとって荷が重い可能性もあります[4]。

資金提供者へ

自分が心を寄せる、あるいは経済的チャンスがあると見た（両方かもしれません）社会活動に、個人資金提供者として簡単に関われます。ただしデット／エクイティ・クラウドファンディングについて考慮しておくべき大事な点は、個人投資家にとっての**投資リスク**です。所得、純資産額などの要件をもとに投資額を制限する明確な規制がない国もあるかもしれませんが、良質なデッド／エクイティ・クラウドファンディング・プラットフォームには過剰投資のリスクを緩和するための手順があるはずです。例えば自己申告、適格投資家〔機関投資家などのいわゆるプロ投資家〕である

---

4) http://africancrowd.org/faq-for-project-sponsors/.

ことを証明できない人に対する投資制限、一定額を超える投資をするためには適格投資家の要件を満たしている証拠を求めるなどです。

　クラウドファンディング仲介業者そのものに投資してみたい、あるいは投資を行うツールとして仲介業者を評価したい場合は、そのプラットフォームの審査基準を見る必要があります。誰でも起案者として受け入れているのか、それともインパクトと財務の両面から起案者をふるいにかけたり厳しく審査したりするプロセスが存在するか。徹底的な審査を行うプラットフォームもあり、それによって投資家のリスクは下がる可能性があります。

　それぞれのプラットフォームの規制状況と、提供しているサービスの経済性と規模に対する規制の影響を理解することも大切です。クラウドファンディング仲介業者をブローカー・ディーラーと同等と考える法域もあれば、**投資顧問**と同種とみなす法域もあるかもしれません。政府がクラウドファンディングに実効性のある規制をかける大きな動きが世界的にあり、アメリカやイギリスのように最も成熟した市場では合併買収を通じた業界再編が進んでいます。

　ほとんどの新興国ではクラウドファンディング業界は黎明期にあり、規制の先行きが見通せないことが最大の足枷となっています。しかし、クラウドファンディングを企業の資金調達方法の欠落を埋めるツールとして活用しようとしている業界の組合や団体もあります。例えばアフリカン・クラウドファンディング・アソシエーション（The African Crowdfunding Association, ACfA）はクラウドファンディングを、**マイクロファイナンス融資**とベンチャーキャピタル／プライベート・エクイティの間にある資金調達ギャップを埋める新たな仲介の形と見ています。なぜならクラウドファンディング・プラットフォームのほうが、特に少額投資においては、従来型のファンドに比べて取引コストが安いからです。規制をめぐる状況がもっとはっきりし、認知度が向上すれば、クラウドファンディングによる少額投資の実行可能性や魅力が増すかもしれません。**ミッシング・ミドル**の一角をなす新興市場の**中小企業**の慢性的な資金不足に解決策を求めるインパクト投資家にとっては、特にそうでしょう。

クラウドファンディングが正式な資金調達ツールになれば、最終的に中小企業の上場率を上げ、ひいては国営証券取引所の中小企業セグメントのような既存の資本市場インフラを支えることになります。またクラウドファンディングは国外在住者コミュニティが母国の有意義なプロジェクトや有望な企業に投資できる新しい経路にもなるかもしれません。

第24章 Community Led Capital : Village Capital

コミュニティ主導型資本

——ヴィレッジ・キャピタル

　次の旅では**社会的企業アクセラレーター**で投資会社でもあるヴィレッジ・キャピタル（Village Capital）の創業者、ロス・ベアードに同行します。彼はこの10年、アーリーステージ企業の資金調達をもっと使いやすく公平なものにすることに心血を注いできました。パート2に登場する資金提供者たちと同じく、ロスも**ストラクチャードイグジット**を一つのツールとして受け入れてきました。しかし彼とヴィレッジ・キャピタルの共同創業者であるヴィクトリア・フラムが市場にもたらした本当のイノベーションは、投資契約のデューデリジェンスを**ピアベースの意思決定**を通じて行い、創業者たちの知恵と経験と洞察力を活用する方法でした。

　アーリーステージ企業の資金調達アクセスの問題をどう解決するか。それをロス・ベアードが考え始めたのは、インドのマイクロファイナンス業界で働きながら、現地の低コスト私立校の支援をしていたときでした。彼はインドの子供たちにより良い学校教育を受けさせるうえで資本へのアクセスがどれほど影響するかをまのあたりにし、他の高い**社会的インパクト**を出している企業や起業家たちも同じように支援したいと思っていました。特に触発されたのはマイクロファイナンスの「ヴィレッジ・バンク」という手法です。これは古代からあるピアドリブン投資アプローチで、金融サービスが正式な銀行に中央集権化されず、ローカルに運営されています。

　「ヴィレッジ・バンクの元祖となるモデルは信頼に基づいていました」とロスは説明します。「何十億ドルもの資本が小さな村の女性たちによって差配されてきました。彼女たちは互いを知る仲であり、ニーズと課題が

何かも理解していて、誰にマイクロローン〔少額融資〕を行うか決定するのはこの女性たちなのです」[1]

小さな資本で大きな変化

　2009年にグレイ・ゴースト・ベンチャーズ（Gray Ghost Ventures）のトップ、ボブ・パティーロに紹介されたことがロスにとって転機になりました。ボブもベンチャーキャピタルを起業家にとってもっと公正にし利用しやすくするためにはどうしたらいいか、再考していたところでした。特に悩んでいたのが、投資家と起業家——つまり社会問題を解決するための資金を持っている人々と何をすべきかわかっている人々の力関係でした。ロスとボブは共同でグレイ・ゴーストの社内にファースト・ライト・ベンチャーズという新しい投資戦略を立ち上げました。ファースト・ライトの主眼は、有望だがアーリーステージの企業に少額の資本を迅速に提供することでした。2人はベンチャーキャピタルの意思決定の方法を根本的に変える新しいアイデアも温め始めました。そのヒントとなったのが「**ヴィレッジ・バンキング・モデル**」でした。

　アイデアは次のような内容でした。複数のアーリーステージのインパクト・ベンチャーを選抜してアクセラレーション・プログラムに参加させ、最初に**投資準備度フレームワーク**を使って相互評価させます。その後もプログラムの進捗に従って定期的に再評価を行い、フレームワークに照らしてプログラムの仲間同士を比較し格付けさせます。プログラム終了時に最高位に格付けされた2つのベンチャーが、ファースト・ライトからの投資オファーを受けます。誰が投資を受けるのに最もふさわしいか、起業家こそ優れた判断ができるはずだ、というのがロスとボブの仮説でした。また複数の視点を入れることで評価の精度を高め、意思決定に個人のバイアスが影響するのを制限できるとも期待しました。

　ロスとボブは2009年9月にインドの**インキュベーター**であるDASRAと提携し、このピア選抜投資のアイデアをファースト・ライトのポート

---

1) Paxton, J. (1998). Sustainable Banking with the Poor: Case Studies in Microfinance. The World Bank.

フォリオ内で試験運用しました。ムンバイで実施した1件の試験運用は、サンフランシスコとニューオーリンズに新たなコホートが加わり3件に拡大しました。「もともとはYコンビネーターのようにサンフランシスコのベイエリアで始めるよう迫られていたのですが、ニューヨークやサンフランシスコよりもニューオーリンズやムンバイに成功企業を作るほうがインパクトがあります」とロスは言います。

ピア選抜プログラム

　モデルが有望そうだとわかってきたため、ロスはこのアイデアを分離独立させ投資会社を設立することを考え始めました。大きなきっかけがやってきたのは2005年、ハリケーン・カトリーナで壊滅的な被害を受けたニューオーリンズで過ごしていたときです。滞在中にロスは、災害をバネに街の復興を目指して起業ルネッサンスが生まれるさまを目にしました。しかしニューオーリンズはまだベンチャーキャピタルから注目されていませんでした。この状況を変えたい。2009年11月にロスは現地のインキュベーター、アイデア・ヴィレッジ（Idea Village）と組み、ピア選抜に特化したプログラムをニューオーリンズで運営し、最終的に地元の教育テクノロジー企業であるキックボード（Kickboard）と地元の食品市場ジャック・アンド・ジェイクス（Jack and Jake's）に投資を行いました。

　プログラム第1夜の部屋のにぎわいをロスは今でも覚えています。それは従来型の資金調達モデルではなく、コミュニティとはっきり目に見える形のエンパワーメントを通じて起業家を支援する会社を作ろう、と背中を押してくれた瞬間でした。ヴィレッジ・キャピタルはこうして誕生しました。

　ロスはアメリカと新興国の両方で投資経験のあるヴィクトリア・フラムと組み、チームを形成してヴィレッジ・キャピタルをファースト・ライトから会社として独立させました。以来、ヴィレッジ・キャピタルは90回以上のピア選抜プログラムを主催し、1100名の起業家が参加しました。同社の手法に関する調査では、参加者は資本調達能力が平均的な**スタート**

アップの3倍に増えたと報告しています。ヴィレッジ・キャピタル自身も参加企業のうち110社に投資し、投資先の80%が事業を継続しています。同社は16件の投資を**イグジット**し、収益を出しました。

ピア選抜プロセスは、ヴィレッジ・キャピタルのポートフォリオが従来型のベンチャーキャピタルに比べて多様性に富むという思わぬプラス効果ももたらしました。投資先の44%が女性が経営するベンチャー、アメリカ国内の投資先の34%が有色人種の創業者がいる企業です。地理的には、投資先企業の80%以上がカリフォルニア州、ニューヨーク州、マサチューセッツ州（3州合わせて世界のベンチャーキャピタル活動のおよそ半数を占める）以外を拠点にしています。

ピア選抜には課題があることもロスは認識しています。その筆頭が手法の独自性です。投資家が企業に対して従来行っていたデューデリジェンスプロセスの大部分を、他の起業家に安心して委ねてくれるか。アーリーステージ投資というハイリスクな世界でこの手法を従来の投資家に売り込むのは至難の業かもしれません。投資家の多くは、起業家が有望で投資にふさわしい企業を確実に見きわめるだけのトレーニングを積み経験と専門知識を持っている、あるいは企業価値を正確に評価するすべがわかっているとは考えません。

さらに、ピア選抜はリソース集約型のプロセスです。プログラムの構築には時間も費用もかかり、スタートアップの売り込みをすでに山ほど受けている投資家にとっておそらく現実的ではありません。ヴィレッジ・キャピタルは意思決定の質を犠牲にせずにピア選抜モデルのユニット・エコノミクス〔1単位当たりの経済性〕を下げることに今も取り組み続けています。

さらに深化させる

ピア選抜は従来のベンチャーキャピタルに対して**破壊的イノベーション**でしたが、ヴィレッジ・キャピタルが用いていた資金調達ツールは従来のままでした。「当社のプログラムと意思決定プロセスはきわめて民主的ですが、私たちが使っていた資金調達ツールはそうではありませんでした」

とロスは認めます。「ベンチャーキャピタルは非常に特殊なタイプの企業向けの非常に特殊なタイプの資金調達方法であり、ほとんどの企業は対象外です」。この問題はなんとかしなければならない、とロスとヴィレッジ・キャピタルは感じていました。

ヴィレッジ・キャピタルはその後、より柔軟で創業者に優しいストラクチャードイグジット契約をポートフォリオに組み入れるようになりました。ロスはカウフマン財団（Kauffman Foundation）のフェローとして、キャピタル・アクセス・ラボという新しい組織も立ち上げました。新しい創造的な投資ストラクチャーに挑戦する金融のイノベーターを支援する組織です。ラボの初めての提案募集には100名以上のファンドマネージャーら資本提供者から応募が寄せられました。**オルタナティブファイナンス**の世界は自分やラボの同僚たちが思っていたよりはるかに大きいのだとロスは実感しました。カウフマン財団は結局、ロックフェラー財団と提携して5社に出資しました。

これまでの歩みを振り返り、ロスは自分の仕事はスタートアップ投資の世界をもっと民主的かつ包摂的にするための長い道のりの始まりにすぎない、と言います。「『イノベーション』という言葉を思い浮かべるとき、私たちはモノ……世界を変えるすごいツールとか製品とかサービスについてはよく考えます」と彼は指摘します。「でも、方法……誰にチャンスを与えるかをどう決めるか、その資金をどう調達するか、成功させるためにどう構成するかについてはあまり考えません」

そして彼はこう言葉を継ぎました。「ヴィレッジ・キャピタルの歩みは、世の中を良くするためにはモノより方法が必要であることを証明してきました」

コミュニティ主導型資本はあなたに適しているか

創業者へ

投資家がすべての権限と資本を握っていることが非常に多いものです。ヴィレッジ・キャピタルのピア選抜モデルがイノベーションたるゆえん

は、意思決定プロセスの権限を創業者に委譲している点です。ヴィレッジ・キャピタル・モデルは、意思決定がどうなされるかに透明性があり意思決定者に多様性がある投資方法を追求していいのだ、と創業者の背中を押してくれるに違いありません。

資金提供者へ
　ベンチマークを上回る成果を出したい投資家は、投資の対象とともにプロセス——つまり投資の方法についてじっくり考える必要があります。ヴィレッジ・キャピタルのモデルは、投資資本を誰に投入するかを決める人々の顔ぶれを変えることにより、多様性と包摂性の指標——そして金銭的リターンも——において他のインパクト投資会社を大きく引き離す成果を上げてきました。ピア選抜に特に関心がなくても、この参加構造と意思決定を投資に組み入れればバイアスを緩和し、起業をもっと実力本位にすることができます[2]。

　ロスは自分たちの学びを振り返り、ピアベースの意思決定の採用に関心のある資金提供者に明確なアドバイスがあると言います。詳細で具体的な評価マトリクスを提供すると、ベンチャー企業に対する評価の質が上がり、デューデリジェンスの話し合いが円滑に進みます。ピア選抜で**投資準備度**を評価するために明確で詳細なフレームワークを使うと、創業者が自社のさまざまな側面で達成した具体的な**マイルストーン**——例えば、顧客発見の仮説を試すとか、市場の存在を確認するなどを明示できる一方で、仲間(ピア)も会社の業績と可能性を非常に具体的かつ繊細に評価できます。

　複数の視点があると評価の精度が上がり、意思決定における個人的なバイアスの影響を制限できます。ピア選抜プロセスの重要な要素は、格付けを複数項目の得点を平均して行うことです。つまり1社につき仲間(ピア)からの単一の評価ではなく、最大11項目の得点を合計して格付けされるわけです。ピア選抜プロセスでの意見のやりとりと、複数の仲間(ピア)が会社のさまざまな構成要素に注目する仕組みのおかげで、アーリーステージ企業に対

---

2) Baird, R., Fram, V., Tashima, R., & Matranga, H. S. Capital Evolving: Alternative Investment Strategies to Drive Inclusive Innovation. John D., & Catherine T. MacArthur Foundation. 以下のサイトにて閲覧可能: https://assets.ctfassets.net/464qoxm6a7qi/729JKXLUPQQAFCJ9SeJlmy/277319a6983ae544f83dfdf87daca919/Capital-Evolving-Village-Capital-2.pdf.

するより総合的な理解が可能になります。

　最後に、完全なピア主導型プロセスをさらに発展させ、起業家を**投資委員会**や諮問委員会に参加させると、デューデリジェンスのプロセスにとって付加価値となる洞察が加わるかもしれません。モーガン・サイモン（第6章に登場）を覚えていますか？　彼女は自分が創設したオラミナ・ファンドでこれを実行しました。同ファンドは黒人、先住民、低所得者のコミュニティを顧客とする金融機関に融資をしています。その投資審査と議決プロセスの一環として、彼女はファンドがターゲットにしたい地方と先住民とアメリカ南部のコミュニティ出身者で構成するコミュニティ諮問委員会を設置しました。委員会はファンドの投資委員会に対し、個々の投資案件と全体の戦略について提言を行います。投資委員会にも諮問委員会から2名が参加し、拒否権を行使できます[3]。

　起業家は市場での貴重な経験を、特定の業界内の市場要因、競争、差別化に関する深い知識とともにもたらしてくれます。**エンジェル投資家**とベンチャーキャピタル投資家には元起業家がたくさんいます。しかし起業家が投資家になるずっと前から、仲間（ピア）が投資対象として適格か評価する能力を備えていることは、ヴィレッジ・キャピタルの調査から明らかです[4]。

---

3) https://beeckcenter.medium.com/deciding-together-flipping-the-power-dynamics-in-impact-investing-b4c3d086f818.

4) Baird, R., Fram, V., Tashima, R., & Matranga, H. S. Capital Evolving: Alternative Investment Strategies to Drive Inclusive Innovation. John D., & Catherine T. MacArthur Foundation. 以下のサイトにて閲覧可能：https://assets.ctfassets.net/464qoxm6a7qi/729JKXLUPQQAFCJ9SeJlmy/277319a6983ae544f83dfdf87daca919/Capital-Evolving-Village-Capital-2.pdf.

第25章 Worker-Owned Co-Operative : Cal Solar

労働者所有協同組合

——カル・ソーラー

次の旅では**従業員所有権**の世界にご案内します。カル・ソーラーが労働者所有協同組合になるまでの旅に同行しましょう。

社員全員がリスクと責任を持つ

2008年にラース・オーテグレンはカリフォルニアの太陽光発電会社で経営者の立場になりました。ラースは2002年にカリフォルニア・ソーラー・エレクトリック（California Solar Electric）、通称カル・ソーラーに2人目の社員として入社しました。世界金融危機という難局のさなかに、カル・ソーラーのオーナーは会社と3人の社員をラースに託し、彼が同社の株主兼経営者になったのです。

経営者になってみて、ラースは会社の成功がいかに従業員の業務遂行能力にかかっているかを痛感しました。「再生可能エネルギーシステムというのは、部品の稼働に通常25年の**保証**をつけた装置を、人様の家の屋根にたくさん穴を開けて設置するものですからね」と彼は説明します。「そのリスクを考えれば、全社員に同等に責任を持たせるというアイデアは実に理にかなっていると思いました」

そこでラースはカル・ソーラーについて、リスクと責任を組織内の全員に直結させる共同所有権モデルを考え始めました。また、住宅用太陽光発電市場は当時まだ生まれたばかりで未知数だったため、共同所有権が社員に会社の長期的な成長と成功を考える強いインセンティブを与えるはずだとも思いました。**スタートアップ**の例に漏れず失敗するリスクはかなり高

かったので、今のような厳しい経済環境で会社が成功したら、それを可能にした社員は報酬を受けるに値するとラースは考えました。

共同所有権という構造に利点を見出したラースの直感には十分な根拠がありました。例えば、デモクラシー・アット・ワーク研究所による2014年の**労働者協同組合**年次調査では、複数の業界で労働者協同組合のほうが従業員所有ではない同業他社より2～4％生産性が高いことがわかっています。ロンドン大学キャス・ビジネス・スクール〔現ベイズ・ビジネス・スクール〕の報告書によると生産性の向上幅はさらに大きく、従業員所有企業は従来型の構造の企業に比べて9～19％生産性が高いとしています。

とはいうものの、共同所有権は起業やミッションドリブン型企業においてあまりにも活用されていません。経済発展について語られる場でもまったくといっていいほど取り上げられません。

従業員所有権モデルの選択肢

2009年にラースはカル・ソーラーを従業員所有権モデルに転換するための選択肢を調べ始めました。カル・ソーラーにとって検討対象となるモデルはいくつかありましたが、いずれも時間とリソースの投入が必要でした。どう進めるかはラースと彼のチームの決断にかかっていました。

従業員持株制度、通称**ESOP**がアメリカでは最も一般的な従業員所有権モデルです。アメリカでは事実上、企業が従業員に**所有権**を完全にまたは部分的に譲渡できる401(k)従業員給付制度と同様に機能します。ESOPでは、**利益分配**や従業員に戦略上の意思決定権がある民主的統治の要件はありません。とはいえ、最も成功しているESOPには従業員参加度の高い文化があり、従業員を戦略上の意思決定に関与させる正式な方法を有していることが多いです。

ESOPには税優遇措置があって時間の経過とともにコストが相殺されますが、初期費用が高く継続費用はさらに高いです。従業員数40名以上でないと財務的に採算が合いません。従業員数が当時わずか6名だったカル・ソーラーがESOPを実施すると、相対的に多額の初期費用がかかり、

将来は莫大な規制対策費用がかかることが見込まれました。

　労働者協同組合という選択肢もありました。これは**マネジメント・バイアウト**と似ていますが、数人の経営幹部が事業を買い取るかわりに、従業員の大部分もしくは全員が平等な会社所有権を提供され、利益分配に参加する機会を得ます。カル・ソーラーがこれを実施するには、会社を正式に労働者所有構造に転換してから、会社の**資産**を新しい事業体に売却しなければなりません。その後、労働者一人ひとりが**協同組合**に「入る権利を買い」、新しい株主として議決権のある**株式**を1株受け取ります。それから会社は民主的に選出した**取締役会**を任命し、取締役会では労働者オーナーが多数派を占めることになります。会社の利益は労働者オーナーの間でフルタイム従業員かパートタイム従業員かの立場に基づいて分配されます。これを「**パトロネージ**」といいます。カル・ソーラーのような小規模企業にとって協同組合モデルの利点は、取引コストと管理コストがESOPより安いことです。

　3つ目の、これも**中小企業**に向いている選択肢は、**従業員所有権信託（EOT）**、別名を無期限従業員信託といいます。EOTは従業員のために事業の長期存続を図ったものです。従業員は所有に関わる便益に対して支払をすることはなく、会社の年間利益を分配されます。しかしこれらはアメリカよりもヨーロッパでのほうが一般的です。

　ラースはカル・ソーラーの選択肢を検討しました。2つ目の選択肢で行こうと決めたことについて、「協同組合的所有権には昔から惹かれるものがありました」と彼は言います。ラースはカル・ソーラーの財務を見てもらい協同組合への移行手順を教えてもらおうと、認証を受けたアドバイザーが労働者協同組合に技術的支援を提供する団体、デモクラシー・アット・ワーク・ネットワーク（DAWN）に連絡を取りました。

　DAWNの相談員はラースに、カル・ソーラーの労働者所有協同組合への移行は確実に実現可能だと言いました。ただし、協同組合に転換するプロセスの第一段階として財務面の準備がしっかり整っていなければならず、また法務とガバナンスの作業を円滑にするための支援に会社として相当な時間を投資する覚悟も必要になります。費用は最低でも3万ドルに

達する見込みでした。当時のカル・ソーラーにはとても出せない金額でした。

カル・ソーラーは協同組合への移行を進められる財務状況ではなかったものの、DAWN から説明を受けて有益な情報を得られたとラースは感じました。協同組合化を目指してカル・ソーラーがやるべきことはたくさんありました。手元資金を貯め、管理能力を高め、**労働者オーナー参加プロセス**を確立するなどです。また、社内で協同組合化について話し合いを始めただけでも、従業員の間に関心と賛同の気運が醸成されてきました。これは移行を成功させるには不可欠になるはずです。

移行までの長いプロセス

　カル・ソーラーが労働者所有協同組合になるまでの次のターニングポイントにたどりつくまでに丸 5 年かかりました。財務的に前よりも「安心できる」状態になったため、ラースは必要な内規、運用手順、意思決定プロトコルの作成にどう手をつけるべきかアドバイスがほしいと考えました。彼はプロジェクト・エクイティ（Project Equity）のチームに応援に入ってもらいました。

　カリフォルニアに本拠を置くプロジェクト・エクイティは従業員所有権に移行する企業を支援する**非営利団体**です。人間らしいインパクトを大規模に創出するミッションドリブンな企業を中心にキャリアを築いてきたアリソン・リンゲインと、労働者所有協同組合を作った経歴を持つヒラリー・アベルが、2014 年に共同で立ち上げました。2 人とも従業員所有**ビジネスモデル**の社会的・財務的な利点には確信があり、カル・ソーラーのような既存の組織が従業員所有に移行する支援を行うことによって、従業員所有権を主流にしたいと志していました。

　2015 年にラースが接触するとプロジェクト・エクイティは喜んで協力してくれました。しばらく一緒に仕事をしてみて、アリソンとヒラリーのチームはカル・ソーラーが大きな成長段階にあり、その成長をうまく管理して従業員所有権への移行計画を立てる時間をなかなか捻出できずにいる

ことに気づきました。太陽光発電会社という性格上、カル・ソーラーのビジネスは経済変動と環境の異変にきわめて敏感でした。「当社は全国規模の変化はもちろん、グローバル、州、地域の問題のごく小さな変化の影響を受けやすいのです。例えば悪天候の年であったり、地元の自治体の建築部門が規制を変えたりするなどです」とラースは説明します。カル・ソーラーが労働者所有への移行計画を進められるようになるには、その前にまず成長して環境に左右されやすい状態から脱する必要がありました。

カル・ソーラーはプロジェクト・エクイティが推薦した外部のCFOの助けを借り、2019年の初めに改めてプロジェクト・エクイティの協力を仰いで協同組合化計画を進める準備を整えました。それまでに同社の従業員数は33名に増え、前年比2桁の収益増を達成していました。この成長はカル・ソーラーの社員の活発な起業家精神と会社への献身によるところが大きい、とラースは見ています。ずっと続けられていた労働者所有権についての話し合いがその原動力でした。

プロジェクト・エクイティが**労働者協同組合への移行**計画を描き直し、カル・ソーラーは2019年に計画を再開しました。まず、同社は移行プロセスに従事する新しいスタッフの研修を開始しました。次に、移行計画を主導する5人編成の移行委員会を立ち上げました。委員会の役目は所有権の売買契約の条件を決め、新しい内規と意思決定マトリクスを完成させ、新しい構造に合わせて新たな事業運営方法と管理方法を作成することでした。5カ月後、カル・ソーラーは必要なガバナンス構造を備えた新しい労働者協同組合の事業体を設立し、正式にカル・ソーラーを労働者所有企業にする所有権の売買取引を実行しました。カル・ソーラーの全社員が会社の買い取りに参加でき、全員が労働者オーナーになりました。

所有権とレジリエンス

晴れて協同組合となってから、カル・ソーラーは何が変わったでしょうか。第1に、今では会社の統治を労働者オーナーの役員会が行っています。カル・ソーラーは労働者オーナーとともに選挙プロセスを経て取締役

会を任命し（「代表民主制」）、協同組合のガイドラインに従い取締役の過半数を労働者オーナーが占めています。

　第2に、会社の戦略上の意思決定も、ラースが会社の筆頭オーナーだったときよりも参加型に移行しなければなりませんでした。しかし協同組合の意思決定プロセスは画一的なものではありません。カル・ソーラーで労働者オーナーの満場一致の合意が必要な意思決定は新しい労働者オーナーの加入だけです。新メンバーの加入について、カル・ソーラーの労働者オーナーたちは1年かけて候補者を評価するプロセスを確立しました。候補者が確実にカル・ソーラーの企業文化と成長にコミットしてくれるように高いハードルを設けるためです。協同組合になって1年目が終わろうとする2020年初めに、カル・ソーラーは新しい労働者オーナーを承認する初めての議決を行いました。

　第3に、同社は組織内にこのような以前よりも参加型の文化を醸成する管理構造を確立しなければなりませんでした。今のところ、従来のトップダウン式の階層構造（ほとんどの協同組合が持っています）を維持しつつ、これを実現できています。

　1年目に早くも、カル・ソーラーの新しい所有権モデルの利点が明らかになりました。特に新型コロナのパンデミック、不安定な経済、アメリカ国内で起きた大規模な社会的デモと政治的デモによって事業環境が激変するさなかで、会社の柔軟性とレジリエンスに「即効性のある成果」が見られたとラースは言います。労働者が自分を従業員ではなく事業主として考え、より優れた戦略的意思決定を行ったおかげだと彼は思っています。「私たちは非常に高い順応性を求められる環境で生き、頻繁に変わっていかなければなりません」と彼は説明します。「従業員が会社を広い視野で見るようになったおかげで、当社はより順応性の高い会社になったのです」

　例えば、カリフォルニア州が新型コロナのパンデミックを受けて州全域にロックダウンを課したとき、カル・ソーラーは財務上の困難に直面しました。同社はキャッシュの**ランウェイ**が短く、支払をするために数件の大型注文を待っている状態で、業務に必要な輸送や行政サービスがいつ再開するのかまったく見えませんでした。もちろんカル・ソーラーだけが抱え

ていた問題ではありません。多くの他の会社と同じく、同社も全社員を一時解雇しました。しかし多くの他社と違っていたのは、カル・ソーラーの従業員たちが——上級幹部だけでなく——事業の各部分をいかに継続するかを考え出そうと戦略を練り続けていたことです。カル・ソーラーがエネルギー貯蔵ユニットを設置できるようバッテリーメーカーと提携する方法を営業チームが考え出しました。貯蔵リベートプログラムの管理者になったおかげで、同社は約3週間で1年分のバッテリーの売上を生み出せました。そして、事業環境が大規模にしかも長期間にわたって崩壊したにもかかわらず、同社の2020年の財務予測は2%減で済んだのです。

協同組合モデルの恩恵は時とともに進化し拡大していくとカル・ソーラーは予想しています。いずれ効果が表れると期待できる影響の一つが従業員満足度の向上だとラースは言います。また、顧客ロイヤルティも一層高まる可能性があります。自宅の屋根で作業する人がその仕事や提供する製品の成功に直接投資しているとわかれば、顧客はもっと安心するかもしれないからです。そして最後に重要な点として、協同組合の所有権によってカル・ソーラーは、クリーンエネルギーを通じてより責任ある持続可能な社会を作るというミッションに真に説明責任を負えるようになりました。

「会社が本気で従業員を大事にし、従業員が自分のしている仕事を大事にするなら、従業員所有権が会社を長く存続させるモデルであることは自明です」とラースは言います。

共同所有権は地元の企業を何世代にもわたって継続させたいと願う人に向いたモデルです。「経済的に本当のマクロなインパクトを与えるのです」とプロジェクト・エクイティのアリソンは言っています。

従業員所有権はあなたに適しているか

創業者へ

従業員所有権は会社の価値観と従業員およびコミュニティへのコミットメントについて強いメッセージを発信します。また、わずかな例外を除けばどんな事業セクターの会社にも使えます。例外としては、弁護士だけが

会社を所有できるアメリカの法律事務所などがあります。

　会社のライフサイクルのどの段階でも従業員所有権を目指せます。会社設立当初でも、カル・ソーラーのように成長ステージの途中でも、あるいは創業者かオーナーが引退や事業売却を決めて所有権がおのずと変わるタイミングでもかまいません。従業員所有権への移行は基本的に次の4つの要素を伴います。

1. 事業体

　従業員所有の事業体の創設（既存の企業からの移行、もしくは信託ないし従業員所有協同組合のような新しい組織の設立）。

2. 売買取引

　現在のオーナーが既存の企業（もしくはその株式または**資産**）を従業員所有の事業体に売却し、売買契約を締結します。売買取引の資金は通常、融資業者のグループによって調達されます。労働者協同組合モデルの特徴としては、労働者オーナー一人ひとりが協同組合の「所有権を買い取り」、議決権のある株式を1株受け取ります。他のモデルの場合は、従業員所有権は従業員給付として扱われます。つまり従業員に「無償」で提供されます。

3. 役職と文化の移行

　役職の移行とオーナーシップ・カルチャーの醸成によって、従業員所有権のすでに有効性が証明されている多くの利点が活かされます。労働者協同組合では、労働者オーナーが一人一票で民主的に取締役会を選出し、その過半数が労働者オーナーで構成されます。このプロセスを専門とする協同組合開発者からの技術的支援を受けると、移行が円滑に進みます。

4. 利益分配

　すべての従業員所有権モデルに組み込まれているわけではありませんが、**利益分配**はオーナーシップ・カルチャーの醸成を助ける重要な要素

ですので強くお勧めします。労働者協同組合のモデルには利益分配（「パトロネージ」と呼ばれます）が組み込まれています。すべての労働者オーナーが（基本的に）働いた時間に応じて利益を獲得します。例えば、フルタイムの4分の3時間働く労働者オーナーはフルタイムの労働者オーナーが受ける利益分配の4分の3を受けます。

　従業員所有権を発生させる金銭的取引は経営権の移行とは別個に行えますので、先に金銭的な売却を完了させ、その後で経営権の移行を行うことが可能です。段階を踏んだやり方を取れば、一度に行うよりも会社にもたらされる変化が小さくなり、リスクを最小限にできます。

　従業員所有権への移行に際して、タイミングは大きな考慮点です。特に元のオーナーと会社の関係を考える必要があります。プロジェクト・エクイティは一般的に考慮する必要がある事項として次の2つを挙げています。

1. オーナーが**イグジット**するのにふさわしいタイミングか
2. 後を引き継ぐ準備のできたしっかりした二番手がいるか

　転換を考える企業オーナーは一般的に2タイプに分かれる、とプロジェクト・エクイティは見ています。引退するか別の関心事に専念するため会社から身を引こうとしているタイプと、イグジットするのではなく、経営、経済、倫理、あるいは実務上の理由から労働者所有権に移行しようとしているタイプです。

　イグジットするオーナーは準備に集中しなければなりません。理想的には、引退するビジネスオーナーはこうした考慮事項の計画に5年のランウェイを使うのがよいでしょう。法務、財務、人事について次のような幅広く煩雑な問題をたくさん考えなければならないからです。

- 引退後の自分の生活にいくら必要か。会社からその金額が出るには**評価額**はいくらでなければならないか。今の会社はその金額にどれだけ近いか。

- 自分の今の役割を全部引き継いでくれるのは誰か（設立から今までの会社の経営をわかっているオーナーは、たいてい複雑で多様な役職を担っています）。そのような人（人たち）はすでにいるのか、それとも雇う必要があるか。その人物をどうやって育成するか。
- 会社に移管しなければならない未返済の個人的な負債はあるか。他の金銭的債務はどうか。

引退するのではないビジネスオーナーの場合は、少なくとも少人数の従業員チームが移行プロセスを監督し意思決定する余力をもっている、なおかつ（または）会社にそのプロセスを実行するために必要なリソースがあるなら、それがふさわしいタイミングとなります。

資金提供者へ

　労働者協同組合は外部資金を調達できますが、経営権（議決権のある株式）は譲渡できません。議決権のある株式を持てるのは労働者オーナーだけです（1人につき1株）。そのため、協同組合はデット〔借入〕か議決権のない優先株によって資金調達します。

　公的資金提供者も民間資金提供者もともに、会社をよりレジリエントにして持続性のある雇用を創出する手段としての従業員所有権への移行に資金提供できます。中小企業にサービスを提供する機関、非営利団体、法律事務所、金融機関のような支援組織は、プロジェクト・エクイティやDAWNのような従業員所有権を支援する組織からトレーニングを受ければ、既存の企業をより上手に支援し、従業員所有構造への移行の実現性と要件を評価し、必要に応じてその資金を賄うための融資を引き受けることができます。

　従業員所有権を目指す企業にとって、ESOPという形態以外ではたいがい資本ギャップが存在します（特に労働者協同組合を目指す場合）[1]。理由の一部は融資業者が**個人保証**に頼ることにあり、立場が同等の株主

---

1) ESOPが所有金融商品として一般に普及しているもう一つの理由は、大手銀行が伝統的にESOP融資部門を持ち、このような事業体創設の資金調達を支援する広い資本市場を生み出しているからです。

が20人、30人、あるいは100人以上もいる企業にとって個人保証を付けるのは難しいからです。この資本ギャップを解消する方法は二つあります。第1に、協同組合への移行のパイプラインを太くすること。第2に、より持続可能な長期の投資ホライズン〔想定している投資期間〕を作ること。つまり、従業員所有権への移行を目的とした財源を育てると同時に、現在この分野に融資をしていない金融機関からの融資を開拓し、取引資金として使える管理下の資本を増やす必要があるということです。

2019年にプロジェクト・エクイティはシェアード・キャピタル協同組合（Shared Capital Co-op）と提携し、共同のイニシアチブである「従業員所有権を加速しよう」を立ち上げました。シェアード・キャピタル協同組合は全国的なコミュニティ**開発金融機関**（CDFI）で、従業員所有権と協同組合への資金提供を専門にしています。イニチアチブはクオリティ・ジョブズ基金から500万ドルのシード資金を提供され、中小企業オーナーから従業員への売却取引を支援しました。シェアード・キャピタル協同組合には企業のニーズに応じて融資もエクイティ投資もできる柔軟性があります。

プロジェクト・エクイティとシェアード・キャピタル協同組合は、この分野に投じられる資本を増やし、他の融資業者と関わったり共同融資したりすることにより、従来とは異なるリスクプロファイリングを推進して個人保証（協同組合への移行の金銭的取引に特有の要素）がなくても融資する方法と、従業員所有の企業構造のためのデューデリジェンスを実施する方法を金融機関に示そうとしています。ここに力を注ぐことで、さざ波が広がるように共同所有権への動きが促進され拡大する効果が表れるかもしれません。つまり従業員所有権への融資がまず特化型のCDFIに導入され、次にミッション重視型のCDFIへ、さらにコミュニティバンクへと広がるイメージです。このような融資が今よりずっとありふれたものになるくらいに融資件数が増え、全法域で規制のハードルがなくなって、すべての大手銀行がこのような取引に融資するようになるのが最終的なビジョンです（表25-1）。

表 25-1　従業員所有企業の資金源

資金源		考慮点
デット（借入）	金融機関 （銀行、CDFI）	担保と個人保証の要件が障壁となりうる。中小企業向けのキャッシュフロー融資を行う金融機関、あるいは従業員所有権に経験のある金融機関が最も適しているだろう。資産を最重視、ただし在庫の重要度は副次的。返済スケジュールを設定。
	売り手	企業在庫に対し優先担保権を有する。
	売却するオーナー	返済は優先債の返済次第であり、劣後し保証されないことが多い。
	個人 （顧客、コミュニティ、友人、家族、従業員）	返済は優先債の返済次第であり、劣後し保証されないことが多い。
エクイティ（資本金）	労働者オーナーの買取 （労働者協同組合）	議決権付き株式、通常は資金源に占める割合は小さい。
	適格投資家 （私募）	労働者協同組合においては、エクイティ投資は議決権のない優先株を通じて行われ、目標収益率は協同組合の業績に従う。
	寄付または助成金	返済は求められない。

第26章

(Part 5 まとめ) 資金調達のプロセス全体を再設計する

　パート5の冒頭でお話ししたように、アーリーステージの資金調達システムには世界的に明らかに不平等な面があります。あなたも自分の経験からそう感じたことがきっとあるでしょう。資本へのアクセスに不平等があることが、世界における格差を固定しています。この本で取り上げているすべての戦略とストラクチャーは資本をより包摂的にする一助となりえますが、システムの不平等にどう対処するかを考える際に最も力を発揮するのはおそらくこのパートです。パート5の各章はアーリーステージの資金調達プロセスの各ステージに対応し、それぞれの章で、資金提供者と創業者が資金調達プロセスを再設計して多様性、包摂性、そして意思決定

表26-1　各章の概要

ソーシング	デューデリジェンス	イグジット
ジョアウ、ドミンゴス、ルイ（第23章）にとって、ポルトガルの投資コミュニティはコード・フォー・オールの社会的企業としての可能性を理解していませんでした。そこで彼らはもっと大きなポルトガル人コミュニティに頼って必要な資金を獲得することにしました。最終的に、**デット〔借入型〕・クラウドファンディング**で資本を調達し、ブランド認知を生み出し、投資実績を築くチャンスとなりました。	ロス（第24章）はインドの**ヴィレッジ・バンキング・モデル**にヒントを得てヴィレッジ・キャピタルのコミュニティ主導型意思決定プロセスを作りました。彼はモノ（投資に使われるストラクチャーの種類）だけでなく方法（誰を資本にアクセスさせるかの意思決定方法）に取り組むことに大きなチャンスを見出しました。	ラース（第25章）にとって、カル・ソーラーを従業員所有組織に移行させることは、事業の面からも持続可能性の面からも理にかなったことでした。アリソンとヒラリー（第25章）は、オーナーと投資家の**イグジット**の選択肢として**従業員所有への移行**を発展させることを、非営利団体プロジェクト・エクイティの活動の焦点にしてきました。

と**資産**と利益をコミュニティが所有することを促進する方法を提案しています（表26-1）。

創業者へ

あなたが創業者で自分の資金調達プロセスを再設計したいと思っているなら、従来の決まりきったやり方から抜け出す選択肢はたくさんあります。この本で取り上げたように、それは例えば**クラウドファンディング**を選ぶ、従業員に**利益分配**する構造を作る、**従業員所有権**に移行する、などです。あなたは創業者として、自社のミッションを資金調達プロセスと会社の**所有権**の長期計画にどう埋め込みたいかを決めなければなりません。

今支持を集めているのが**スチュワード・オーナーシップ**です。本書のイントロダクションでクリエイティブ・アクション・ネットワーク（CAN）のマックスに登場してもらいました。CANのアンカー投資家〔大口資金提供者〕になってくれたのがパーパス・ベンチャーズという会社です。パーパスは資金提供者として、スチュワード・オーナーシップのある会社を支援しています。スチュワード・オーナーシップとは「自己統治」「利益をパーパスに役立てる」、という2つの中心原則を会社の法的なDNAに浸透させている法人形態をいいます。この構造により、企業の経営権（議決権）を組織内の人々または組織のミッションに深く関わっている人々が持てるようにしています。スチュワード・オーナーシップにおける議決権は売り買いできる商品ではありません。スチュワード・オーナーシップ企業の利益は会社のパーパスを追求するためのツールと理解されています。

資本提供者に返済し、ステークホルダーに経済的な**アップサイド**を分配した後、利益の大半は事業に再投資されます。スチュワード・オーナーシップの形態には、会社の売却益の私有化を防ぐ**資産処分制限**があります。このストラクチャーは、遠くにいる投資家や株主ではなく、会社に近い立場で実際に働いているステークホルダーに意思決定権を持たせます[1]。**労働者協同組合**イコール・エクスチェンジ（第8章）の優先株につけられた**「ノー・イグジット」**条項は、スチュワード・オーナーシップが機能している好例です。次の章でこれについてもう少し掘り下げましょう。

---

1) https://www.impactterms.org/.

資金提供者へ

ヴィレッジ・キャピタルは投資契約のデューデリジェンスプロセスに創業者を参加させるモデルを作り上げましたが、ストラクチャーと意思決定プロセスを組み合わせてバイアスを弱め、起業をより実力主義にすることに関心のある資金提供者には、そのための選択肢がたくさんあります。

最も簡単なのは、自分が勝手知ったる領域から一歩踏み出してみることです。ニューヨークの最大手デジタル広告会社で何年も働いた後、2013年にアンルーリー（Un-ruly）を創業したアントニア・オピアの例を挙げましょう。彼女は黒人のヘア業界に大きな欠落があると考え、自分自身の不満にヒントを得て、黒人女性のニーズに本当に応える会社を作りました。アンルーリーは黒人女性の髪に特化した美容ブログとして立ち上げられ、後にイェルーチ・バイ・アンルーリーは有色人種の女性が自宅でプロによるヘアスタイリング・サービスを受けられるマーケットプレイス〔複数の売り手が出品し買い手が選択できるオンラインサイト〕になりました。

自分で会社を経営するのはアントニアの昔からの夢でした。子供の頃に日記に目標として書いていたほどです。しかし会社が軌道に乗ってから資本調達をためらった理由が2つありました。1つ目は、会社の黒字化よりも資本調達ばかりが目的化する風潮に幻滅したこと。2つ目は、資金提供者と何度か話し合いをしてみて、自分が取り組もうとしている黒人の髪の問題が相手にはどうやら理解できないらしいと知って愕然としたためでした。

「総じて資金提供者は自分の守備範囲から一歩踏み出す必要があります。チャンスはいたるところにあるのですから」とアントニアは言います。「黒人の髪は今までに比べると多少関心が集まってきていますが、私から見れば黒人のヘア業界には昔から可能性がありました。［中略］この業界の消費者は他のタイプの消費者の9倍も時間をかけているのです。でも今現在ニーズに見合うサービスを彼らは受けていません。私の目にはまさしくチャンスに映ります。そのチャンスを皆なかなか認識できていない、不合理な状況です。投資家や資金提供者にとって身近ではないから、彼らが自分の知っているものにばかり執着するからではないでしょうか。

創業者として成功するのはマーク・ザッカーバーグみたいな、フード付きパーカーを着た白人男性だというステレオタイプにとらわれているのです」

結局、アントニアと姉で共同創業者のアビゲイルは、アーネスト・キャピタル（Earnest Capital）のタイラー・トリンガスから**償還可能株式**の一種であるシェアード・アーニングス契約を通じて資本を調達しました。アントニアとアビゲイルがタイラーに接触したのは、彼が何が何でも成長を優先するのではない、創業者に寄り添った資本を提供するという信念で投資していたからです。また、面談を始めてみて、彼が黒人ヘア市場をよく研究してきたことも2人にとって好印象でした。タイラー自身になじみのある市場ではなかったにもかかわらず、彼は自分の経験の範囲外に目を向けてチャンスを理解し、リスクとリターンの両面において2人のニーズに合った資金調達ストラクチャーを作成できたのです。

自分の守備範囲から一歩踏み出し、資金提供のチャンスを見つけ理解することに加え、自分の周りの意思決定者を多様な世界観と人生経験のある人たちで固めるのも一案です。これは投資チームでもいいですし、**投資委員会**、理事会、あるいは出資パートナーであってもかまいません。

この本に登場してもらった資金提供者の中には、**非営利団体**プロジェクト・エクイティ（第25章）やインパクト投資会社キャンディード・グループ（第6章）のように、自分たちとの取引を通して企業をよりステークホルダー本位の構造に移行させたところもあります。そのような資金提供者の多くがスチュワード・オーナーシップの原則にのっとり、自分たちの投資を利用して、企業が自社のミッションを守り利益を再投資と従業員のための支出に振り向ける法的枠組みを作る支援をしています。

創業者としても資金提供者としても、私たちはソーシング、融資、デューデリジェンス、所有権に誰が参加するかを再構成できます。問題は、意思決定と富の蓄積の不平等をどうにかしなければ、資金調達をいくら上手に構成しても、不平等なシステムは固定したままになる可能性が高いことです。

第27章

ミッションを契約に埋め込む

　まとめに入る前の最後の章で、直前の章で取り上げたミッションに関するいくつかの論点をもとに、あなたの**社会的ミッション**を資金調達契約に埋め込む方法についてお話ししたいと思います。

　創業者であるあなたはおそらく、資金調達の旅の途上であなたのミッションを完全に理解し支援してくれる資金提供者とつながりを持つでしょう。あなたの事業には関心があるけれどミッションは二の次、それどころか会社の成長の邪魔になるとみなす資金提供者にも出会うかもしれません。いずれにせよ、資金提供者からミッションを手放せと圧力をかけられるリスクを下げる手段として、出資契約に**ミッション・ステートメント**を盛り込む方法を検討することは重要となりえます。

　資金提供者であるあなたにとって、本書で取り上げてきたファイナンスストラクチャーを使えば、あなた自身の社会的・環境的ミッションに沿ったかたちで、**非営利団体**以外の創業者とも関われるようになります。つまり営利組織に初めて出資するきっかけになるかもしれない、ということです。契約上のミッションが非営利団体と合致している安心感に慣れている多くの資金提供者は不安を感じるかもしれません。相互に合意したミッションを資金調達契約に明記できれば、それは相手と共有するインパクト優先課題に契約をよりうまく整合させる手段となりえます。

　要するに、資金調達契約の中でミッションについて合意しておけば、関係者全員のインセンティブを整合させることができます。どんな財務上の目標、社会的・環境的ミッションの達成を目指すかに関して全員の意識が揃っていれば、契約相手である創業者／資金提供者との関係は良好なスタートが切れるはずです。資金調達にミッションとインパクトを埋め込むために考えられるいくつかの方法を見ていきましょう（表27-1）。

表 27-1　埋め込むミッションの選択肢

カテゴリー	関連用語	埋め込むミッションの選択肢
資金調達のタイプ	保証	資金調達ストラクチャーのタイプ
調達した資金の使途	調達資金の使途	リングフェンスした調達資金の使途
所有権	ベスティング、従業員所有権	スチュワード・オーナーシップ
契約不履行条項	誓約事項、契約不履行事由	ミッション・ドリフトによる契約不履行、プット・オプション、容易化されたイグジット
権利	情報受領権、議決権	ミッション変更議決権、インパクト報告

資金調達のタイプ

　創業者と資金提供者がミッションを資金調達に埋め込むための一つの選択肢は、ミッションを補強する資金調達ストラクチャーを選ぶことです。インパクト投資会社キャンディード・グループ（第6章）やインパクト投資ファンドのアドビ・キャピタル（第9章）、**社会的企業アクセラレーター**で投資会社のヴィレッジ・キャピタル（第24章）が、従来とは異なる**タイプのストラクチャードイグジット**を考案し、より包摂的で創業者が長期的なインパクト目標を達成するのに適した資金提供オプションを作った方法が参考になります。

　資金提供者が従来とは異なるタイプの資金提供オプションを探求する意思を持つだけでも、大きなインパクトを持ちえます。創業者は自分の選択肢を理解しておくと、自分にふさわしいタイプの資本について資金提供者候補と率直な話し合いができます。この話し合いは、あなたの組織の将来と社会的ミッション達成能力にとって、重要になるかもしれません。

調達した資金の使途

　従来型の**助成金**契約は一般に、資金の使途に関してかなり具体的な要件がつきます。本書で取り上げてきたタイプの契約は、**調達資金の使途**に関して詳細な要件がつけられることはめったにありません。その要件が創業者に強い制約をかけ、柔軟で自由な資本の使い方ができなければならない組織には適さない可能性があるからです。たいていの創業者にとっては制約のつかない助成金が最も望ましい選択肢です。とはいえ、もしあなたが特定のパーパスのためにミッション重視型資本を入れるのであれば、そのパーパスを契約に盛り込んで、資本の使い道を**リングフェンス**することを検討すべき場合もあります。

　一例は、**社会的企業**に**転換権付助成金**を交付する**財団**でしょう。例えばUBS-OF が、乳幼児発達支援（ECD）**スタートアップ**のトラッカソーラス（第17章）に対し、特定の製品の開発用にリングフェンスを行っています。UBS-OF がトラッカソーラスにこの資金を提供したのは、乳幼児発達支援（ECD）用の評価ツールを開発するためでした。契約書において、資金の使い道はルークが資金調達の目的として記載したプロジェクトの内容と目標に制限されています。もしルークがある日、この資金で ECD の評価ツールではなく、高校の科学の成績を上げるためのゲーミング・プラットフォームを開発したいと思い立ったら、UBS-OF に変更要求を提出しなければならず、それは却下される可能性があります。

　同様の条項は融資契約の調達資金の使途にも盛り込むことができます。例えば「製品を低所得層の人々にとって使いやすくするために、スペイン語版およびモバイル機能」を開発する会社に資金提供者が関心を持った場合などです[1]。

---

1) Impact Terms Project.

所有権

このパートでは、さまざまな形態の**分散型所有権**と**スチュワード・オーナーシップ**という概念について取り上げました。スチュワード・オーナーシップでは、財産管理人(スチュワード)がその役職を離れる際に後継者に議決権を譲ること、長きにわたって会社のパーパスとミッションを守ることが義務付けられます[2]。

アメリカで最も普及している**従業員所有権**モデルは**従業員持株制度(ESOP)**です。企業が部分的な従業員所有権を設計することはよくあり、その**所有権**を永久に部分的にしておく取り決めも可能です。ただし多くの場合、ESOPによって当初は部分的な所有権を導入すると、いずれ100%従業員所有に移行する基盤ができます。アメリカ以外の国の企業は、従業員オプションプールという形で部分的な従業員所有権オプションを設定できます。アーリーステージのエクイティ投資家の間ではこれが標準的です。

ここから一歩進んで**従業員所有権信託(EOT)**[3]ないし従業員給付信託(EBT)を設定することもできます。これは一企業または複数の企業の従業員に給付を行うための**資産**を保有する目的で設立された信託です。元従業員や従業員の扶養家族も給付対象となる場合があります。EOTとEBTは従業員のために事業の長期存続を図るものです。従業員は所有権に伴う便益に対して支払をすることはなく、会社の年間利益の分配を受けます。EOTのほうがESOPに比べて設立コストは安くなります[4]。この形態の従業員所有権はヨーロッパのほうが一般的で、イギリスでおなじみの百貨店ジョン・ルイス・パートナーシップはEOTの構造になっています。

ミッションを所有権構造に埋め込んだ法的選択肢には他に、黄金株があります。黄金株とは議決権と経済的な諸権利をステークホルダーの種類によって分けるものです。この構造においては、議決権の1%が「黄金株」

---

2) Impact Terms Project & Purpose Capital https://purpose-economy.org/content/uploads/purposebooklet_en.pdf.

3) 無期限従業員信託と呼ばれることもあります。

4) https://project-equity.org/learn-about-employee-ownership-options/.

に分類され、この権利には**会社の売却**や構造の変更に対する拒否権が含まれます。このような構造にはさらにシングル財団もあります。企業の**株式**の過半数が自治制の非営利機関によって所有されているもので、その機関にはしばしば企業部門と慈善部門の2つの理事会があります。第3の選択肢は信託財団です。信託財団は議決権と配当権を別々の法人、すなわち慈善財団と財産管理人（スチュワード）が管理する財団に置くことによって分離しています（それにより利益と慈善的寄付が切り離されます）(5)。

契約不履行条項

あなたがインパクト重視型の資金提供者であれば、資金提供先の会社の将来の方向性を気にかけ、**ミッション・ドリフト**の防止策がほしいと思うかもしれません。市場レートより低い金利で資金提供している場合はなおさらでしょう。その場合、もともと合意したインパクトをその会社が生み出さなくなった場合には資金を回収する機会を入れておくのが重要かもしれません。

契約不履行〔デフォルト〕事由に社会的ないし環境的ミッションを盛り込んでおきたいのであれば、契約書にそれを明記する必要があります。一つの選択肢は、その会社のミッション・ステートメント、投資の社会的ないし環境的な目的、あるいは投資による調達資金の使途を契約書内のどこかに具体的に書くことです(6)。ミッションの文言が契約書内に明記され合意されていれば、**誓約事項**ないし契約不履行事由として使えます。例を挙げると、社会的パーパスの誓約事項は以下のようになるでしょう。「債券購入（「投資」）の社会的パーパスは、主に連邦政府認定医療機関（FQHC）など**社会的弱者**に医療サービスを提供するセーフティネット機関のサービスを受けている患者が病気の予防と管理をするためのオンライン・プログラムの開発と実施を加速させ、それによって、アメリカの低所得者など社会的に弱い立場にある人々とコミュニティに、質が高く手頃な料金の医療

---

5) Impact Terms Project & Purpose Capital—https://purpose-economy.org/content/uploads/purposebooklet_en.pdf.

6) このような条項の文言の例は本書のオンライン・コンパニオンをご参照ください。

のアクセスと提供を向上させることである」[7]

　もう一つの選択肢は、契約不履行条項に契約不履行となりうるミッション関連の活動を明確に述べた文言を入れることです。グローバル・イノベーション・ファンド（GIF）は投資の際に必ず、契約不履行事由に具体的な社会的ミッションに関する条項を入れています。例えば、「会社の事業が1日の所得5ドル未満の人々を主な受益者としなくなった場合」とか、特定の地域で「会社が貧困層の社会的弱者に衛生的な飲料水を提供する事業に関わらなくなった場合」などです。同ファンドはこれをさらに発展させ、政府資金の入った慈善団体としての同ファンドの評判に影響しかねない**環境、社会、ガバナンス（ESG）**などのコンプライアンス関連の違反まで含めるようになりました。

　次に、もし契約不履行事由が発生した場合にどうなるかを明記する必要があるでしょう。資金提供が融資またはストラクチャードイグジットデット契約であれば、資金提供者は創業者に対して**債務残高**の返済を要求するかもしれません。助成金であれば、資金提供者は関連する助成金の返済を要求するかもしれません。エクイティ〔株式〕であれば、最も一般的な方法は**プット・オプション**を設定することです。こうすると、資金提供者は資金提供先の会社か第三者が資金提供者の所有権を指定された期間内に買い取ることを要求できます。その所有権の評価額は当事者間で合意された、または独立した第三者の専門家が判断した**公正市場価格**か、あるいは**償還可能株式**の場合であれば総償還価格になるでしょう。

　GIFの法務副責任者、ジニー・レイエス・ラムゾンはミッション契約不履行事由の使用を振り返り、これは創業者に再交渉を促す「大きな強制力」であると見ています。この条項のおかげで、GIFは会社にもともと志していたインパクトや社会的ミッションを維持させるための再交渉や変更を強く要求できるのです。

7）https://www.impactterms.org/.

権利

会社のミッションを保護することは資金提供者だけの関心事ではないはずです。創業者も資金調達が自分たちの社会的・環境的インパクトを創出する力にどう影響するかを考慮すべきです。自社の社会的ミッションを共有している資金提供者や、ミッションを保護する設計になっている資金調達ストラクチャーを選ぶ他に、会社の社会ないし環境上のミッションに背くような変更を加えられることに対してあなたが創業者として抵抗できる権利を投資契約の中に含める選択もできます。一つの選択肢は、創業者株式の一定割合の投票がなければミッションへの変更を制限する文言を入れることです[8]。

ミッションを埋め込めるもう一つの領域が**情報受領権**です。資金提供者は、**インパクト指標**の報告方法と独立機関による**インパクト監査**を必須とするかどうかに関して具体的な要求を入れることができます。インパクト監査では財務監査と同様、第三者を使って、会社が報告した業績を合意したインパクト指標に照らして検証します。

資金提供者は創業者が追加情報を収集する費用と手間を理解し、追加データを求めたい気持ちとのバランスを取ることが重要です。報告されるすべてのインパクト・データが、会社が組織を効果的に運営するために必要なインパクト・データとそのまま一致しているのが理想です。

結論

創業者または資金提供者として、資金調達契約の構成方法にミッションを埋め込む選択肢は多種多様にあります。このような条項を入れるにせよ入れないにせよ、「あなたの会社が何者であり、達成しようとしている目標が何か」を資金調達契約にいかに反映させるかは、検討する価値があります。

---

8) https://www.impactterms.org/.

Part 6
旅のプランを立てる

さあ、本の最終パートにたどり着きました。旅をともにしながらお話ししてきたさまざまな選択肢を総合的に評価してもらえるよう、まとめに入りましょう。ここでは創業者の視点に徹して、パート1の質問をもとに探求していきます。

第28章では、チェックリストの最初の3つを掘り下げます。

- 組織としてのあなたは何者か。
- あなたはどのくらいミッションドリブンか。
- あなたの資金調達ニーズは何か。

第29章では、あなたが一緒に仕事をしたい**資金提供者**のタイプを理解するために問うべき質問に焦点を当てます。そして最後に第30章で、資金調達オプションの総覧を見ていきましょう。

一つだけ注意を。このパートは投資を受けられる状態になるための完全ガイドを意図したものではありません。あなたの会社が投資対象になるための準備に関して利用できる資料はたくさんあります[1]。このパートの各章はそれよりも、あなたに適した資金調達手段を選ぶために必要な情報、問うべき質問に重点を置いています。

---

1) 推薦する資料をオンライン・コンパニオンに掲載しています。

第28章

あなたは何者で、何を必要としているのか？

さあ、ではまず、「あなたが組織として何者であり、あなたの目標は何であるか」に注目するところから始めましょう。あなたが何を目標にし何を築き上げたいのかを、あなたが求める資金調達のタイプを決める前提とすべきです。この章を創業者として、会社としての自分が何者であるか、資金調達の意思決定にどうつなげるかをじっくり考える機会としてぜひ活用してください（表28-1）。

あなたは何者か？

あなたの会社はどのように登記されているか

会社を創業する際、決めるべき最も重要なことの一つは、組織をどんな法人形態にするかです。この決断は会社の将来と密接に関わりますし、組織の日々の意思決定やコミュニケーションの流れ、運営管理、財務の実務においてその影響を実感するでしょう。

あなたの組織にふさわしい法人形態を選択するベストなタイミングは、**ビジネスモデル**か**事業計画**を策定した後です。通例として、事業計画は会社の名称と立地、ミッションとビジョン、市場分析、製品とサービスの説明、財務計画を明記するものです。事業計画を策定したら、この章の問いを自分（とできれば信頼のおける相談相手）に問いかけて、適切な法人形態を決めるのに役立ててください。

次の表では、本書の冒頭に示した法人形態のカテゴリーをさらに発展させ、**所有権**および利益分配の特徴と、資金調達の適格性に関する制約を加えました。

表 28-1　創業者の自己評価と関連用語

問い		関連用語
あなたは何者か？	あなたの会社はどのように登記されているか。	営利企業、非営利団体、社会的企業、協同組合、ハイブリッド組織
	どのような形で利益を上げるのか。顧客は誰か。	収益モデル、内部資金調達、季節性、景気連動性
	会社はどのステージにあるのか。	コンセプトステージ、アーリーステージ、成長ステージ、スケール化、確立、知的財産、POC、MVP
	成長の見通しは？	収益モデル予測、フリーキャッシュフロー予測、指数関数的成長（Jカーブ）、高成長ベンチャー、ニッチ・ベンチャー、ダイナミック・エンタープライズ、カテゴリー・パイオニア、生計事業
あなたはどのくらいミッションドリブンか？	会社にミッションがどのように埋め込まれているか。	ミッション、パーパス、セオリー・オブ・チェンジ
	インパクトの実績があるか。	インパクト測定
あなたの資金調達ニーズは何か？	必要な資金はいくらか。	バーンレート、CAPEX〔資本的支出〕、OPEX〔事業運営費〕
	何に資金を使う必要があるのか。どのくらいの期間にわたって必要か。	POC、運転資本、成長資本、資産、研究開発、時間枠、条件
	担保に使える資産はあるか。	担保
	どんな方法で返済したいか。	内部資金（収益）、外部資金（借入または将来の資金調達）、イグジット（トレードセール、セカンダリー・セール、IPO）
	短／中期、長期的に所有権をどうしたいか。	希薄化、分散型所有権、従業員所有権
	将来はどのような資金調達が必要になりそうか。	エクイティ資金提供者への株式売却、借入、内部キャッシュフローの創出
	資金提供者にどの程度関与してほしいか。	メンターシップ、取締役派遣、取締役会オブザーバーとしての参加権、情報受領権、議決権

法域によって違いがあるため、あなたの組織に最も適した法人タイプについてはあなたの国もしくは地域で作成された資料に当たることをお勧めします（表28-2）。

どのような形で利益を上げるのか。顧客は誰か

もしあなたの会社が**季節性**のある**収益モデル**なら、固定返済モデルにコミットしなければならない銀行からの**担保付融資**のような資金調達を行うのは無理かもしれません。自社の**キャッシュフロー**に合わせて返済に柔軟性を持たせるのがよいでしょう。

もしあなたの会社が**社会的弱者**を顧客とする**社会的企業**なら、高い利益率を支える力がないかもしれない社会的弱者の顧客により広く製品を届けられるよう、資金調達にインパクトをリンクさせる方法を検討するとよいでしょう。

もし顧客にあなたの製品を購入する高いインセンティブがあるなら、顧客を資金調達計画に活用する方法が考えられます。例えば**クラウドファンディング**や**サプライチェーン・ファイナンス**などです。

非営利団体なら、外部資金調達を最も確実な収益形態に結びつけるとよいでしょう。それは、特定の寄付者やイベントのように過去の実績や継続性がある**資金調達ストリーム**かもしれません。あるいは**資産**や歴史ある**収入源**から得た収益もありえます。あるいは将来の資金調達契約であってもいいのです。

会社はどの段階にあるのか

会社の成長ステージを表す用語はたくさんあります。パート1で最初に紹介した類型をもう一度おさらいしましょう。

> » **コンセプトステージ**：おおむねアイデアはあるが、**実用最小限のプロダクト（MVP）**や**プルーフ・オブ・コンセプト（POC）**は必ずしも持っていない。

表28-2 法人形態の比較

種類	例	所有権	利益分配	資金調達の適格性
メインストリーム[a]市場の企業	マイターン、ゲットヴァンテージ	内部株主および外部株主	株主へ	あらゆる種類のエクイティ〔株式〕およびデット〔融資〕投資に適している。きわめて特殊な状況を除き、助成金の対象にはなりにくい。
一定割合を慈善に割り当てている企業	ワービー・パーカー	内部株主および外部株主	株主へ、一定割合を慈善団体へ	あらゆる種類のエクイティ〔株式〕およびデット〔融資〕投資に適している。資金提供者は利益もしくは製品の一定割合を分配するコミットメントに協調しなければならない。助成金の対象にはなりにくい。
協同組合／分散型所有権	カル・ソーラー、イコール・エクスチェンジ	従業員ないし顧客が大きな所有権を持つ	株主へ	あらゆる種類のデット〔借入／融資〕に適している。会社の売却を求める投資は適さないため、エクイティ〔株式〕はストラクチャードイグジットがある場合にのみ妥当である。
利益分配型社会的企業	マヤ・マウンテン・カカオ、クリニカス・デル・アスカル、VIWALA、SOKO、パワード・バイ・ピープル、プロヴァイヴ、コード・フォー・オール	内部株主および外部株主	株主へ	あらゆる種類のエクイティ〔株式〕およびデット〔融資〕投資に適している。資金提供者がミッションと合致しているか、契約にミッション・ドリフトに対する保護が含まれているべきである。制約付きで助成金を利用できる。
ハイブリッド組織	トラッカソーラス／アーリーバード	非営利団体：株主の所有ではない営利企業：内部株主および外部株主	非営利団体：なし営利企業：株主へ	あらゆる種類のデット〔借入〕および助成金に適している。エクイティ〔株式〕による資金調達は利用できない。あらゆる種類のデット〔借入〕およびエクイティ〔株式〕に適している。制約付きで助成金を利用できる。
利益剰余金再投資型社会的企業	多くのスチュワード・オーナーシップ企業	内部株主および外部株主	剰余利益の分配なし	デット〔借入〕に適格である。エクイティ〔株式〕には適さないが、法人形態によっては償還可能株式が選択肢となる可能性あり。
事業収益と助成金の混合型非営利団体	ライダーズ・フォー・ヘルス、ハーレム・スタジオ美術館、ウパヤ	株主の所有権なし	なし	あらゆる種類のデット〔借入〕および助成金に適している。エクイティ〔株式〕には適格性なし。
助成金のみの非営利団体	イカンヴァユース	株主の所有権なし	なし	あらゆる種類のデット〔借入〕および助成金に適している。エクイティ〔株式〕には適格性なし。

[a] Financing for Social Impact: The Key Role of Tailored Financing and Hybrid Finance. (2017). 以下のサイトにて閲覧可能：https://evpa.eu/knowledge-centre/publications/financing-forsocial-impact"

> » **アーリーステージ**：実用最小限のプロダクト（MVP）かプルーフ・オブ・コンセプト（POC）はあり、**知的財産（IP）**の法的保護にも手をつけたかもしれないが、お金を払ってくれる顧客はいたとしてもまだわずかである。

コンセプトステージでもアーリーステージでも、企業のリスクは高いので、リスクを受け入れる意欲の高い資金調達方法を考えなければなりません。社会的企業と非営利団体なら、**研究開発（R&D）**および初期の製品ないしサービスの開発に**助成金**による資金調達がよく使われます。返済義務のない従来型の助成金が望ましいと思うかもしれませんが、その資金にどの程度の制約があり、それによって自社の戦略を変更したり転換したりする上でどのような影響を受けるかは考慮すべきでしょう。助成金提供者と話し合う際には、会社にとって短期長期にわたって有効な契約を交渉できるよう、ミッションを埋め込み、資金調達にインパクトをリンクさせる選択肢を用意しておくとよいでしょう。例えば、あなたの会社が黒字化した場合に助成金が融資に変わる財務上の**マイルストーン**があるなら、資金の用途にもっと自由を認めようと考える資金提供者が見つかるかもしれません。

エクイティ〔資本金〕による資金調達は**リスク資本**として設計されています。本書で一貫して述べてきたように、会社のアーリーステージでエクイティ〔資本金〕による資金調達を行う意味は意識する必要があります。なぜなら**指数関数的成長**を約束し、追求しなければならなくなるからです。コンセプトステージでは**レベニュー・ベースド・ファイナンス（RBF）**は利用できませんが、**償還可能株式**を含む契約を交渉する意思のある資金提供者は見つかるかもしれません。償還可能株式ならば中期的には会社の所有権を取り戻すチャンスがあります。

> » **成長ステージ**：提供する製品ないしサービスを明確にし、お金を払ってくれる顧客基盤も持っている。成長するための社内インフラを構築しているところである。

成長ステージでは、あなたのリスクプロファイルと実績をもとに利用できる資金調達の選択肢が増えます。あなたが持っている**担保**の種類と信用履歴によりますが、数種類のデット〔借入〕から選べる可能性が高いでしょう。その選択肢の評価は、後述する資本の用途に関する質問によって変わってきます。ほとんどの**ストラクチャードイグジット**を狙う資金提供者にとって、ここが理想的なステージです。すでにエクイティ〔株式〕資本を調達したことがあるなら、**ベンチャーデット**が利用できるでしょう。

　非営利団体ならば、多様な収益モデルを持つべきであり、助成金やその他の**補助金**の受け入れと、自社のニーズに合った比較的安い商業資本の利用を目指した信用履歴および（または）担保作りのバランスをとるのがよいでしょう。

> » **スケール化**：大規模で成長しつつある顧客基盤を持ち、社内インフラの構築も終わり、事業をスケール化して、もしかすると新しい製品やサービスを加えているところである。

　スケール化のステージでは、資金調達の選択肢が幅広くあり、その選択肢の評価はあなたの資金調達ニーズと価格次第となるでしょう。償還可能株式はこのステージでは適用できる可能性が低いですが、RBF と**コンバーティブル RBF** スタイルの契約が資本を獲得する選択肢となりえます。

> » **確立**：お金を払ってくれる安定した顧客基盤と成功した事業実績がある。

　確立した企業として、あなたは多種多様なデット〔借入〕ベースの選択肢も利用できるはずです。ストラクチャードイグジットによる資金調達を利用できるかどうかは会社の成長率次第でしょう。

　あなたが社会的企業なら、成長するにつれ、市場の失敗があって補助の継続が必要であることの強い論拠を示せない限り、助成金は利用できなく

なっていくでしょう。その場合は、自社の都合に合わせて**社会的マイルストーン**、環境的マイルストーン、財務上のマイルストーンを組み入れられるインパクトにリンクした資金調達オプションの計画を立てるとよいでしょう。

成長の見通しは？

今挙げた変数すべてをより上手に組み合わせられるように、第4章で紹介した成長プロファイルを活用しましょう。

> » **高成長ベンチャー**：破壊的ビジネスモデル、大規模な獲得可能市場、高成長見通し、迅速なスケール化能力を有し、かなりリスキーな企業。Jカーブの見通しと指数関数的成長がある場合も、そうでない場合もある。

高成長見通しには往々にして多額の資本が必要です。エクイティ〔資本金〕やストラクチャードイグジットのようなハイリスク・ハイリターンの計算を伴う選択肢を検討できます。利用できる担保の種類と会社のステージ次第では、ベンチャーデット、**メザニン・ファイナンス、インボイスファクタリング**ないし**パーチェス・オーダー・ファイナンス**のような特殊なタイプのデット〔借入〕に適格かもしれません。

社会的企業であれば、選択する構造のタイプと自社の**社会的ミッション**およびインパクトに関する契約条件に明確なパーパスを入れるとよいでしょう。なぜならあなたの社会的ないし環境的ミッションを会社の戦略の中心とみなさない資金提供者を惹きつけてしまう可能性があるからです。そうなると**ミッション・ドリフト**や創業者と資金提供者の軋轢が生じかねません。

> » **カテゴリー・パイオニア**：破壊的製品やサービスとおそらくは大規模新市場があり、成長が変動的でスケール化する可能性がある。

成長が変動的でスケール化する可能性があれば、あなたはストラクチャードイグジットの有力候補です。あなたの市場は明確に定義されていないかもしれませんが、投資家に**リスク調整後リターン**をもたらす可能性から、**メザニン・デット**とベンチャーデットを利用できる機会も生じるかもしれません。

社会的企業なら、顧客が社会的弱者である／もしくは市場が未開発である場合、利用できる市場データがないアーリーステージにおける自社のリスクを軽減するために**返済免除条件付融資**、**回収可能な助成金**、ないし**インパクト・リンクド・ファイナンス**を利用する方法を考えるとよいでしょう。

> » **ニッチ・ベンチャー**：革新的な製品やサービス、ニッチ市場、顧客セグメントを有し、安定成長から高成長する見通しがある。

ニッチな顧客セグメントがあるなら、**デット〔借入〕型**もしくは**購入型クラウドファンディング**、インボイスファクタリング、**サプライチェーン・ファイナンス**を通じて、自社の資金調達戦略に顧客を組み入れることを検討できます。もし高成長見通しがあるなら、指数関数的成長の見通しを立てなくてもリスク資本を利用できるストラクチャードイグジットも検討対象になるかもしれません。

社会的企業であれば、商業融資に移行するための信用履歴や**資産**を作るのに返済免除条件付融資をどう活用できるか考えるとよいでしょう。

> » **ダイナミック・エンタープライズ**：確立した産業やセクターにいて、すでに実績のある既存の製品や実証済みのビジネスモデルを有し、安定的な成長を見込んでいる。

ハイリスク・ハイリターンの資金調達オプションがない場合は、自分に必要なタイプの資金調達と適切な担保ないし収益源のマッチングに際して、目的を意識する必要があります。担保付きの**銀行融資**を利用するため

の信用履歴と担保がまだできていない場合は、インボイスファクタリング、サプライチェーン・ファイナンス、もしくは無担保のメザニン・デットのような専門的な商品を検討するのが適切かもしれません。適切なデット〔借入〕資本の利用を増やしたりコストを下げたりするために**保証**を探すのもよいでしょう。

社会的企業か非営利団体であれば、返済免除条件付融資か回収可能な助成金によって、ターゲット市場に効果的に応えられる柔軟な資金が安い**資本コスト**で獲得できるかもしれません。

> » **生計事業**：家族経営できわめて地元密着型の企業で、地域内の事業機会によって営まれており、将来的な成長見込みは限られている。

高成長の見通しがない場合、その会社はハイリスク・ハイリターンの資金調達オプションから除外されるでしょうが、もし大きな実績があればデット〔借入〕による資金調達オプションを利用できるはずです。また、**従業員所有権**が税と収益の観点から会社にどのような利点があるかも検討してよいでしょう。

社会的企業か非営利団体であれば、あなたが対応している地域に特化した地元のミッション重視型資本を利用すると、資本コストを下げられるかもしれません。

あなたはどのくらいミッションドリブンか？

会社のミッションは何か。ミッションはどのように会社に埋め込まれているか

本書で一貫して述べているように、あなたの会社のミッションおよび（または）**セオリー・オブ・チェンジ**を理解することは、どのような資金提供者と資金調達ストラクチャーが自社に最適かを理解するためにきわめて重要です。

ミッション・エンベデッドネスの度合いが高い会社なら、**定款**にミッ

ションを明記している可能性が高いでしょう。なぜならそれが会社の設立理由、提供する製品やサービスの種類、提供する対象を決める重要な部分だからです。また資金調達契約に自社のミッションを埋め込む選択もあるかもしれません。あなたの会社が**営利企業**の構造であるなら、自社を社会的企業と自認している可能性が高いでしょう。ミッション・エンベデッドネスの度合いが高ければ、インパクト重視型資金提供者から資金調達を行う資格があるかもしれません。

それとも、あなたの会社はミッションドリブンだけれど社会的企業と自認していないかもしれません。ミッションは会社としてどのような事業運営をするかの指針となり、非倫理的なふるまいの防止になるでしょう。また、あなたは製品やサービスが社会や環境に及ぼす影響も意識しているかもしれません。これは社会的企業や非営利団体に比べるとミッション・エンベデッドネスの度合いが低いと考えられるかもしれませんが、社会的意識の高い企業を経営することは立派な目標です。インパクト重視型資本に適格である可能性は低いかもしれませんが、リスクがつきものと見られる可能性（現在の資金調達市場で社会的企業が苦労していることです）も低いでしょう。

インパクトの実績があるか

あなたがインパクト重視型資金提供者からの資金調達に関心があるなら、自社のエンドユーザーが社会的弱者であるエビデンスを提供できなければなりません。これは**経済ピラミッドの底辺（BOP）**または**新興中間層**に該当する顧客の割合など社会経済的地位の形でもよいですし、顧客が市場で受けているサービスがいかに不十分かを示すデータを用いたジェンダーその他の分類を示すのでもよいでしょう。

あなたが提供している製品またはサービスに大きなインパクトがあるエビデンスも必要となるでしょう。これはあなたのセオリー・オブ・チェンジと一致するデータでなければなりません。あなたが環境にプラスのインパクトを創出しているなら、その科学的エビデンスが必要となります。社会的にプラスのインパクトを創出しているなら、エンドユーザーおよび

その他のステークホルダーからあなたの製品やサービスの効果を示す**実証可能なデータ**が必要になります。

　スタートアップであるかインパクトのデータを収集してこなかったために実証可能なインパクトの実績がまだない場合は、関連データを収集するための現実的な計画を立てる必要があるでしょう。あなたの会社が有するインパクトの潜在的可能性の規模、深さ、重要性を示すために**代用データと計量経済学的研究**、あるいはそのどちらかを利用できなければなりません[1]。

私たちの資金調達ニーズは何か

必要な資金はいくらか

　第4章で述べたように、現在の**バーンレート**と予測されるバーンレートを計算する必要があります。

> » **バーンレート**＝毎月入ってくる現金（キャッシュフロー）－毎月出ていく現金（支出）

　成長目標に達するためにかけなければならないコストを必ずすべて入れてください。創業者は自分が予測している成長を遂げるために実際にかかるコストを過小評価しがちです。

　黒字であれば、自社の成長計画の資金が賄えるには**内部留保**に加えてキャッシュがどれだけ必要かを検討しましょう。資金源としては必ず内部キャッシュフローの創出をまず考え、実際に必要になってからはじめて外部資金を求めるべきです。

　自社のニーズが**運転資本**に関係しているなら、それを月次、週次、日次で予算取りし、**当座貸越**や**クレジットライン**のような既存の融資枠を考慮しつつ、収支のタイミングに基づいて**流動性**不足を把握する必要があるでしょう。多くの企業がキャッシュの入りと出のタイミングが一致しないた

---

1) インパクト測定についてさらに詳しくは、オンライン・コンパニオンの関連資料を参照してください。

めに破綻します。

何に資金を使う必要があるのか

　自社に必要な資金調達のタイプを判断する際、何に資金を使う計画かは重要です。資金の用途には主に次のようなカテゴリーがあります。

> » **プルーフ・オブ・コンセプト（POC）**：商品・サービスのコンセプトのテストもしくは最初の実用最小限のプロダクト（MVP）を作るために使うキャッシュ。

　これは製品第1号のためであっても、新市場や新製品に拡張するためでもかまいません。プルーフ・オブ・コンセプト（POC）の資金提供にはリスクがつきものであり、資金提供者のリスク許容度はきわめて高くなければなりません。あなたの会社がコンセプトステージの会社であれば、おそらくエクイティ〔資本金〕もしくはエクイティに似た資金調達（償還可能株式など）か、助成金でなければならないでしょう。もしアーリーステージないし新市場向けの追加的な製品やサービスを開発中の成長ステージの企業であれば、内部資金を使うか、リスク許容度の高い資金を追加的に探すことができます。すぐに返済する能力はおそらく低いため、これは中〜長期の資本でなければならないでしょう。

> » **成長資本**：人の採用、新製品開発への投資、システムの導入、将来のためのマーケティングに使うキャッシュ。

　会社の成長に投資し、その資金が**投資収益**を生み出すには時間がかかるため、**成長資本**は一般的に中〜長期の資金です。成長資本が短期のニーズのためであれば、無理なく返せるように返済を収益かキャッシュフローにリンクさせるべきです。

» **運転資本**：製品やサービスに必要な投入財、仕入れ品、あるいは原材料を購入するために使うキャッシュ。

資材在庫は短期で管理できることが多いので、**運転資本**は一般的にどちらかといえば短期の資金です。できれば、あなたの会社の運転資本はデット〔借入〕、レベニュー・ベースド・ファイナンス（RBF）、インボイスファクタリング、サプライチェーン・ファイナンスのような短期の融資で調達するようにすべきです。運転資本ニーズを賄うために自社の所有権を売却するのは、ごく短期間の資金ニーズのために自社の恒久的な持ち分を売却するということです。運転資本のためにストラクチャードイグジット契約を検討しているなら、その資金調達方法と他の短期的な選択肢のコストを比較する必要があるでしょう。

» **資産**：建物、設備、ブランドなどの有形資産や無形資産に投資されるお金。

資産購入に使われる資本は購入する資産のタイプと大きさによって変わってきます。資産が小型ですぐに収入を生み出すものであれば、大型資産か収入を生み出すまでに時間のかかる資産に比べて返済期間は短くてよいでしょう。その資産が保証の役割を果たせるなら、購入資金の調達に担保付融資を利用できる可能性があります。

担保として使える資産はあるか

今ある資産の棚卸をして、担保にできる資産はあるか、それを資金を獲得するために抵当に入れて大丈夫かを確認する必要があります。なんらかの担保があれば資本コストは下げられますが、**債務不履行**を起こせばその資産は差し押さえられる可能性があると覚えておくのが重要です。会社が建物や機械などの価値ある有形資産を所有していて信用履歴があれば、銀行その他の金融機関から担保付き融資を受ける資格があるかもしれません。そのような貸し手はあなたの**資本政策表**において他の債権者や投資家

よりも優先されることを求めるでしょうが、本書で取り上げた他の選択肢よりも比較的低い金利を提供してくれるでしょう。

　保証も抵当として使えます。それは**個人保証**でも第三者からの保証でもよいですし、資金提供ありでも資金提供なしでもかまいません。一部のストラクチャードイグジットには個人保証が求められる可能性がありますが、非営利団体ライダーズ・フォー・ヘルス（第14章）が使ったような資金提供ありの保証か大規模で評判のよい事業体からの資金提供なしの保証は、金融機関の担保付融資に適格となるのに役立ちます。

　注文書か**インボイス**があるなら、それを使ってSOKOとパワード・バイ・ピープルの事例（第3章）で取り上げたパーチェス・オーダー・ファイナンスかインボイスファクタリングを利用できます。

　最後に、経常的な収益源と現在の資金提供者の評判を一種の抵当として利用し、RBFに適格となることができます。

　このような資産の価値は、それが建物か**保証人**の評判かにかかわらず重要です。資金提供者はあなたの抵当があなたのリスクプロファイルにどう影響するかを、その抵当にどの程度の価値があると思われるかに基づいて評価します。

どんな方法で返済したいか

　資金提供者への返済計画に関しては3つの戦略があり、それが資金調達の選択肢に影響してきます。第1の戦略はサードパーティー・イグジットを通じた返済です。第2の戦略は内部キャッシュフローからの返済です。第3の戦略は将来の資金調達を使った返済です。厳密に言えば返済しないという第4の選択肢がありますが、返済要件のない助成金でない限りこれは債務不履行になりますからお勧めはできません。

　サードパーティー・イグジットとは将来の**会社の売却**、合併、株式公開、**セカンダリー・セール**のいずれかです。あなたにそのつもりがあるとすれば、それはあなたの会社が指数関数的成長の軌道に乗っているか、会社の売却（もしくは他社との合併）に向けての現実的な道筋ができていることを意味します。セカンダリー・セールとは将来の投資家が現在の資金

提供者から会社を買い取ってくれることです。資金提供者にこれをリターン戦略として受け入れてもらうためには、これが実行可能な戦略であると納得してもらう必要があるでしょう。自社の潜在的な資金提供者にとってこれが適切なリターン戦略であると考えるなら、**コンバーティブル・デット**、**SAFE**、あるいは**プライスド・エクイティ・ラウンド**のようなエクイティ〔資本金〕の選択肢を検討できます。

内部キャッシュフローとは、収益、キャッシュフロー、あるいはなんらかの計算を使って資金の返済をすることです。例としてはRBFとほとんどの種類のデット〔借入〕が入ります。あなたの会社の収益に季節性があるか**景気連動性**があれば、収益の変動に合わせた返済を許容する資金調達オプションにする必要があるでしょう。

将来の資金調達を使って返済するとは、これまでの資金提供者に返済するために新しい資金調達を利用する計画だということです。あなたが担保や信用履歴のないコンセプトステージかアーリーステージの会社である場合、資金調達の選択肢は一般的にかなり高額ですが、希望的観測として時間の経過につれ実績が積み上がり、融資の担保にする資産も作れる可能性があります。つまり、より長期で安価な融資への適格性を獲得するか、**債務繰延**をすることを計画できるということです。その場合は、高価な資本をより安価な資本形態にいずれ置き換えることを計画できます。例えば、デット〔借入〕によって償還可能株式を買い戻し、借入金は内部キャッシュフローを使って時間をかけて返済できるかもしれません。ほとんどの会社は事業を運営している間ずっと帳簿になんらかのデット〔借入〕を残しています。長期の担保付融資は成長、拡大、運転資本の変動の資金を賄う安価な方法となりえます。あなたがこれを予定しているなら、十分な借入金を調達する力をつけるとともに、それが可能だと資金提供者に証明する必要があるでしょう。

所有権をどうしたいか

所有権という観点からは、現在の会社の状況と将来の計画を評価する必要があります。あなたが営利企業なら、将来も創業者として会社を所有し

続けたいか。従業員に所有権を分配する形に移行したいか。調達する資金の種類によって、将来に思い描く所有権の形を実現しやすくなったりしづらくなったりします。

　デット〔借入〕と助成金をベースとした資金調達オプションでは会社の所有権を譲ることを求められませんが、エクイティ〔資本金〕による資金調達では求められます。ただし償還可能株式のような資金調達オプションならエクイティ〔株式〕を買い戻して会社の経営権を維持する機会が得られます。外部資金提供者にあなたの会社の**株式**を所有させるとは、自分の会社の経営権と所有権を譲り渡すことですから、短期、中期、長期に所有権を譲る意思が自分にどれだけあるかを検討する必要があります。

将来はどのような資金調達が必要になりそうか

> » あなたは将来、エクイティ〔株式〕を売却したくなると思いますか？

　もしそうなら、資金調達する今の時点でそれを認識しておく必要があるでしょう。例えば、多くのエクイティ資金提供者はストラクチャードイグジット契約を理解せず、収益やキャッシュフローの一部が前の資金提供者に払い戻されることを望まないかもしれません。したがって、もしあなたがストラクチャードイグジット契約を検討しているなら、タイミングと契約の含意を明確に理解しておく必要があります。将来エクイティ〔資本金〕によって資金調達する計画なら、それは将来の資金調達ラウンドであなたの会社が**希薄化**されるということでもあります。ですから、会社のアーリーステージではできるだけ多く**非希薄化資本**を調達するとよいでしょう。非希薄化資本とは、所有権の売却を求めない資本のことです（所有権を買い戻せる償還可能株式が含まれることもあります）から、助成金や**借入資本**も当てはまります。

> » あなたはデット〔借入〕を利用できるようになるために信用履歴を築きたいと思っていますか？

もしあなたが借入資本を獲得するために信用履歴を築きたいなら、債務返済履歴を蓄積し、収益を上げ、担保を作ることに集中すべきです。クラウドファンディング、RBF、インボイスファクタリング、返済免除条件付融資、回収可能な助成金の利用はいずれも、柔軟な借入資本を使って信用履歴を作る手段です。保証は信用履歴を作っている間の資本コストを下げるのに役立ったり、担保の代わりにできたりします。あなたが営利企業か非営利団体かにかかわらず、債権者となりうる相手に自社が期日通り債務を返済できると示すことで、デット〔借入〕資金が利用しやすくなり、資金調達コストが下がるでしょう。

> あなたは将来、外部資金を利用しなくても済むだけのキャッシュフローを内部創出したいと思っていますか？

　将来は内部で資金調達することがあなたの目標なら、リターンを出すために外部資金を利用しなくても済むタイプの資金調達方法を利用する必要があるでしょう。つまり、エクイティ〔資本金〕による資金調達はあなたの検討対象には向かない選択肢だということです。

資金提供者にどの程度関与してほしいか

　創業者がエクイティ〔資本金〕による資金調達を求める大きな理由の一つは、一般的にエクイティ資金提供者が単なる資金以上のものをもたらしてくれることにあります。エクイティ資金提供者は創業者の成長が自分の利益と一致するので、創業者が急成長企業を築く手助けをするために、キャッシュとともに専門知識と人脈を提供する用意があります[2]。ストラクチャードイグジット資金提供者、特にコンバーティブルRBFと償還可能株式の資金提供者にとっても、会社の成長が自分たちの利益に一致します。

　会社の形成に関与してくれる資金提供者を探しているなら、関与しても

---

2) すでに述べてきたように、この理由から、会社がどのような成長を追求するかについて創業者と資金提供者の意識が一致しないと問題が発生するかもしれません。創業者と資金提供者は、目指す会社のタイプとリターンを受け取る方法に関して、明確にすべきです。

らうために適切なインセンティブを出す意思が必要です。これは一般的に、会社の業績が良ければなんらかの**アップサイド**を提供するという意味ですので、資金調達オプションを評価する際はこれを考慮に入れる必要があります。

　資金提供者にとって最も理にかなったインセンティブと条件を提案するためには、資金提供者候補の優先課題と能力を理解しなければなりません。あなたが会社として求めている関与と付加価値を提供できるのはどのような資金提供者か、それを理解するために積極的なデューデリジェンスを行う必要があるでしょう。次の章が資金提供者候補を評価するのに役立ちます（表28-3）。

表28-3　資本タイプ別　資金提供者へのアプローチ方法

カテゴリー	助成金	デット〔借入〕資本	エクイティ〔株式〕資本
重視するポイント	社会的なプラスと社会的なマイナスを重視	金銭的なマイナスを重視	金銭的なプラスを重視
関与の度合い	関与が低い	関与が低い	関与が高く継続的
リスク緩和戦略	インパクト報告	誓約事項に関する財務報告	取締役の派遣、議決権

第29章

あなたにふさわしい資金提供者のタイプとは?

あなたの会社のニーズについて理解を深めたところで、今度はあなたが資金提供してもらいたい資金提供者のタイプについてお話ししましょう。相手が自分にふさわしい資金提供者かどうかを判断するには、相手についてあなた自身がデューデリジェンスを行う必要があります。資金提供を受けるために接触すべき資金提供者を判断したり、特定の資金提供者とのパートナーシップを評価したりする際に確認したいことをいくつか紹介しましょう（表29-1）。

表29-1　資金の評価

質問	関連用語
自社は相手の投資仮説に合っているか	投資仮説、マーケットフィット
互いのミッションは合致しているか	ミッション、セオリー・オブ・チェンジ、ミッションの合致
相手が資金提供したことのある会社はどこか、その創業者は何と言っているか	紹介／照会
相手はどのようなリソースを提供してくれるか	信用力のある担保、デット〔借入〕、流通チャネル、エクイティ〔資本金〕、資金調達支援、財務管理、地理的知識／プレゼンス、助成金、ガバナンス支援、人的資本支援、インパクト戦略、問題領域におけるアウトカム／業界知識／経験、購買力、ソーシャルキャピタル、戦略的支援、技術経験、可視性
相手はどの程度のリスクを許容するか	低～高金銭的リスク、低～高インパクトリスク、エンジェル、アーリーステージ、成長
相手はどのようなリターンを求めているか。いつ求めるか	内部収益率（IRR）、自己資金配当率（CoC）、投資倍率、元金、リスク調整後リターン、時間枠、ファンドのライフサイクル
ステークホルダーは誰か。資金提供はどのように承認されるか	リミテッド・パートナー（LP）／ジェネラル・パートナー（GP）構造、リミテッド・ライフ・ファンド、寄付者助言基金、財団、ファミリーオフィス、政府、投資委員会、非営利団体の理事会

自社は相手の投資仮説に合っているか

　資金提供者の**投資仮説**とは、資金提供者が投資する会社のタイプを明確に述べたものです。仮説では資金提供者が資金提供するセクター、地域、会社のステージ、資金提供手段、資金規模を特定します。したがって、あなたは自社がセクター、地域、ステージ、投資規模の面で相手に合っているかを理解するために、資金提供者候補の投資仮説をじっくりと評価する必要があります。

　もし資金提供者が今用いている資金提供手段はあなたの会社にとってベストではないけれど、それ以外の基準を自社がクリアしているのであれば、交渉してみる価値があるでしょう。あなたは本書で紹介している革新的な資金調達方法を利用したいのに、相手はあなたが求めている資金調達方法を知らない可能性もあります。

互いのミッションは合致しているか

　あなたの会社がメインストリーム市場の企業か、**協同組合**か、**利益分配型**の**社会的企業**か、**非営利団体**かにかかわりなく、あなたは自社の基本的なミッションと自分がどのような会社を作ろうとしているのかを理解しておく必要があります。ですから、資金提供者と関わる決断をする前に、相手のミッションを聞くべきです。先方の優先課題は何か。相手の優先課題と自社のミッションはどれくらい一致しているか。

　組織だけでなく、一緒に仕事をすることになる個人も評価する必要があります。相手はあなたの会社を理解しているでしょうか？　今後何カ月、何年にもわたって一緒に仕事をすることが楽しみに思える相手でしょうか？

　あなたの会社が**インパクトの仮説**のしっかり埋め込まれた社会的企業か非営利団体なら、資金提供者の**セオリー・オブ・チェンジ**を知り、それが自社のセオリー・オブ・チェンジにどれくらい合致するかを理解しておきましょう。あなたの会社がメインストリーム市場の企業であれば、金銭的

リターン以外の資金提供者の優先課題を評価すべきでしょう。相手の**ミッション・ステートメント**を聞くことで評価できますが、自社とのミッションの合致度を判断するベストな方法は、以前相手から資金提供を受けたことがある他社か、相手と一緒に出資したことのある会社に話を聞いてみることです。過去の行動から、彼らがどのような資金提供者なのか多くを知ることができるでしょう。

　だからといってミッションが合致する資金提供者としか取引できないわけではありませんが、資金提供者の経営権と関与が大きいほど、自社のミッションについて妥協する機会も増えることは覚えておいてください。それを防ぐための条項を契約書に入れてあってもです。また、事業が苦しくなって再交渉に臨まざるをえなくなったとき、あなたとミッションが合致しない資金提供者は自分たちの目先の金銭的リターン以外の要素を考慮してくれる可能性は低いでしょう。

　私はこの本を書くための調査で、ありとあらゆる革新的な資金調達を行った150名を超える創業者と資金提供者に取材しました。インタビューでほぼ必ず話に出たのが信頼についてでした。創業者と資金提供者は相手を信頼できなければなりません。信頼がなければ、どれほど契約書を精緻に作り込もうと、革新的な契約を結ぼうと、絶対にうまくいきません。信頼を築くためにはミッションの合致が必要です。

相手が資金提供したことのある会社はどこか、その創業者は何と言っているか

　相手が過去に資金提供した他社を確認する必要があります。他の投資先企業はあなたの会社と似ているでしょうか。そこの創業者は資金提供者と一緒に仕事をした経験についてどのような感想を持っているでしょうか。従業員を新規採用する場合と同じように資金提供者の身元照会をすることは、正しい判断をするための重要なステップです。

相手はどのようなリソースを提供してくれるか

　自己評価では、自社の現在のニーズを満たしてくれる支援の種類を判断しなければなりません。そこで、自社が求めているリソースを資金提供者が提供できるかどうかを確認する必要があります。表29-2（次頁）は、第4章で紹介したリソースと本書で取り上げてきた資金タイプを組み合わせたリストです。

　リストのリソースの多くは資金提供者が提供できる投資先支援です。企業レベルのリソースもあれば、個人レベルのリソースもあるかもしれません。ということは、組織内の誰と付き合うのかを検討しなければなりません。その人が自社の取締役になるならなおさらです。

相手はどの程度のリスクを許容するか

　資金提供者がどの程度のリスクを許容するかを理解する必要があります。アーリーステージの資金調達リスクについて論じたら本一冊分になりますし、実際にそうした本はたくさんあります[1]ので、ここではいくつかの重要な論点を取り上げ、資金提供者のリスク許容度を評価する際の参考にしていただきたいと思います。

エンタープライズ・リスク

　前章で示したリスクの高低範囲の中で自社が高リスクに該当したら、あなたの会社は失敗するリスクが高いです。資金提供者の中には失敗の可能性に寛容なところもあります。そのような資金提供者は**エンタープライズ・リスク**許容度が高いのです。1～2社だけずばぬけた好業績を上げて他の投資先企業の失敗を埋め合わせればよいポートフォリオを構築する、というVCらしい投資手法を採用することによって、リスクを緩和しているのかもしれません。あるいは自分たち自身がリスク許容度の高い資本を探して（第15章のプライム・インパクト・ファンドのように）、大きなリス

1）この本のオンライン・コンパニオンでおすすめの情報源をリストにしています。

表29-2　リソースの種類と資金調達オプション

種類	説明	使える資金調達オプション
信用力のある担保	公開市場と非公開市場で決定される価値を多大に有する資産	保証
借入資本	貸し出しできる資本	担保付融資、レベニュー・ベースド・ファイナンス（RBF）、コンバーティブルRBF、ベンチャーデット、メザニン・デット
流通チャネル	専有チャネルまたは共有チャネルを通じて製品やサービスを流通させる能力	インボイスファクタリング、サプライチェーン・ファイナンス、収益創出
株式資本	所有権を購入するために使える資本	プライスド・エクイティ・ラウンド、コンバーティブル・デット、SAFE/KISS、償還可能株式
資金調達支援	将来の資金調達のための支援、助言、人脈	すべての種類の資金調達方法
財務管理[a]	財務管理能力や財務会計システムの開発支援	非金銭的支援
地域の知識／プレゼンス	ターゲットとしている地域についての知識、その地域におけるプレゼンス	非金銭的支援
助成金	金銭的リターンを期待しない資本	返済免除条件付融資、回収可能な助成金、転換権付助成金、保証
ガバナンス支援[b]	取締役会の構築支援およびガバナンスシステムの強化	非金銭的支援
人的資本支援[c]	採用する人材との橋渡し、既存の経営陣の強化支援	非金銭的支援
インパクト戦略	セオリー・オブ・チェンジおよびインパクト測定・マネジメント（IMM）戦略の開発支援	非金銭的支援
問題領域におけるアウトカム／業界知識／経験	特定されたアウトカム領域で働いた経験	非金銭的支援
購買力	製品／サービスの購入に充てる能力	インボイスファクタリング、サプライチェーン・ファイナンス、収益創出
ソーシャルキャピタル	関連する人々やコミュニティに対する事業体または個人の影響力／信用	非金銭的支援、クラウドファンディング
戦略的支援	ビジネスモデル開発、事業計画	非金銭的支援
技術経験	関連技術を使ったり構築したりする能力	非金銭的支援
可視性	多数の関係者に情報を普及させる能力	クラウドファンディング支援、非金銭的支援

a-c) EVPA NFS report—https://evpa.eu.com/knowledge-centre/publications/adding-valuethrough-non-financial-support-a-practical-guide

クを取れるようにしているのかもしれません。「**バック・ザ・ジョッキー**（馬ではなく騎手を応援する）**精神**」を持っている、つまり自分が信じる起業家を見つけて、**ビジネスモデル**がまだ完成していなくても投資しているのかもしれません。このようなエンタープライズ・リスク許容度の高い資金提供者は、優れた起業家が成功する企業を作り上げるためにいつでも軌道修正できると信じているのです。

エンタープライズ・リスク許容度が中〜低程度の資金提供者は、高リスク企業に資金提供するために**担保**、**保証**、あるいは抵当を求める可能性があります。またどんな保護策を講じても高リスク企業とは関わりたがらない資金提供者もいます[2]。

市場リスク

企業にどれほど才覚があっても、市場規模のリスクによって失敗するリスクは常にあります。世界的なパンデミックから政変、通貨切り下げ、巨大な競合他社の登場、気候変動まで、無数の可能性がリスクになります。**市場リスク**許容度の低い資金提供者は、確立した市場と政治的リスクの低い国にいる企業に投資するか、分散投資をはかることによってリスクを緩和する場合もありますが、市場リスクをゼロにする方法はありません[3]。

スケーラビリティ・リスク

スケーラビリティ・リスクは、企業が計画した金銭的リターンないしインパクト・リターンを生み出すために必要なスケールに達しないリスクです。投資用語では、スケールとは企業が成長するにしたがって高い利益率

---

[2] この項はシンシア・シュウィア・レイナーと著者が2017年にバーサ・センター・フォー・ソーシャル・イノベーション・アンド・アントレプレナーシップのためにまとめた事例集から改変して収録しています。事例はジェド・エマーソン著「インパクト資産のイシューブリーフ〔簡潔な解説〕#2、リスク・リターンとインパクト：インパクト投資ポートフォリオの多様化とパフォーマンスの理解（Impact Assets Issue Brief #2, Risk Return and Impact: Understanding Diversification and Performance Within an Impact Investing Portfolio by Jed Emerson）」をもとにしています。

[3] インパクト投資に関しては、市場の動きをもとに購買意思決定を行う可能性の低い社会的弱者を顧客とする企業に注目することによって、一層の分散が図れるという興味深い理論があります。つまり、そのような企業は市場の変動との相関が低いわけです。ただしこの仮説を証明する十分なデータはまだありません。

で事業運営できる能力を指します。**社会的インパクト**重視型資金提供者はこの概念を拡大して社会的インパクトまで含め、スケーラブルな社会的企業は規模が大きくなるにしたがって、投入財一単位当たりの社会的インパクトが大きくなるはずと考えます。資金提供者は投資額とストラクチャーを通じてこのリスクを緩和できます。

流動性リスク

流動性リスクとは、資金提供者が必要なときに資金を引き出せないリスクです。資金提供者の流動性リスク許容度が高ければ、**投資収益**が出始めるまでに長期間待ってくれるでしょう。ある投資に長期間固定される資本は一般的に、いつでも引き出せたり返済期間が短かったりする資本よりも高額になります。これを**流動性プレミアム**といいます。プライベート・エクイティ投資家とベンチャーキャピタル投資家は総じて、自分の資本が長期間固定されると想定します。これがエクイティ〔株式〕資本が非常に高額である（非常に高額のリターンを要求する）理由の一つです。

イグジットリスク

流動性リスクはどちらかといえば投資資金を引き出せないことに関わるリスクですが、**イグジットリスク**は投資からの**イグジット**に成功せずリターンを得られない可能性です。イグジットリスク許容度の高い資金提供者は従来型のエクイティ〔株式〕という手段を利用する傾向が高いのに対して、イグジットリスク許容度が中程度の資金提供者はリスクを緩和するために**ストラクチャードイグジット**のような手段を使うかもしれません。イグジットリスク許容度の低い資金提供者は返済の見込みが明確なデット〔融資〕という手段を使う傾向が高いでしょう。

取引コストリスク

新しいタイプの資金調達ストラクチャーを利用しようとする場合、その投資契約を構成するためのコストが多大になるリスクがあります。もし資金提供者が自分たちの資金提供オプションのラインナップを増やすことに

力を入れているなら、**取引コストリスク**の許容度が高い可能性があります。そうでない場合は、自分たちの現在のテンプレートに合致しないストラクチャーの検討には前向きでないかもしれません。

税務リスク

特定のタイプの投資ストラクチャーの利用に関して、国内に確立した判例や明確な税規制がない場合、そのストラクチャーを使った資金提供には**税務リスク**があります。もし資金提供者の税務リスク許容度が高ければ、そのリスクを取って前例を確立することにやぶさかではないかもしれません。そうでない場合、新しいものに挑戦するのは税の観点からリスクが高すぎると考える可能性があります。

インパクト・リスク

インパクト・リスクとは、投資が想定された社会的または環境的なインパクトを達成しないリスクです。インパクト・リスクには、プロジェクトや介入が成功しても別の領域でマイナスのインパクトを生み出し、社会や環境への純便益が小さくなるかゼロになってしまうことも含まれます。インパクト・リスク許容度が高い資金提供者は、失敗する可能性が高くても大きなインパクト生み出す可能性を秘めた企業への投資に積極的でしょう。インパクト・リスク許容度が低い資金提供者は、インパクト・リスクを緩和するために強固な**インパクト実績**と実証可能なインパクト・データを求めるでしょう。

2020年には、気候変動、人種間の不公平、社会とジェンダーの不平等が世界中で経済と政治の話題の中心に浮上しました。世界的なパンデミックがきっかけとなった面もありますが、その大半は長年にわたって水面下でくすぶっていた問題です。2020年以降の資金調達の現場では、これらの問題が資金提供者のリスク観において考慮されるようになっています。インパクト投資家が起業家チームを評価する際に多様性、公平性、包摂性は今ますます求められています。最もメインストリームの投資家のリスク分析においてさえ、環境的インパクトが注目されているのです。

資金提供者はどのようなリターンを、いつ求めるのか

　多くの資金提供者は**リスク調整後リターン**を求めているでしょう。つまり、潜在的な金銭的リターンをその投資で自分が取るリスクの評価に基づいて設計し、取るリスクを補償してくれるリターンを求めるはずです。資金提供者が**市場期待収益率**を求めるというときは、似たリスクプロファイルを持つ他の投資と同等のリターンを求めているという意味です。

　資金提供者は、**内部収益率（IRR）**、**自己資金配当率（CoC）**、**投資倍率**、金利など本書で紹介してきたさまざまな条件を使って、期待する金銭的リターンを計算できます。これまでに取り上げたリスク要因はすべて、資金提供者が求めるリターンのタイプを決める際に考慮されます。

　パート4で述べたように、ミッション重視型資金提供者の中には、金銭的リターンをあらかじめ決められた社会的ないし環境的**アウトカム**と引き換えにしてもよいと思っている人々がいるかもしれません。投資先組織の社会的・環境的インパクトに注目し、金銭的リターンは投資計算において二の次にしているミッション重視型資金提供者もいるかもしれません。

　本書で取り上げてきたストラクチャーのいずれにおいても、資金提供者が期待する金銭的リターンおよび（または）社会的インパクト・リターンを理解することが最も重要です。

　そのリターンのタイミングも理解する必要があります。資金提供者が**リミテッド・ライフ・ファンド**を所有している場合、自分たちの10年ないし12年の投資サイクルの間にリターンを出さなければなりません。相手がファンドの3年目にあなたに投資した場合、**ファンドのライフサイクル**が終わる前、つまり向こう7〜9年の間にリターンを出す必要があります。相手が所有しているのが**エバーグリーン・ファンド**であるか、相手に外部資金提供者がいない場合は、資金提供者自身の内部的なタイミングの想定を理解する必要があるでしょう。

ステークホルダーは誰か

　資金提供者が資金提供に関してどのような選択肢と制約を持っているかを理解するためには、相手にどのようなステークホルダーがいて、出資がどのように承認されるのかを見る必要があります。

　多くの資金提供者には**リミテッド・パートナー（LP）**や外部寄付者のような**外部ステークホルダー**がいるでしょう。その場合は、相手と外部資金提供者の間に事前に合意された成功の基準があることを理解しなければなりません。外部資金提供者がLPなら、投資できる会社のタイプ、リターンの要件、取れるリスクの水準、リターンを出すスケジュールが決まっているはずです。例えば、あるVCファンドが「アジアのアーリーステージのヘルステック・スタートアップにエクイティ投資する予定で、目標リターンは20％以上、ファンドの存続期間は12年」と言ってLPから資金調達する場合、そのVCファンドは12年後にLPに資金を返済する（リターンを上乗せして）約束をしたことになります。LPはその説明をもとに自分の資本をファンドに投資したのですから、ファンドが投資先企業のタイプ、求めるリターン、リスク水準、投資家に資金を返済するスケジュールを変更するのは難しいでしょう。

　外部ステークホルダーに責任を負う資金提供者（LPに対して責任を負うVCファンドや**デットファンド**のような）は、投資契約の構成に融通を利かせられる可能性が低く、提供できるリソースの種類についても柔軟になりにくいでしょう。だからといって革新的になれないわけではありませんが、相手の将来の資金調達が相手の外部ステークホルダーの成功基準をクリアできるかどうかにかかっていることは認識しておく必要があります。

　外部寄付者に約束した特定のインパクトを重視する資金提供者は、投資先企業の**ミッション・エンベデッドネス**とインパクト実績を意識しなければなりません。第15章で、非営利団体ウパヤは地元の起業家との協業を通じてインドに雇用を創出するために**回収可能な助成金**を調達しました。その回収可能な助成金のおかげでウパヤは資金の使い道に柔軟性を持たせることができました（融資、エクイティ投資、**レベニュー・ベースド・ファイ**

ナンス〔RBF〕その他の形で支援ができました）が、ウパヤは寄付者に約束したインパクト、この場合で言えば、インドの経済ピラミッドの底辺にいる人々に雇用を創出するためにその資本を使わなければなりませんでした。

ファミリーオフィスや**エンダウメント**のような資金提供者には外部資金提供者がいないかもしれませんが、内部のステークホルダーには責任を負っているでしょう。つまり、配分する資金が組織内の成功基準を満たさなければならないのです。外部ステークホルダーに責任を負っていない資金提供者のほうが投資契約の構成方法や提供できるリソースの種類に関して融通を利かせやすいです。

あなたが考慮すべきもう一つの点は、資金提供者の資金提供（あるいはリソース配分）がどのように承認されるかです。資金提供者にはどの投資契約を承認するかを決める**投資委員会**か**理事会**か**シニアマネジメント委員会**があるかもしれません。承認プロセスにかかる時間は短いことも長いこともありますし、契約の種類によっては膨大なデューデリジェンスの書類が求められるかもしれません。

最後に、ファンドのライフサイクルも重要です。第2章を思い出してほしいのですが、GBFがSOKOのために資金提供方法を修正できなかったのは自分たちのファンドのライフサイクルが終わろうとしていたためでした。資金提供者がファンドのライフサイクルのどの時点にいるかを理解することが重要な場合もあります。

第30章

あなたに適した資金調達方法は？

　あなたの会社の立ち位置と、あなたに適した資本の種類および資金提供者のタイプがわかるようになったところで、次はあなたに最も適した資金調達のタイプを検討しましょう。ここまでの29章で見てきた通り、組織の性格と資金ニーズによって必要な資金調達のタイプは異なります。自社がどのようなタイプの資金を惹きつけられるかは、自社のリスクプロファイル、**担保**、キャッシュ創出の潜在的能力、**所有権／希薄化**に対する姿勢、**イグジット**見通しといったものに左右されます。このようなニーズは多種多様で、きわめて独自性が強い場合があるので、私にはそれぞれの資金調達ストラクチャーが最も向いていると思われる会社の特徴を示唆することはできますが、あなたに最も適した契約タイプを教えることはできません。

　「何をおいてもまず、資本に良いもの悪いものがあるわけではないことを起業家は理解すべきだと思います。会社が成長している間はいつなんどき資本が必要になるかもしれません。ですから、その資本が自社のキャッシュフロー、事業のビジョン、あなたが望む成長のスケールにどれだけ合っているかを理解することが、念頭に置くべき大切な要素です」

——ジャニス・セント・オンジュ、低営利型LLC（L3C）

フレキシブル・キャピタル・ファンド

時が経つにつれ創業者としてのあなたもあなたの会社も変化するだろうということを覚えておくのが大事です。ですから、人生と会社の成長のステージごとに見直し続けるのがよいでしょう。こう但し書きをつけたうえで、本書で取り上げてきた内容を表の形でまとめましたので、参考にしてください。

あなたに使える選択肢は何か

　あなたに使える選択肢の総まとめとして、表30-1、表30-2、表30-3を参照してください[1]。

表30-1　基準別の選択肢まとめ

	あなたの状況	あてはまる場合の選択肢
ミッション、インパクト	規定書にミッションが埋め込まれている	助成金、回収可能な助成金、返済免除条件付融資、転換権付助成金、インパクト・リンクド・ファイナンス
	実証可能な社会的・環境的インパクトの実績がある	
担保	有形資産と信用履歴がある	担保付融資
	保証がある	
	インボイス／注文書／注文を履行した実績がある	インボイスファクタリング、パーチェス・オーダー・ファイナンス、サプライチェーン・ファイナンス
	経常収益がある	レベニュー・ベースド・ファイナンス（RBF）
	ベンチャーキャピタルから資金提供を受けている	ベンチャーデット
投資家へのリターン	会社の売却、他社との合併、あるいは株式公開を計画している	エクイティ（コンバーティブル・デット、SAFE、プライスド・エクイティ・ラウンド）
	内部キャッシュフローまたは外部からの借入によって返済（または償還）する計画である	メザニン・デット、ストラクチャードイグジット（コンバーティブルRBF、償還可能株式）

---

1) 本書のオンライン・コンパニオンに同じ表のインタラクティブ版を掲載しています。

表30-2 インパクトのリンクとミッションの埋め込み

		関連用語	選択肢	資金提供者のモチベーション	創業者のモチベーション
インパクトをリンクさせる対象	資本コスト	金利、配当金／利益分配、返済、償還	金利優遇、マージン・ステップダウン、アウトカムベースド支払	社会的・環境的マイルストーンの達成を促せる	金銭的インセンティブを社会的・環境的マイルストーンにリンクできる
	分配	出資スケジュール	インパクト・マイルストーン分割出資	インパクト達成を資本トランシェの分配に紐づけてインパクトやリスクを軽減できる	より大きな額の資金を利用するためにインパクト実績を証明する能力を提供できる
	転換権	ベスティング、従業員所有権	インパクト・リンクド・ベスティング、株式買い戻し	証券の種類をインパクト・マイルストーンにリンクできる	証券を転換するための明確な目標か要件を設定できる
	所有権	転換権	インパクト・マイルストーン・リンクド転換権	インパクト・マイルストーンを通じた追加的な所有権で創業者にインセンティブを与えられる	インパクトの達成に基づいて買い戻しもしくはベスティングのスケジュールが早まるチャンスがある
ミッションの合致を埋め込む手段	資金調達のタイプ	保証	資金調達ストラクチャーのタイプ	より包摂的で、長期的なインパクト目標を達成する創業者により適した資金調達オプションを作る	組織に適した資本について資金提供者候補と率直に話し合えるようにするために自分の選択肢を理解することは、組織の未来と社会的ミッションの達成能力のためにきわめて重要
	資金の用途	調達資金の使途	リングフェンスした調達資金の使途	資本を確実に特定の目的のために使わせるか、社会的・環境的ミッションを支援するために利用できる	資本の使い道に関して明確な期待を作れる
	所有権	ベスティング、従業員所有権、ステークホルダー所有権	スチュワード・オーナーシップ、ESOP、EOT、労働者所有協同組合、黄金株、シングル財団、トラスト財団	長期的に会社のミッションを保護し、追加的なインパクトのインセンティブを与える	長期的に会社のミッションを保護する
	契約不履行〔デフォルト〕条項	誓約事項、契約不履行事由	ミッション・ドリフトによる契約不履行、プット・オプション、容易化されたイグジット	会社のミッションに大きな変更があった場合に資金提供者が契約を再交渉したり、会社に対して資金提供者のイグジットを手配するよう要求する機会ができる	ミッションが合致していない資金提供者が資金提供に参加している場合に会社のミッションを法的に保護するために使える。制約が戦略的観点から煩雑になりすぎないよう注意
	権利	情報受領権、議決権	ミッション変更議決権、インパクト報告	ミッションに関して会社が提供しなければならない情報の種類を確定できる	創業者の議決権がなくても会社のミッション変更に抵抗する力を入れることができる

表30-3 資金調達オプションの総まとめ表

		エクイティ（プライスド・エクイティ、SAFE、コンバーティブル・デット）	担保付融資	メザニン・デット
	説明	会社の所有権または将来の所有権の購入	担保によって保証された融資	固定金利付きで返済される融資。ワラントや利益分配のようなキッカーを通じたアップサイドがある
プロファイル	事業登記	営利企業、社会的企業	非営利団体、営利企業、協同組合、社会的企業	営利企業、社会的企業
	収益モデル	まだ決まっていないかもしれない	終始一定、または多少季節性がある	ある程度季節性があるかもしれない
	会社のステージ	コンセプト、アーリーステージ、成長	成長、スケール化、確立	アーリーステージ、成長、スケール化
	事業の成長見通し	ユニコーンを目指している、または高成長ベンチャー。一部のカテゴリー・パイオニア	高成長ベンチャー、カテゴリー・パイオニア、ニッチ・ベンチャー、ダイナミック・エンタープライズ、生計事業	高成長ベンチャー、カテゴリー・パイオニア、ニッチ・ベンチャー
ミッション	エンベデッドネス	ミッション・エンベデッドネスの度合いが高いなら、パートナーとしてインパクト資金提供者を探したほうがよい	特に関係なし	ミッション・エンベデッドネスの度合いが高いなら、ミッションドリブンな資金提供者を探したほうがよい
	実績	インパクト実績はまだないかもしれないが、包括的なインパクト測定・マネジメント（IMM）計画は作れる	借入契約に社会的または環境的マイルストーンがないかぎり、求められない	インパクト投資家は後半ステージの会社にインパクト実績を求めるかもしれない
資金調達ニーズ	資金の用途	POCまたは長期的成長	運転資本、資産、中期の成長資本	成長資本、中期の運転資本
	担保となる資産	求められない	有形資産と信用履歴	有形資産とオルタナティブなタイプの担保の併用。完全に無担保でもよいという資金提供者もいる
	返済計画	会社の売却、IPO、合併あるいはセカンダリー・セールによるサードパーティー・イグジット	内部キャッシュフローまたは外部からの借入	金利とキャッシュ・キッカーに対しては内部キャッシュフロー、ワラントが含まれていればサードパーティー・イグジットも
	所有権	時間の経過につれ会社の経営権が希薄化してもよいという意思	所有権には影響なし	返済が金利＋キャッシュ・キッカーであれば所有権を希薄化させる意思は必要ない。ワラントには所有権を希薄化させる意思が求められる
	将来の資金調達	エクイティ〔株式〕とデット〔借入〕の併用	将来どのような資金調達方法とも併用できる	将来エクイティ〔株式〕とデット〔借入〕のどちらとも両立できる
	資金提供者の関与	金銭的なアップサイド重視。取締役の派遣、重要な議決権、情報受領権を含め継続的に高い関与	金銭的なダウンサイド重視。借入契約の誓約事項に基づき継続的に低い関与	アップサイドとダウンサイドの両方を重視。継続的に関与。誓約事項はダウンサイドからの保護の役割を果たし、議決権と情報受領権はアップサイドへの関与のために用いられる
	可能性の高い資金提供者	VCファンド、プライベート・エクイティ・ファンド、エンジェル投資家、インキュベーター、アクセラレーター、開発金融機関、ファミリーオフィス	銀行、開発金融機関、デットファンド、ノンバンク	デットファンド、メザニンファンド、ノンバンク

ベンチャーデット	ファクタリング（インボイスファクタリング、シップメント・ファイナンス、パーチェス・オーダー・ファイナンス）	サプライチェーン・ファイナンス	レベニュー・ベースド・ファイナンス（RBF）
急成長しているベンチャーバックド企業に対して行われる融資	インボイス／積荷送り状／注文書を担保に借入ができる短期の資金調達オプション	運転資本を調達しやすくするために顧客からの前払を利用すること	将来の収益またはキャッシュフローの一定割合という形で返済される融資
営利企業、社会的企業	非営利団体、営利企業、協同組合、社会的企業		非営利団体、営利企業、協同組合、社会的企業
ある程度季節性があるかもしれない	季節に左右されやすい、または変動性が高い		季節に左右され変動的、収益と高利益が必須
アーリーステージ、成長、スケール化	アーリーステージ、成長、スケール化、確立		アーリーステージ、成長ステージ、スケール化、確立
高成長ベンチャー、カテゴリー・パイオニア	高成長ベンチャー、カテゴリー・パイオニア、ニッチ・ベンチャー、ダイナミック・エンタープライズ、生計事業		カテゴリー・パイオニア、ニッチ・ベンチャー、ダイナミック・エンタープライズ、生計事業
ミッション・エンベデッドネスの度合いが高いなら、ミッションドリブンな資金提供者を探したほうがよい	特に関係なし	あなたと買い手／顧客のミッション・エンベデッドネスの度合いが高いなら、資金調達目標も合致しているかもしれない	特に関係なし
インパクト投資家は後半ステージの会社にインパクト実績を求めるかもしれない	特に求められない	ミッション重視型の買い手と取引していないかぎり、求められない可能性が高い	
成長資本、中期の運転資本	短期の運転資本		運転資本または短期の成長資本
ベンチャーキャピタルからの資金提供およびもしかするとある程度の担保	インボイス、積荷送り状、または注文書	顧客の商品	過去の収益、個人抵当を必要とする場合がある
金利とキャッシュ・キッカーに対しては内部キャッシュフロー、ワラントが含まれていればサードパーティー・イグジットも	顧客の支払	なし	内部キャッシュフローの創出
ベンチャーキャピタル資金調達により時間の経過につれ会社の経営権が希薄化してもよいという意思	所有権には影響なし		所有権には影響なし
将来エクイティ［株式］とデット［借入］のどちらとも両立できる	将来の借入のために信用履歴が作れる	将来の資金調達には影響しない	将来エクイティ［株式］による資金調達は可能だが、一般的にはデット［借入］と内部キャッシュフロー創出を資金調達方法として利用する予定の企業向け
アップサイドとダウンサイドの両方を重視。継続的に関与。誓約事項はダウンサイドからの保護の役割を果たし、議決権と情報受領権はアップサイドへの関与のために用いられる	融資の対象となっている特定の取引のみ	取引を自分から始めなければならない	一般的に金銭的なダウンサイドに注目するが、返済が早まりうる成長に関心を持つ場合もある。デット［借入］契約内の誓約事項に基づき継続的な関与の度合いは低い
デットファンド、メザニンファンド、ノンバンク	メザニンファンド、ノンバンク	顧客	ノンバンク、特定型ファンド、デットファンド、メザニンファンド

表 30-3 資金調達オプションの総まとめ表（つづき）

		コンバーティブル RBF	償還可能株式	保証
	説明	将来の収益またはキャッシュフローの一定割合という形で返済される融資で、エクイティ〔株式〕に転換するオプションがある	事前に合意された倍率または双方が合意した価格で買い戻せる株式	第三者によって提供された保証
プロファイル	事業登記	営利企業、協同組合、社会的企業	営利企業、協同組合、社会的企業	営利企業、非営利団体、協同組合、社会的企業
	収益モデル	季節に左右され変動的な可能性あり、既存収益と高利益が必須	プレ・レベニューもしくはポスト・レベニュー	何でもよい
	会社のステージ	アーリーステージ、成長ステージ、またはスケール化	コンセプトステージまたはアーリーステージ	何でもよい
	事業の成長見通し	カテゴリー・パイオニア、ニッチ・ベンチャー、ダイナミック・エンタープライズ	高成長ベンチャー、カテゴリー・パイオニア、ニッチ・ベンチャー	何でもよい
ミッション	エンベデッドネス	ミッション・エンベデッドネスが中〜高程度であれば、ミッションが合致している資金提供者を探すべきである		ミッション・ドリブンな資金提供者からの保証を求めるなら、ミッション・エンベデッドネスの度合いが高い必要がある
	実績	ミッションが合致している資金提供者はインパクト実績を要求する可能性が高い		ミッション・ドリブンな資金提供者から譲許的な保証を求めるなら、大きなインパクト実績が求められる可能性がある
資金調達ニーズ	資金の用途	運転資本または中期の成長資本	POC または中長期の成長資本	資産、運転資本
	担保となる資産	個人抵当を必要とする場合がある	なし	保証が別の取引の担保の役割を果たす
	返済計画	内部キャッシュフローまたは将来の資金調達		返済が求められる場合は内部キャッシュフロー
	所有権	転換権が発生しない限り、所有権には影響なし	短期的には所有権を希薄化させる意思が必要だが、長期的には会社の所有権を維持するか従業員所有権に移行できる可能性がある	所有権には影響なし
	将来の資金調達	将来エクイティ〔株式〕による資金調達は可能だが、一般的にはデット〔借入〕と内部キャッシュフロー創出を将来の資金調達法として利用する予定の企業向けに作られている。	将来エクイティ〔株式〕による資金調達は可能だが、一般的にはデット〔借入〕と内部キャッシュフロー創出を将来の資金調達法として利用する予定の企業向けに作られている。	将来のデット〔借入〕のための信用履歴を築くのに役立つ
	資金提供者の関与	アップサイドとダウンサイドの両方に注目する。継続的に関与。誓約事項はダウンサイドからの保護の役割を果たし、議決権と情報受領権はアップサイドに参加するために使われる	取締役の座、議決権、情報受領権など株主の持ち株がある間は関与の度合いが高い	資金提供者がミッション・ドリブンであれば、インパクトとダウンサイドの両方に注目し、関連した誓約事項を設ける。そうでなければ、ダウンサイドにのみ注目する
	可能性の高い資金提供者	メザニンファンド、デットファンド、VCファンド、特定型ファンド、ノンバンク、ファミリーオフィス	エンジェル投資家、インキュベーター、アクセラレーター、ファミリーオフィス、特定型ファンド、VCファンド	開発金融機関、財団、ファミリーオフィス、非営利団体

従来型の助成金	回収可能な助成金	返済免除条件付融資	転換権付助成金
金銭的な返済を期待しない資本	デット〔借入〕に転換される助成金	助成金に転換されるデット〔借入〕	エクイティ〔株式〕に転換される助成金
非営利団体	非営利団体	営利企業、非営利団体、協同組合、社会的企業	社会的企業
何でもよい			まだ確定していなくてもよい
何でもよい			コンセプトステージ
何でもよい			高成長ベンチャー、カテゴリー・パイオニア
高程度のミッション・エンベデッドネスが求められる			
インパクト実績が求められる可能性が高い		返済免除か金利優遇にインパクト・マイルストーンが使われる場合は、インパクト実績が重要になる	実績は求められないが、インパクト測定を行う約束が必要
POC、成長資本、運転資本、資産			POC
求められない		資金提供者によるが、一般的には小さい	なし
なし	なし、または内部キャッシュフロー	なし、内部キャッシュフロー、または将来の資金調達	なし、または売却、IPO、合併ないしセカンダリー・セールによるサードパーティー・イグジット
所有権には影響なし			将来は会社の所有権を希薄化させる意思が必要
将来の資金調達に大きな影響はない	将来のデット〔借入〕のための信用履歴を築くのに役立つ		将来のエクイティ〔株式〕による資金調達を支援する
インパクトと金銭的な支出報告に注目する	インパクトに注目し、契約書にミッションを埋め込むために用いる誓約事項（転換権もしくは資本コストをインパクトの達成にリンクさせるなど）を設ける可能性がある		インパクトとアップサイドに注目する。転換された場合は取締役の座、議決権、情報受領権で継続的に関与する可能性がある
大学、財団、政府	財団、ファミリーオフィス、開発金融機関、政府、非営利団体		大学、財団

» 終わりに

　パーパスドリブンな企業向けの革新的な資金調達の多彩な世界をめぐる旅にお付き合いいただき、ありがとうございました。あなたの資金調達の旅を前進させるために必要な知識と洞察を得てもらえたなら幸いです。創業者になることは楽な仕事ではありません。創造性、工夫の才、気概、そして大変な粘り強さが必要です。あなたが築き上げようとしているもの、会社をこれからも育て続けるための労力には敬服するのみです。同じように、資金提供者として適切な資金提供オプションを生み出すことに尽力するのもまた並大抵のことではありません。その道を選び、資金提供方法を出資先の創業者のニーズによりふさわしいものにするすべを見つけることに献身しているあなたは、きっと意義ある深いインパクトの実現に立ち会えるはずだと私は確信しています。

　世界を変えようとしている皆さんと交流できたらこれほど幸せなことはありません。いつかお会いできる機会が来るのを楽しみにしています。その日が近いことを願って。

» 謝辞

　この本を書こうと決心したのは2019年でしたが、急にその時間ができたことに気づいたのは、イギリスから南アフリカにあわてて戻ってきた2020年3月でした。2020年は13カ国で教えたりワークショップを行ったりする予定で埋まっていたはずが、ケープタウンの自宅（ありがたいことに小さな庭はついている）から出られなくなってしまったのです。ロックダウンに入ってからの数週間から数カ月の間はストレスと不安でいっぱいでしたが、本書を執筆するという大仕事に気持ちを集中させることができました。それがどんなにありがたかったか、一生忘れないでしょう。でも、私が正気を保てたのは『ファイナンスをめぐる冒険』のおかげばかりではありません。夫のショーンはロックダウンと本書の執筆作業の間、かけがえのない存在でした。これまでもずっと支えてきてくれましたが、（良くも悪くも）絶対に忘れられないあの一年にあなたがそばにいてくれて本当によかった。

　本の執筆は大変な仕事です。初めての妊娠で重いつわりを抱えながらだったため、輪をかけて大変でした。愛する娘よ、あなたとはまだ出会えていなかったけれど、あなたは間違いなくこの本を書く旅の相棒でした。いつかあなたにこの本を読んでもらうのを楽しみにしています（金融の本の前にまずは『クマのプーさん』からになりそうだけど）。

　金融が好きになったのがいつだったかはっきりとは思い出せませんが、それはたぶん2歳のときに父が（遊びの一つとして）フィボナッチ数列を教えてくれたときから、幼稚園時代に私が父に『ウォール・ストリート・ジャーナル』の株価と企業ニュースを毎日報告するようになるまでの間のことだったと思います。私は金融学の教授をしていますが、私がこれからもずっと頼りにする金融の先生はパパ、あなたです。そして本を書いたのは家族で私が初めてではありません。セクシュアリティとスピリチュアリティについての本を何冊も書いた（今では評価の高いポッドキャスト・シ

リーズも持っている）母の背中が私の前にはありました。実際のところ、家族の中で一番つまらない作家は私かもしれません……。

ジェシカ・ポザリング、あなたの洞察力と圧倒的な編集スキルには感謝の念が尽きません。私のごった煮状態の言葉と思考をあなたは見事に形にしてくれました。

イルコ・ベニック、クシ・ホーンバーガー、リサ・ヴァネックには最初の原稿にじっくりと目を通し、私が構成を大幅に変え文章を書き直すのを助けていただき、心の底からお礼申し上げます。お三方の貢献はこの本に確実に残っています。ジョン・バーガー、ブライアン・ミクレンカーク、チンタン・パンチャル、ジュリエット・サースクはまさに理想の法務チームの要でした。型にはまらない考え方ができ、私の非常識な質問に知恵を絞って答えてくださった皆さんに感謝します。カリン・アイテン、リナ・ロスマン、メイガン・リリス、初期段階の調査とケーススタディで皆さんがしてくれた仕事は本書執筆の屋台骨になりました。本当に感謝しています。そしてそもそも執筆を勧めてくださったマイク・ストップワースにお礼申し上げます。

ナターシャ・ディナム、アーディ・ズーク、リー・ズーク、リアンヌ・ドゥトイ、ケルヴィン・イヴァノヴィッチ、マリー・アン、タマラ・ローズ、ビアンカ・フィッシャー、サガー・タンドン、キャメロン・セント・オンジュ、アクヒル・パワール、書き直しを重ねていく原稿に皆さんがくださったご意見と用語集への協力は実に貴重でした。率直なご意見と洞察に感謝します。ナタリー・バッカム、あなたに本書を校正していただけてよかった。細部にまで目を配ってくださり、ありがとうございました。

アレックス・クール、アレクサンドラ・スミス、アリソン・リンゲイン、アリー・バーンズ、アネール・ベン＝アミ、アンドレア・コールマン、アニータ・コヴェール、アントニア・オピア、アントニオ・ディアス、ベルナルド・アフォンソ、バヴィク・ヴァサ、ビョルン・ストローアー、キャロライン・ブレッサン、クレメンテ・ビジェガス、ダミ・トンプソン、ダン・ミラー、ダニエル・ゴールドファーブ、ダニエル・ファイヤーサイド、ダン・ダヴァール、エドワード・ディーナー、エリザベス・ボッグス＝デイヴィッドソン、エラ・ペイノヴィッチ＝グリフィス、エミ

リー・ストーン、ジーン・ホミッキ、ジニー・レイエス・ラムゾン、ジム・ビラヌエバ、ジョン・コーラー、ホルヘ・デ・アングロ、ジョイ・オリヴィエ、カーラ・ガリャルド、ケイト・コクラン、ラース・オーテグレン、リリアン・ムランバ、ルーク・クロウリー、ルニ・リベス、マギー・カッツ、マリエラ・ベッリ、マックス・スラヴキン、マイケル・ブライオン、ミゲル・ガルサ、モーガン・サイモン、ニコール・イェンブラ、ラヒル・ラングワラ、リチャード・ファヒ、ロドリーゴ・ビジャール、ローリー・テューズ、ロス・ベアード、ルーベン・ドボイン、サチ・シェノイ、サラ・ゲルファンド、シエツェ・ワウテルス、スーザン・デ・ウィット、テッド・レヴィンソン、成田哲朗、トム・ホッカデイ、トレイシー・カーティ、タイラー・トリンガス、ヴェス・ゼルケには時間を割いてご協力いただき、ありがとうございました。本書の物語はどれも、皆さんが手がけてきた仕事について取材で快く話してくださった内容をもとにしています。この分野でパイオニアとして尽くしてきた皆さんの貢献とともに、ご自身の話をシェアし、何度も校正を重ねる原稿にお付き合いくださったご厚意に心より感謝申し上げます。

　アーロン・フー、アダム・ボロス、アレシア・ジャノンチェッリ、アレクサンドラ・チェンバリン、アマンダ・コッターマン、アンドレア・アルメニ、アニー・ロバーツ、アントニー・バグ＝レヴィーン、アストリッド・ショルツ、アレックス・ニコルズ、ビル・ストッド、ブレンダン・コスグローヴ、ブレント・ケッセル、ブルース・キャンベル、カミーユ・カノン、キャンドラー・ヤング、キャシー・クラーク、クリス・ガーナー、クリスティーン・ルーニー、デボラ・ブランド、デブラ・シュワーツ、ダーク・ホルスハウゼン、エリナ・サーキソヴァ、エズミ・ヴェリティ、フラン・シーガル、ヘザー・マトランガ、ジェイミー・フィニー、ジャニス・セント・オンジュ、ジェド・エマーソン、ジェフ・バットン、ジェニー・カッサン、ジェシー・シモンズ、ジョー・シルヴァー、ジョン・カトヴィッチ、ジョナサン・ブラグドン、ジョニー・ペイジ、ジョシュ・アドラー、カーステン・アンダーセン、ローリー・スペングラー、ルワム・ケフェラ、リーズベット・ピーターズ、リーズ・ビリクンダヴィ、ロレン

ツォ・ベルナスコーニ、マックス・アモント、マーク・チェン、ニール・ヨー、オルヴィア・ロトンマ、プリシラ・ボヤルディ、ラヴィ・チョプラ、ロブ・タシマ、ロバート・ブガード、ロス・タスカー、スコット・タイテル、スーシャン・ザンガネプール、ステュ・フラム、ティモシー・キパ、トム・パウエル、ウェイン・ムーダレー、この本は革新的な資金提供ストラクチャーを作ってきたあなたがたの知恵と経験をもとに書かれました。惜しみなくその知恵を教えてくださったことに感謝いたします。イノベーションおよび社会的・環境的インパクトへの皆さんの献身には目を見張るばかりです。皆さんと知り合えたことに感謝するとともに、これからも一緒に仕事ができることを楽しみにしています。

　トゥーラ・ワイスへ、出版までのプロセスをゴールまで伴走し導いてくださり、本当にありがとうございました。

　最後になりますが、パメラ・ハーティガン先生へ。先生のご指導がなければ今の私はありませんでした。この本を先生に読んでいただけないことが本当に残念です。先生にもうお会いできないこと、先生の薫陶をもう受けられないことがさびしくてなりません。

用語解説

アクセラレーター
Accelerator

ベンチャー企業のコホート、つまり「クラス」に対してメンターシップとトレーニングを提供する期間限定のプログラム。アーリーステージのベンチャー企業と投資家を結びつけることを特に重視している[1]。

アウトカム
Outcomes

アウトプットの直接の結果として企業が達成したい目標および目的。

アウトカム・ペイヤー、アウトカム資金提供者
Outcomes payor or Outcomes Funder

社会的・環境的アウトカムのためにお金を出す意思のある資金提供者。

アウトカムベースド・ファイナンス
Outcome-based financing

事前に合意した社会的・環境的アウトカムがサービスプロバイダーによって達成された場合にのみ資金提供者がお金を出す資金調達契約。

アウトプット
Outputs

会社の活動を例証する／強調する、製品やサービスの測定可能な量と質。

アセットオーナー
Asset Class

資産を所有している個人または機関。一般的には保険会社、年金基金、銀行、財団、エンダウメント、ファミリーオフィス、個人投資家を指す。

アセットクラス
Asset Owners

市場で同様の動きをする金融商品をグループ化したもの。

アセットライト
Asset-lite

事業の価値に比べて所有する資本的資産が比較的小さい企業。

アップサイド
Upside

投資価値が上昇する可能性。金額またはパーセンテージで評価される。

粗利益
Gross margin

収入と売上原価（直接コスト）の差額。
粗利率＝（総収入－売上原価）／総収入

イグジット
Exit

投資資金の回収。エクイティ投資家にとってのイグジットイベントとは一般的に、新規株式公開（IPO）と呼ばれる公開株式市場への上場、より大規模な競合他社による会社の買収、または金融投資家による買収（トレードセール）である。きわめてまれだが、アーリーステージのエクイティ投資家がレイターステージ VC 資金提供者にバイアウトされることもある（セカンダリー・セール）。貸し手にとって、イグジットイベントは融資の返済である。

イグジットリスク
Exit risk

投資からのイグジットに成功せずリターンを得られない可能性。

一方的選択権
One-way option

一方の当事者、通常は資金提供者が行使できる選択権。例えば、会社の創業者がエクイティ・ラウンドを実施する場合に資金提供者が債権をエクイティ〔株式〕に転換するオプション。

インキュベーター
Incubator

ベンチャー企業が自社の最初の製品を定義し製作し、有望な顧客セグメントを特定し、リソースを確保するのを支援する機関。

インパクト・ボンド・ファンド
Impact bond fund

複数のアウトカムベース契約をまとめて1本のファンド構成にしたもの。

インパクト・ボンド投資家
Impact bond investors

サービスプロバイダーが社会的ないし環境的アウトカムを達成するための先行資本を提供する資金提供者。投資家のリターンは、サービスプロバイダーが社会的ないし環境的インパクトをどれだけ効果的に生み出したかに基づく。

インパクト・リスク
Impact risk

投資が想定された社会的または環境的インパクトを達成しないリスク。

インパクト・リンクド・デット
Impact-linked debt

インパクト・リンクド・ファイナンスの一種で、債務契約書に資金調達のコストないし配分をインパクト・マイルストーンと結びつける契約条項がある。

インパクト・リンクド・ファイナンス
Impact-linked finance

市場志向型組織がポジティブな社会的ないし環境的アウトカムを達成することに対して金銭的報酬を結びつけること。

インパクト監査
Impact audit

インパクト監査では財務監査と同様、第三者を使って、会社が報告した業績を合意したインパクト指標に照らして検証する。

インパクト実績
Impact track record

言明したインパクト目標を目指す企業のそれまでの実績。

インパクト指標
Impact metrics

会社のインパクトや進捗を評価するために使われる測定基準。

インパクト戦略
Impact strategy

一般的にはセオリー・オブ・チェンジおよびそれを裏付けるインパクト測定・マネジメント（IMM）の手法を通じて、投資が将来に及ぼすインパクトを明確にする計画。

インパクト測定・マネジメント（IMM）
Impact measurement and management

企業の活動が人や地球に与えるポジティブな影響とネガティブな影響を見きわめ、その影響を会社および（または）投資家の社会的ないし環境的な目的に向けて管理するプロセス。

インパクト投資
Impact investing

金銭的なリターンとともに、測定可能なポジティブな社会的・環境的なインパクトを生むことを意図して行われる投資[(2)]。

インパクトの仮説
Impact thesis

ある投資戦略がどのようにして狙いとする社会的ないし環境的なインパクトを達成するかを示す、簡潔でエビデンスに基づいた計画。

インボイス
Invoice

買い手と売り手の間の取引を記録した書類。

インボイスファクタリング
Invoice Factoring

インボイスを担保に借入を行い、運転資本を調達できる短期の融資オプション。

ヴィレッジ・バンキング・モデル
Village Banking model

古代文化にルーツのあるピアドリブン投資アプローチ。金融サービスが正式な銀行に中央集権化されず、ローカルに運営されている。〔日本の地銀や信用金庫に近い〕

運転資本
Working Capital

製品やサービスに必要な投入財、仕入れ品、ないし材料を購入するために使う現金。

営利企業
For-profit

所有者が金銭（利益）という形の価値を獲得することを主目的として運営される組織。

エクイティ〔株式投資型〕・クラウドファンディング
Equity crowdfunding

会社の所有権と引き換えに個人が会社に投資する。

エバーグリーン・ファンド
Evergreen fund

期限がなく永久に持続するファンド。エバーグリーン・ファンドへの資金提供者は、ファンドから自分の資金を引き出す手段を明記した条項を資金提供契約に入れる必要がある。その手段は一般的に、配当金や他の資金提供者にファンドの持ち分を売却するなど、複数の流動性イベントを組み合わせた形になる。

エンジェル投資家
Angel investor

ごくアーリーステージのスタートアップに投資し（通常はエクイティ〔株式〕と引き換えに）、追加的な支援（専門知識という形が多い）を提供する、リソースを有する個人またはネットワーク。

エンタープライズ・リスク
Enterprise risk

組織全体に影響を及ぼすリスクの総体。流動性リスクや資金繰りリスクなど各種リスクからなる。

エンダウメント
Endowment

非営利団体への金銭ないし不動産の寄付。組織はそれによって生じた投資収益を特定の目的に使う。

オルタナティブファイナンス
Alternative financing

従来の銀行融資やベンチャーキャピタリスト以外からの資金調達。

回収可能な助成金
Recoverable Grants

助成金を受けた組織が事前に合意された一定の金銭的アウトカムを達成すれば、資金提供者に返済される助成金。

開発インパクト・ボンド（DIB）
Development Impact Bond

成果連動型の契約で、民間の資金提供者が社会的プログラムに事前融資を提供し、そのプログラムが社会的アウトカムの実現に成功した場合（その場合に限り）、公的機関が元金にリターンを乗せて投資家に払い戻す[3]。

開発金融機関
Development finance institution

開発途上国の民間セクターの発展を支援するために設立された専門の開発銀行ないし子会社。

外部ステークホルダー
External stakeholders

資金提供者の外部ステークホルダーという場合は、リミテッド・パートナー（LP）その他、ファンドや財団に資金を提供する資金提供者を指す。これらのステークホルダーは自分が出した資金の配分に関して特定の基準を持っている。

可視性
Visibility

多数の関係者に情報を普及させる能力。

カテゴリー・パイオニア
Category pioneer

破壊的な製品やサービスとおそらくは大規模な新市場があり、成長が変動的でスケール化する可能性がある。

ガバナンス支援
Governance Support

取締役会の構築支援およびガバナンスシステムの強化。

株式
Shares

会社のエクイティ〔持ち分〕を購入するためには、投資家は株式を買わなければならない。一般的に、これは創業者が持っている普通株よりも優先的な扱いを受けられる条件を伴った優先株である。

株式買い戻し
Equity earn back

創業者がインパクト・マイルストーンの達成によって資金提供者から所有権を買い戻すことを認める条項。

株式資本
Equity capital

所有権を購入するために使える資本。

借入許可条項
Permitted indebtedness clause

会社が追加的な借入を行う際に文書による許可または承認が必要であると規定する選択肢を資金提供者に与える、予防的な貸し手保護策。

借入資本
Debt capital
貸し出したり借りたりできる資本。

環境、社会、ガバナンス（ESG）
Environment, Social and Governance
会社または事業に対する投資の持続可能性と社会的インパクトを測定する3つの中心的要素を指す。

企業価値評価（額）
Valuation
変数の数、不確実性、情報の欠如を考えると、中小企業やスタートアップの価値評価は非常に難しい場合がある。企業価値を評価するためのデータ収集プロセスがデューデリジェンスの一部であるが、これには多大な費用と時間がかかりうる。そのため、多くの投資家がアーリーステージ企業の価値評価において非常にざっくりした推測をしたり、コンバーティブル・デットを利用することによって評価そのものを延期したりして、近道を取る。企業価値の評価についてはプレマネーとポストマネーの2通りの評価がある。ある会社に20万ドル投資していて、投資する前にその会社に80万ドルの価値があると考えているとする。この場合、その会社のプレマネー評価額は80万ドル、ポストマネー評価額は100万ドルである。

期限前返済ペナルティ／割引
Prepayment penalty / discount
ほとんどの債務契約には、債務を期限前に返済した場合についての期限前返済ペナルティが設けられている。これは貸し手が、完済前の借り手が満期まで利息を払い続けるという想定に基づいて融資モデルを作っているからである。借り手が借金を前倒し返済すれば、貸し手には利息が入らない。ストラクチャードイグジットについては、期限前返済割引の事例がいくつかあり、借り手が期限前に総債務を返済してから総債務額の割引を交渉している。

技術援助（TA）
Technical assistance
企業の技能育成、能力開発、特定のコンサルティングニーズのために確保されているお金。

技術経験
Technology Experience
関連技術を使ったり構築したりする能力。

KISS
Keep it Simple Security
コンバーティブル・デットとSAFEを掛け合わせたような契約。指定利率で利息が発生し、満期を定めてそれ以降は、投資家が原投資に利息を加えた額を新たに発行された会社の優先株に転換できる。

（収益の）季節性
Seasonality (of revenue)
一年間の同じ時期に発生する収益の変動。外部要因が原因となることが多い。

キッカー
Kicker
追加的な報酬。一般的にメザニン・ファイナンスには固定金利に加えてなんらかのキッカーが伴い、投資家にアップサイドを提供する。これはキャッシュ・キッカー（収益ないし利益分配）かワラントの形をとりうる。

希薄化
Dilution
新株発行により既存の株主の所有割合が減少すること。新株発行後、既存の株主による会社の所有割合が小さくなる、つまり希薄化する。従業員などの株主が新株予約権を行使して希薄化が起きる場合もある。創業者の所有権を希薄化しない資本を非希薄化資本という。

寄付型クラウドファンディング
Donation-based crowdfunding
社会的ないし環境的プロジェクトに対して個人が寄付金を出す。

寄付者助言基金（DAF）
Donor-Advised Fund
民間財団に似た、税制上の優遇措置を受けられる慈善事業体。寄付者はDAFを設立して最初に税控除できる寄付を行い、その後DAFに別の非営利団体に資金を寄付することを提言できる。これにより、寄付の意思決定と納税の意思決定のタイミングを切り離し、自分にとって最も得な年に税制上の優遇措置を申請しながら長期にわたって寄付ができる。

協同組合（Co-op）
Co-operative
一部または完全に従業員が所有権を持っている企業。労働者協同組合とも呼ばれる。

銀行融資
Bank Loan
正規の銀行が借り手に信用力があると判断して提供する融資。

金利優遇
Interest Rate Rebate
インパクト・マイルストーンの達成に基づいて融資のコストを減らすこと。

クラウドファンディング
Crowdfunding
新しい事業ベンチャーを立ち上げたり既存の事業を発展させたりする資金を賄うために、支援者コミュニティ、エンドユーザー、普通の個人から少額の資本を集める資金調達法。

助成金
Grant capital
金銭的なリターンを期待しない資本。

クレジットライン
Credit line
組織が必要なときにキャッシュを借り入れ、借りた分を返済し、新規のローンを申請せずに借入を続けられる、スタンディングローンの一種。

経営権の変更／会社の売却
Change of Control/Sale of company
1回かそれ以上の回数の関連取引において、会社の議決権資本の50％以上の所有権に変更があること／会社の資産のすべてまたはほぼすべての売却。吸収合併。別会社、事業体もしくは個人による会社の新設合併または買収。

（収益の）景気連動性
Cyclicality (of revenue)
景気循環による収益の変動、景気循環もまた外部要因によって起こる。

経済ピラミッドの底辺（BOP）
Base of the Pyramid
1日当たりの収入が2〜5ドル未満（状況により異なる）で経済的なピラミッドの底辺にいる人々を、経済ピラミッドの底辺（BOP）という。

契約インフラストラクチャー
Contracting infrastructure
契約書を作成し実行するために必要な法的取り決め。

誓約事項
Covenant
すべきこと、してはならないことを定めた約束。アーリーステージの資金調達契約においては、当該企業がしてもよいまたはしてはならない行動を特定する条項である。その条項が「侵害された」つまり破られた場合は、契約書に明記された結果をもたらしうる。契約書の不履行となる場合が多い。

研究開発（R&D）
Research and development
新しい製品やサービスを作るためにかかるコスト。

現実のリスク
Real Risk
通貨リスク、政治的リスク、アーリーステージ・リスクなど現実のリスクは、財務モデルに組み込んでそれに応じて資本の価格設定に使えるリスクである。

公正市場価格
Fair Market Value
外部または内部の評価者が判断した資産または会社の価値。

高成長ベンチャー
High growth venture
破壊的なビジネスモデル、大規模な獲得可能市場、高成長見通し、迅速なスケール化能力を有する企業。このような企業はかなりリスキーで、スタートアップ界ではガゼルとよく呼ばれる。

購買力
Purchasing Power
製品／サービスの購入に充てる能力。

顧客注文
Customer Orders
商品の顧客が売り手に発行した商業文書。

個人保証
Personal guarantee
会社が債務不履行した場合には個人資産を使って会社への融資を返済するという、個人による書面の契約書。

コミュニティ利益会社（CIC）
Community Interest Companies (CICs)

イギリスの非公益有限会社の特殊な形態で、株主のために利益を上げるのではなく、主にコミュニティを利するため、ないし社会的なパーパスの追求を目的として存在する[4]。

コンバーティブル・デット／コンバーティブル・ノート契約
Convertible Note/Convertible Debt Agreement

後日、通常は被資金提供者が増資による資金調達ラウンドを実施する際に、エクイティ〔株式〕に転換するデット〔借入〕契約。コンバーティブル・デット契約において、投資家は一定額のお金を組織に融資することに合意する。一般的にこの融資には金利がつくが、利息は現金で支払われない。利息は時間の経過とともに融資額に追加されていく。組織がエクイティ資本調達ラウンドを実施する際に、融資残高が会社の株式の購入に使われる。この株式のコストはエクイティ投資家が支払う価格に割引を適用して計算される。（本書で取り上げたコンバーティブル契約の全種類を表31-1〔p.373〕にまとめています）

コンバーティブル・レベニュー・ベースド・ファイナンス（コンバーティブルRBF）
Convertible Revenue-Based Financing (Convertible RBF)

将来の収益またはキャッシュフローの一定割合として返済され、エクイティ〔株式〕に転換するオプションがついた融資。

サービスプロバイダー
Service Provider

アウトカム契約に定められた社会的ないし環境的アウトカムを生み出そうとする組織。

財団
Foundation

慈善のみを目的として設立された独立した法人で、一個人、一家族、一企業のリソースを財源とすることが多い。

サイドレター
Side letter

主となる契約にない取り決め。

債務繰延措置
Roll-over debt funding

融資の返済期日を延長すること。

債務残高
Total Amount Outstanding

資金提供者に返済しなければならない融資の残高。

債務不履行／契約不履行
Default

借り手が融資を返せなかったり、融資契約の他の誓約事項を侵害したりすること。

サプライチェーン・ファイナンス
Supply Chain Financing

リバース・ファクタリングともいう。顧客からの前払を利用して運転資本ニーズを賄う。買い手企業が自発的に支払いを早める早期支払や、買い手企業が支払をどれだけ早めたかに応じて割引を提供される仕入割引の形を取ることもある。取引先が参加できるサプライチェーン・ファイナンス・プログラムを確立している買い手企業もある。定期的に購入してくれる大手の顧客と良い関係が築けていれば、公式プログラムがなくても交渉してみてもよい。

参加型予算
Participatory budget

公的な助成金をプールし、市民が配分を決めるもの。

参加権
Participation rights

参加権または優先交渉権は、資金提供者が将来のエクイティ・ラウンドに参加できる権利をいう。

残余株
Residual stake

経営権の変更（会社の売却）または流動性イベント（IPOまたは倒産）以外の方法で買い戻せない株式。

残余財産優先分配権
Liquidation preference

会社が清算された場合に投資家、債券保有者、債権者が支払を受ける順序を定めた契約書の条項。通常は投資家と優先株保有者のほうが普通株の所有者よりも優先度が高い。

仕入割引
Dynamic discounting

早期支払と同じく、中小のサプライヤーが注文に割引を提供することによって買い手から早期支払を確保できる仕組み。

事業融資
Business loan
事業用途に特化した融資で、なんらかの担保が求められる。

資金調達支援
Fundraising Support
将来の資金調達のための支援、助言、人脈。

資金調達ストリーム
Fundraising stream
特定の寄付者たちやイベントのように過去の実績や継続性があること。

資金提供者
Funder
組織に、運営や成長など事業に関わることを支援するための資本その他のリソースを提供する個人または機関。

資金提供者向けプレゼン資料
Investment pitch deck
投資家などの資本提供者に対して披露する、スライドを使った会社のプレゼン。主要財務データ、競合分析、市場調査、バリュー・プロポジションが典型的な内容である。

自己資金配当率（CoC）
Cash on Cash return (CoC)
投資したキャッシュの総額に対する総収益額を計算する収益率の比率。

自己清算
Self-Liquidation
借入は自己清算型の金融商品と考えられている。つまり、貸し手のためのイグジットイベントを必要としない。契約では借り手が時間をかけて利息を支払い、期日までに借りた元金を返済するものと定める。これは、借り手がいつ完済するかを計画しているという意味である。

資産処分制限
Asset-lock
一定の買い手に会社（または会社の一部）を売却させない条項。

資産
Assets
建物、設備、ブランドなど価値を生むと期待される有形ないし無形のリソース。

支出責任
Expenditure responsibility
営利組織に支給された助成金は社会的な目的のために使われたことを確認するため資金の用途を追跡しなければならないとする、アメリカの会計上および税務上の要件。

市場牽引力
Market traction
製品ないしサービスが市場において確立した消費者需要を有しているというエビデンス。

市場期待収益率
Market-rate return
リスクプロファイルが類似した別の投資商品と同等の収益率。

市場リスク
Market risk
企業にどれほど才覚があっても、市場規模のリスクによって失敗するリスクは常にある。世界的なパンデミックから政変、通貨切り下げ、巨大な競合他社の登場、気候変動まで、無数の可能性がリスクになる。

指数関数的成長
Exponential growth
「成長している総体的な数や大きさに比例してスピードがさらに増していく成長」（『オックスフォード英語辞典』）。スタートアップに対してはJカーブまたは「ホッケースティック型」見通しとよく呼ばれる。将来の収益グラフがアルファベットのJまたはホッケースティックのように横ばいから急上昇する形を取るためだ。

持続可能な開発目標（SDGs）
Sustainable Development Goals
すべての人にとってより良くより持続可能な未来を実現する青写真として作られた、17の相互に関連した世界的目標。SDGsは2015年に国連総会によって定められ、2030年までの実現を目指している。（参考）持続可能な開発目標の一つひとつが一連のターゲットと指標で構成されている。

実用最小限のプロダクト（MVP）
Minimum Viable Product

フィードバックを得ることを主目的として、最初のユーザーに使用してもらうに足るだけの特徴を備えた製品。

実証可能なデータ
Verifiable data

独立的に実証できるデータ。例えば携帯電話のGPSデータによって立証できる診療所へのチェックインがこれに当たる。

シップメント・ファイナンス〔出荷前融資〕
Shipment financing

運転資本を調達するために積荷送り状を担保に借入ができる短期の資金調達オプション。

シニアローン
Senior Debt

シニアローンや担保付融資は資産その他の形態の担保によって保証された債務であり、そのため無担保付融資やジュニアローンよりも優先される。

シニアマネジメント委員会
Senior Management Committee

組織内のシニアマネジメント〔上級管理職〕で構成された委員会。

支払保証
Payment guarantee

買い手が決められた日に指定された購入価格を支払うという保証。

私募
Private placements

上場せず投資家に株式を直接売り出すこと。

資本構成
Capital Structure

企業の資本構成（キャピタルスタックまたはウォーターフォールともいう）は事業の運営に使われるさまざまなタイプの資金調達法からなる。借入や増資によって調達する外部資金、純利益や内部留保の形で獲得する内部資金がこれに含まれる。

資本コスト
Cost of capital

資金提供者が会社に資本を提供したことに対して期待するリターン。

資本政策表
Capitalization Table

会社の所有権とエクイティ〔株式〕投資家が投資した金額を説明する表。

資本利益率のハードル
Return on capital hurdle

資金提供者には達成したい金銭的リターンの最低金額があるはずである。これは資本利益率のハードルレートとよく呼ばれる。リターン・ターゲットともいう。

社会的インパクト
Social impact

ある行動または不作為、活動、プロジェクト、プログラム、政策の結果として人々、コミュニティ、地球に及ぶ影響。

社会起業家
Social entrepreneur

社会的企業を経営する創業者。

社会的企業
Social enterprise

比較的新しい企業カテゴリーで、従来型の事業（市場）と慈善事業（ミッション）の合体によって生まれた。社会的企業はビジネスの手法と規律を用いて収益を生み出すことにより、「コモングッド〔公益〕」──社会、環境ないし人道的正義に関わるミッションを果たそうとする。

社会的弱者
Underserved population

その属性ゆえに財やサービスへのアクセスが制限されているなど、物質的な社会的排除を受けている集団。

社会的マイルストーン
Social milestones

インパクトの進捗を表すマイルストーンないしアウトカム。

社会的ミッション
Social mission

社会を利する大義を述べたもの。

収益モデル
Revenue model

対象のリソースを誰のために活用するか、いくらで提供するかを述べた内部資金調達モデル。

収益率変数
Return Variable

総収益、内部留保、純利益のような単一の明確に定義された財務指標の場合もあれば、「創業者所得」のようなカスタム数式項目の場合もある。

従業員所有権
Employee ownership

従業員が自分の働く会社の株式を所有する取り決め。共同所有権モデルとも呼ばれる。

従業員所有権信託（EOT）
Employee Ownership Trust

無期限従業員信託（Perpetual Employee Trust）または従業員給付信託（EBT）ともいう。EOTは従業員のために事業の長期存続を図ったものである。従業員は所有権に関わる便益に対して支払をすることはなく、会社の年間利益の分け前を受け取る。

従業員持株制度（ESOP）
Employee Stock Ownership Plan

ESOPはアメリカでは最も一般的な従業員所有権モデルである。アメリカでは事実上、企業が従業員に所有権を完全にまたは部分的に譲渡できる401(k)従業員給付制度と同様に機能する。ESOPでは、利益分配や従業員が戦略的意思決定の権利を有する民主的統治の要件はない。

柔軟性の高い資本
Flexible Capital

資本は非常に柔軟性が高く、指定がないかぎり、起業家が使いたい用途に使える。

収入源
Income streams

企業が収益を生み出すさまざまな方法。製品ないしサービス、ビジネスモデル、顧客セグメントを指す場合がある。

従量課金制（PAYG）
Pay as you go

RAYGに基づいたビジネスモデルでは、顧客が商品やサービスの受領に応じて支払いできる。最も一般的な例はM-KOPAのような住宅用太陽光発電システムで、顧客は住宅用太陽光発電システムの代金を先に支払うのではなく毎月のソーラー電力に支払う。

ジュニアローン（劣後ローン）
Junior (aka subordinated) debt

ジュニアローンは無担保であり、組織が債務不履行を起こした場合は返済順位の高い債務が優先されるため返済される確率が低い。

準株式
Quasi-Equity

エクイティ〔株式〕とデット〔借入〕を組み合わせた資金調達。

償還価格
Redemption price

投資会社が所有者から株式を買い戻す価格。一般的に償還倍率（redemption multiple）として計算される。

償還可能株式
Redeemable Equity

事前に合意された倍率または双方が合意した価格で創業者が買い戻せる株式。

商業銀行
Commercial bank

預金を預かり、当座預金口座サービスを提供し、個人と中小企業に事業融資、個人融資、不動産融資を行う金融機関。

情報受領権
Information rights

資金調達契約において、会社が投資家に企業情報と財務報告書を提供することを求める条項。

将来株式取得略式契約（SAFE）
Simple Agreement for Future Equity

創業者と資金提供者の間で、資金提供者はその企業に投資するが、投資の主要な条件は出資を募る次のエクイティ・ラウンドまでに決めればよいと規定している契約。

触媒的資本（カタリティック・キャピタル）
Catalytic Capital

他の方法では実現しないインパクトと追加投資を引き出すことを目的とした、リスク耐性のある投資資本。

所有権
Ownership

一般的に、アーリーステージのエクイティ投資家は1回の投資ラウンドの間に50％を超える会社の所有権を買わない。これは、アーリーステージ投資家が多数の企業に投資する必要があり、投資先の企業すべてを管理する時間も専門知識もないからである。しかし、複数の投資ラウンドを経た後に、起業家の所有権が50％を切る、つまり会社の経営権がなくなる場合がある。

新規株式公開（IPO）
Initial Public Offering

証券取引所に上場すること。「株式公開」とも呼ばれる。IPOでは、証券会社を通じて会社の株を一般に販売する。

新興中間層
Emerging middle class

新興市場において成長しつつある中間層の人々を指す言葉。

信用力
Creditworthiness

一般的に、貸し手は担保に加えて企業が信用履歴を有している証拠を求める。信用履歴は監査済財務諸表、他からの借入履歴、あるいは注文残の形をとる。

信用力のある担保
Creditworthy collateral

大きな価値のある資産。

スケーラビリティ・リスク
Scalability risk

企業が計画した金銭的リターンないしインパクト・リターンを生み出すために必要なスケールに達しないリスク。

スタートアップ
Start-up

事業運営のアーリーステージにあり、起業家による新規開発事業に類する会社。

スチュワード・オーナーシップ
Steward Ownership

自己統治、そして利益をパーパスに役立てる、という2つの中心原則を、会社の法的なDNAに浸透させている法的ストラクチャー。このストラクチャーにより、企業の経営権（議決権）を組織内の人々または組織のミッションに深く関わっている人々が持てるようにしている。スチュワード・オーナーシップにおける議決権は売り買いできる商品ではない。スチュワード・オーナーシップ企業の利益は会社のパーパスを追求するためのツールと理解されている。

ストラクチャードイグジット〔構造化した投資回収〕
Structured Exits

資金提供者と創業者が契約上、資金提供者が投資から完全に（または部分的に）イグジットする計画に合意するリスク資本契約。会社が指数関数的成長を果たして将来買収する企業が現れるか株式市場に上場することを当てにし、終了時期を定めない契約をするエクイティ資金提供者とは異なり、ストラクチャードイグジット資金提供者にはリターンの受け取り方に関し、配当金、利益分配、償還またはいずれかの複数の併用など特定の、達成可能な計画がある。

成果連動型ファイナンス
Results-based finance

合意した成果が達成され証明された後に個人ないし機関に報酬を提供するプログラムないし介入を指す総称[5]。

生計事業
Livelihood enterprise

家族経営できわめて地元密着型の企業。地域内の事業機会によって営まれており、将来的な成長見込みは限られている。

成長資本
Growth Capital

人員の雇用、新製品開発への投資、システムの導入、将来のビジネスを作るためのマーケティングに使われる現金。

政府機関
Government agency

多種多様な直接・間接の支援メカニズムを通じて経済成長と開発を促進するという具体的な目標のために設立された政府の団体。

税務リスク
Tax risk

特定のタイプの投資ストラクチャーの利用に関して、国内に確立した判例法や明確な税規制がない場合は、そのストラクチャーを使った資金提供には税務リスクがある。

セオリー・オブ・チェンジ〔変化の方法論〕
Theory of Change

社会的・環境的アウトカム達成の理論的根拠と計画を図式で述べたもの。活動（何をするか）、アウトプット（短期の直接的な成果）、アウトカムとインパクト（あなたの活動から生じる直接・間接の長期的な変化）の関係と論理を明確にする。

セカンダリー・セール
Secondary Sale

投資家がその会社に持っている株式をベンチャーキャピタル会社など別の金融機関に売却すること。セカンダリー・セールは一般的に、会社が実施した大規模な資金調達の一環として、新しい投資家が会社の所有権を単純化するために、それまでの投資家から持ち株を買い取りたい場合に行われる。

ゼブラ企業
Zebra

利益とパーパスを組み合わせた企業で、創業者や解決しようとしている問題の多様性を表し、縞模様〔stripesには縞と種類／タイプの両義がある〕は多彩である。協力的だが反骨精神があり、野心的だが早期のイグジットを動機としておらず、インパクトのある解決策を持つ企業を構築しているが、労働者やコミュニティや環境も大事にしている。

戦略的支援
Strategic support

ビジネスモデル開発および事業計画。

早期支払
Early payment

中小のサプライヤーが注文に割引を提供することによって買い手から早期支払を確保できる仕組み。サプライチェーン・ファイナンスの一種。

早期償還
Elective payments

ストラクチャードイグジット〔構造化した投資回収〕における任意の支払で、株主が保有する株式数ないし総債務額を減らすために約定返済に追加して行える。この支払を行う意思決定権は被資金提供者のみにある。

創業者
Founder

アイデアを考案してそれを組織として形にする人。本書では、資本を調達する組織で働く人を意味する場合もある。

総債務
Total Obligation

融資や社債などの資金提供者に返済しなければならない総額。

ソーシャル・インパクト・インセンティブ（SIINC）
Social Impact Incentive

インパクト・リンクド・ファイナンスの一種で、投資家とサービスプロバイダーとアウトカムペイヤーが集まり、サービスプロバイダーに特定の社会的アウトカム達成のインセンティブを与える資金調達契約を結ぶことによりインパクトを生み出す。

ソーシャル・インパクト・ボンド
Social Impact Bond

アウトカムベースド契約の一種で、エクイティ契約のように機能するが、投資家のリターンを企業や組織の財務業績にリンクさせるかわりに、インパクトの達成にリンクさせる。

ソーシャルキャピタル
Social Capital

関連する人々やコミュニティに対する事業体または個人の影響力／信用。

ソーシャルメトリクス
Social metrics

企業収益上のソーシャルメディア・キャンペーンのパフォーマンスを測定するためのデータ利用。

損益分岐点
Break-even

会社が創出した収益がコストと同額になるポイント。

損金処理
Written off

資産ないし投下資本が無価値であるとみなされる場合、貸借対照表上のその資産ないし投下資本の価値が減額（またはゼロに）される。

タームシート〔条件規定書〕
Term Sheet
投資が行われる基本的な諸条件を定めた、拘束力のない合意／文書。より詳細で法的拘束力のある文書を作成するためのテンプレートの役割を果たす。

対企業ビジネス（B2B）
Business to Business
製品を企業に販売する企業。

対消費者ビジネス（B2C）
Business to Consumer
製品やサービスを顧客に直接販売する企業。

第三者評価機関
Third-party assessor
サービスプロバイダーによってアウトカムが達成されたかどうかを評価する機関。

ダイナミック・エンタープライズ
Dynamic enterprise
すでに実績のある既存の製品や実証済みのビジネスモデルがある確立した産業やセクターにいて、安定的な成長を見込んでいる企業。

代用データと計量経済学的研究（インパクト測定に関連して）
Proxies and econometric research (in relation to impact measurement)
代用データとは、期待したアウトカムを、直接的な指標が観察できない／入手できない場合に間接的に測定するために用いられる相関性の高い代用物である。

ダウンサイド・プロテクション
Downside protection
投資で損する資本の額を減らそうとするリスク管理戦略。

ダウンラウンド
Down round
会社が前回のラウンドよりも低い企業価値評価額でエクイティ・ラウンドを実施すること。

担保
Collateral
貸し手は企業（または個人）に融資の保証として有価物を提供する約束をすることを求める。もし会社が債務を履行しなければ（返済をやめれば）、貸し手は担保を差し押さえて売却し、元金の回収を図ることができる。

担保付融資
Secured Debt
資産その他の形態の担保によって保証された債務。設備や建物など収益をもたらす資産を購入するために使われる長期融資はタームローンと呼ばれる。日常業務費に使われる短期ローンは運転資本融資と呼ばれる。

知覚リスク
Perceived Risk
データの欠落に基づいたリスク。

知的財産（IP）
Intellectual Property
無形資産であるが、ソフトウェアもしくは具体的なデザインやプロセスや方法にとどまらず、企業の営業秘密（顧客リスト）や従業員のノウハウが含まれる場合もある。

中間支援機関
Intermediary
取引の設定を支援する組織。

中小企業
Small business
収益がX00万ドル未満、貸借対照表の合計金額がX00万ドル未満、従業員数がX人未満の企業。国によって数字は異なる。

調達資金の使途
Use of Proceeds
資金を何に使うかの計画。

直接株式公開（DPO）
Direct Public Offering
会社が資金調達のため一般の人々に直接（証券引受業者の助けを借りずに）自社の証券の公募や売出しを行うオファリングのこと。

追加投資
Follow-on Investment

初期投資を行った資金提供者が次の資金調達ラウンドで追加的に投資を行うこと。例えば、シードラウンドで5万ドル投資した資金提供者がシリーズAラウンドで20万ドルの投資を決めた場合、その20万ドルが追加投資となる。

通貨リスク
Currency Risk

為替レートリスクともいう。金融取引が組織の基準通貨とは異なる通貨で主に行われているときに存在するリスク。

つなぎ資金
Bridging Capital

企業の初期費用を支援する一時的な資金。

低営利型LLC（L3C）
Low-profit Limited Liability Companies (L3Cs)

L3Cは合同会社（LLC）の変種。LLCは所有者が積極的に経営に参加しても組織の債務や契約義務に個人的責任を負わない民間組織であるが、L3CはLLCと非営利事業モデルのハイブリッドで、組織が株主や利潤動機を持たず一般社会を利するために事業運営する[6]。

定款
Articles of incorporation

会社の存在を法的に確立するために政府機関に申請する正式な書類であり、一般的に会社の名称、住所、株式数、企業統治の概要などの関連情報が含まれている。

ディマンド配当
Demand Dividend

コンバーティブルRBF契約の一種で、利益分配を用いて投資家に対し当初のリスク資本投資に報いる。

デット〔借入型〕・クラウドファンディング
Debt crowdfunding

一定期間にわたって個人が会社に融資する。ピアツーピア（P2P）または融資型クラウドファンディングとも呼ばれる。

デットファンド、メザニンファンド
Debt and mezzanine funds

メザニン〔デットとエクイティの性質を併せ持つ〕商品とデット商品を通じて企業に投資する資金プール。

転換権付助成金
Convertible Grant

企業が投資資本の調達前に製品やサービスを開発できるようにする資本。将来その会社が増資によって資金調達すれば、助成金はエクイティ〔株式〕の所有権に転換される。

転換条項
Convertible clause

あるタイプの証券を別のタイプの証券に転換する取り決め。転換条項がある資金調達タイプについては、転換のトリガーを財務上のマイルストーンにするかインパクト・マイルストーンにするか選べる。

電子インボイス
Electronic invoicing

電子決済の一形態。

当座貸越
Overdraft facility

当座貸越とは銀行が提供する短期のクレジット・ファシリティ〔信用供与〕で、これを通じて口座名義人は口座残高が0以下になったら一定の金額を上限として借り入れができる。貸し手は借入金額に対して当座貸越料を徴収し、借入金は定められた時間枠内に返済されることになっている。

倒産
Bankruptcy

個人または企業が借入金を返済せずに営業を続ける自由を認め、それにより債権者に債権回収の機会を提供する法的手続き。

投資委員会
Investment Committee

会社の投資目的と投資方針を策定する主要な権限を持つ組織。ファンド担当者が提案した投資を投資委員会が承認したり却下したりする。

投資家グループ／ネットワーク
Investor group / network

投資用の資金を共同出資したり投資のアイデアやデューデリジェンスを共有する目的で集まる個人の集団。

投資仮説
Investment thesis

資金提供者が投資する企業のタイプを明確に説明する。仮説は自分たちが資金提供するセクター、地域、会社のステージ、金融商品の種類、資金提供の規模を特定すべきである。

投資家デモデイ／ピッチイベント
Investor Demo Days / pitch events

創業者が自分のアイデアを潜在的な投資家にプレゼンするイベント。

投資家への返済
Investor repayment

自社の支出ニーズと成長ニーズを賄うために外部資金提供者からの資金調達を確保した場合、資金提供者に返済する方法は3つある。1つ目はサードパーティー・イグジットである。これは基本的に、将来自分の会社を売却するか株式市場に上場することによって資金提供者に返済することを期待するという意味である。2つ目の戦略は内部キャッシュフローからの返済である。このケースでは、出資契約が効力を持っている期間にあなたの会社が生み出すキャッシュで出資への返済を予定する。3つ目の戦略は将来の資金調達を使って資金提供者に返済する方法である。この戦略では、あなたの会社のアーリーステージでの、または短期の資金調達を使って信用履歴と実績を作り、より有利でコストの安い資金を利用できるようになって、その資金で最初の資金提供者に返済する。

投資顧問
Investment Advisor

有料で顧客のために株式、債券、上場投資信託などの証券の投資提案をしたり、証券分析を行う金融の専門家。

投資収益率
Return on Investment

初期コストに対して投資が生み出した損益の指標。

投資準備度フレームワーク
Investment readiness framework

アーリーステージのインパクト・ベンチャーが、自組織が投資対象となれる状態かを評価するために作られたフレームワーク。

投資倍率
Money Multiple

投資家が初期投資に対してどれだけの利益を上げたかを示す倍率。投資倍率＝投資家に返ってきた金額／投資した金額。2万ドルの投資が10万ドルになって返ってくれば、投資倍率は5倍（$100/20=5$）となる。

投資プロセス
Investment Process

エクイティ〔株式〕やメザニンの場合は一般的に「投資プロセス」と呼ばれるが、デット〔借入〕のプロセスは「融資プロセス」または「信用プロセス」と呼ばれる場合がある。（表31-2〔p.374〕を参照のこと）

投資リスク
Investment risk

投資から期待したリターンではなく損失が発生する可能性ないし不確実性。

ドライパウダー
Dry powder

投資ファンドによって投資できる資本。

トランチング
Tranching

資本の特定額を放出すること。

取締役会
Board of Directors

株主を代表して選ばれた個人の集団で、通常は定期的に集まって会社の経営方針を定め、監視を行う。

取引コストリスク
Transaction cost risk

新しいタイプの資金調達ストラクチャーを利用しようとする場合、その取引を構成するためのコストが多大になるリスクがある。

トレードセール
Trade Sale

会社（「ターゲット」ともいう）をまるごと別の買い手に売却すること。買い手は、ターゲットと同じ業界にいて買収によって自社の市場シェアを伸ばそうと考えている企業である場合、あるいは将来転売する目的でその会社に投資しようと考えているプライベートエクイティ会社のような金融企業である場合がある。

トレードファイナンス
Trade Finance

組織（借り手）が顧客注文かインボイスを担保として使い、運転資本にアクセスできるオプション。

内部収益率（IRR）
Internal Rate of Return

検討対象の投資の収益性を推計する財務分析に用いる指標。その投資が毎年支払を受ける従来型の融資だったとしたら、投資収益率のようなもの。

内部ステークホルダー
Internal stakeholders

資金提供者の内部ステークホルダーという場合は経営陣、取締役会、投資委員会を指す。

内部留保
Retained earnings

会社が株主への配当金として分配せずとっておくことにした利益。貸借対照表上は株主資本の項に入る。

ニッチ・ベンチャー
Niche Venture

ニッチ市場において革新的な製品やサービスと顧客セグメントを有する企業で、安定成長から高成長の見通しがある。

「ノー・イグジット」条項
"no exit" clause

外部からの買収を阻止することを意図したミッションロック条項の一種。簡単に説明すると、資金力のある競合他社が高額買収を提示しても投資家にアップサイドはないことになる。イコール・エクスチェンジ（第8章）の場合、例えばスターバックスやネスレが買収を望んでも、内規により投資家には投資した金額しか戻らず、売却による純利益は全額別のフェアトレード組織に供与される。

ノンバンク
Non-bank financial institution

特定の種類のバンキングサービスを提供するが、完全な銀行免許を持たない機関（例：信用組合、コミュニティ開発金融機関〔CDFI〕、フィンテックなど）。

パーチェス・オーダー・ファイナンス（PCファイナンス）
Purchase order financing

企業が顧客からの注文を担保に利用して融資を獲得する方法。

バーンレート〔資金燃焼率〕
Burn Rate

会社を成長させるために支出しているキャッシュの正味金額。一般的に月次で計算する。バーンレート＝月ごとに入ってくるキャッシュ（キャッシュフロー）－月ごとに出ていくキャッシュ（費用）

配当金
Dividend

会社の利益から株主に対して行われる支払。

パイプライン
Pipeline

質の高い取引、プロジェクト、ないし起業家へのアクセス。一般的に投資家が将来可能性のある取引を指すのに使われる。例：「大学の理学部との協業によってすごい起業家たちとパイプラインを築いた」

ハイブリッド組織
Hybrid organization

営利と非営利の2種類の法人形態を持つ企業。

破壊的イノベーション
Disruptive innovation

新しい市場とバリュー・ネットワークを創出し、結果的に既存の市場とバリュー・ネットワークを破壊するイノベーション。破壊的なビジネスモデルを有する企業は破壊的イノベーションを利用している。クレイトン・クリステンセン教授が創始した概念である。

ハッカソン
Hackathon

大勢の人が集まり、協力してコンピュータプログラミングやブレーンストーミングを行い、スタートアップのアイデアを考案したり発展させたりするイベント。

「バック・ザ・ジョッキー」
"Back the Jockey"

アーリーステージ投資は「バック・ザ・ジョッキー（馬ではなく騎手を応援する）精神」に頼ることが多い。その道に通じた投資家は、自分が信じる起業家を見つけて、ビジネスモデルがまだ完成していなくても投資する。優れた起業家は、成功する企業を作り上げるためにいつでも軌道修正できる。

発行差金（OID）
Original issue discount (OID)

債券の額面価値と投資家に販売された価格の差。

パトロネージ
Patronage

会社の利益をフルタイム従業員かパートタイム従業員かの立場に基づいて労働者オーナー間で分配すること。

パブリック・ベネフィット・コーポレーション
Public Benefit Corporation

従来の株主利益の最大化という企業目標に加え、公共の利益を行動憲章のパーパスとして入れている特定のタイプの企業。
1) パーパスに株価の最大化だけでなく一般的および特定の公益を明記している。
2) 自社の意思決定が株主だけでなく利害関係者に及ぼす影響を考慮したり、そのバランスを取ることを求められている。
3) デラウェア州以外では、第三者機関の基準に照らした自社の総合的な社会的・環境的業績を評価する年次ベネフィット報告書の公開が求められている。報告書は第三者に認証や監査を受ける必要はないが、基準を評価ツールとして用いる。

ハリウッド・アカウンティング
Hollywood accounting

財務報告に工夫を凝らす行為。フリーキャッシュフローからの配当金を当てにしているコンバーティブルRBF資金提供者への支払額を減らすために使うことができる。

バリュエーション・キャップ〔転換価額〕
Valuation Cap

次のラウンドでSAFEが転換する最大評価価額。この「バリュ・キャップ」は転換する際にSAFEの投資家が支払う1株当たりの価格に上限を設けることにより希薄化を制限する。

ピアベースの意思決定
Peer-based decision making

参加者集団により意思決定ができる。ヴィレッジ・バンキング・モデルや投資会社ヴィレッジ・キャピタル（第24章）のピアドリブン投資アプローチがこの例である。

非営利団体
Non-profit

価値重視型企業の一種で、寄付とボランティアサービスに部分的または全面的に依存している。ミッションの達成においては社会のために価値を創造する（インパクトを与える）ことに主眼を置き、資金調達と組織が提供する商品やサービスからの収入によって存続する。

非希薄化資本
Non-dilutive capital

助成金や借入資本のように、所有権の売却を求めない資本（所有権を買い戻せる償還可能株式を含む場合もある）。

ビジネスモデル／事業計画
Business model / business plan

社名、所在地、ミッションとビジョン、市場分析、製品とサービスの説明、財務計画を明確にしたもの。

非転換融資
Non-convertible loan

エクイティ〔株式〕に転換できないデット〔融資〕。

ファクタリング
Factoring

インボイスか注文書を担保として用いる融資。

ファミリーオフィス
Family office

超富裕層の投資家を対象とする個人資産管理顧問会社。

ファンドのライフサイクル
Fund Life Cycle

有限ファンドのタイミングを指す。一般的にクローズドエンド投資ファンドのライフサイクルは10～12年である。つまり、資金を調達してから最初の2～3年はその資金を会社に投資し、次の4～5年間に投資先の会社を管理し、最後の3年間にLPに資金を返済できるようその会社からのイグジットを探し始める。

ブートストラッピング
Bootstrapping
起業家が外部からの資金調達がほとんどもしくはまったくない状況で、自分の貯蓄と事業収益を使って会社設立の経済的責任を負うプロセス。

フェアトレード
Fair Trade
開発途上国の生産者が持続可能で公平な取引関係を実現するのを支援するための取り決め。フェアトレード運動の参加者は輸出者への支払価格の上昇と、社会的・環境的水準の向上に寄与する（Fairtrade.net）。

プット・オプション
Put option
所有者に売却権を与える契約条項。アーリーステージの資金調達においては、資金提供者が創業者に株式の買い戻しか残債の返済を強制できることを意味する。

プライスド・エクイティ・ラウンド
Priced Equity Round
会社の株式を一定数、特定の株価で買うこと。

プライベート・エクイティ・ファンド
Private equity fund
高成長する可能性のある企業の株主持ち分と引き換えに、被資金提供者企業に提供される中長期資金。

フリーキャッシュフロー
Free Cash Flow
企業のキャッシュフローの見方。事業運営に問題なく有価証券保有者に分配できる利用可能なキャッシュがあるかどうかを見る。

プルーフ・オブ・コンセプト（POC）
Proof of Concept
アイデア、製品ないしサービスの実行可能性と実現性を検証するプロセス。

プレ・レベニュー
Pre-revenue
売上や収益がまだない企業。

ブレンデッド・ファイナンス
Blended finance
（追加的な）インパクトを誘発するために公的機関ないし慈善団体の資金提供者が民間投資家と協調して行う取引。

ブローカー・ディーラー
Broker-dealer
顧客の代理として証券を取引したり注文を実行したりする金融業者。

プログラム関連投資（PRI）
Program-related investments
財団のミッションを推進するために行う助成金以外の金銭的な貢献すべてを指す包括的な法律用語。助成金とも投資とも異なる。法律上は別個の第3の選択肢で、アメリカの税法にしか出てこない。

プロラタ
Pro rata
残高按分比例。

分散型所有権
Distributed ownership
マネジメント・バイアウトないしコミュニティ・バイアウト、労働者協同組合への転換、その他の所有権タイプの形をとった、民主的な企業所有権をいう。〔Exit to Community（コミュニティへのイグジット）と同じ〕

ペイシェント・キャピタル
Patient capital
ペイシェント〔忍耐強い〕・キャピタルは長期資本の別名である。ペイシェント・キャピタルの投資家はすぐに利益が出ることを期待せずに企業に金融投資を行う意思がある。

ベスティング
Vesting
株式の所有権を放出すること。

ベネフィット・コーポレーション認証（Bコープ）
Benefit Corporation Certification (B Corp)
会社の社会的・環境的な業績を総合評価する認証。BインパクトアセスメントによってBインパクト・アセスメントによって、会社の事業運営とビジネスモデルが従業員、コミュニティ、環境、顧客に及ぼす影響を評価する。

返済免除条件付融資
Forgivable Loan
助成金に転換する融資で、非営利企業や社会的企業を支援するために使われる。

返済リスク
Repayment risk
借り手が融資条件通りに返済できないリスク。

ベンチャーキャピタル・ファンド
Venture capital fund
プライベート・エクイティの一部で、特にスタートアップを投資対象とし、助言その他の非金銭的リソースを提供する。

ベンチャーデット
Venture Debt
急成長しているベンチャーバックド企業への融資。メザニン・ファイナンスの一種で、エクイティとデットの両方の性質を持つ。

ベンチャーバックド企業
Venture-backed company
ベンチャーキャピタルからエクイティ投資を受けている企業。

ベンチャーファイナンス
Venture Finance
成長性が期待されるスタートアップによる資金調達。

変動金利融資
Variable rate loans
市場金利の変化に応じて金利が変動する融資。

変動金利
Variable-interest rate
融資の金利で、固定ではなく、常に変化するベンチマークによって決まったり影響されたりするもの。

変動支払
Variable payments
企業業績によって金額が変動する支払。

変動支払債務
Variable payment obligation
エクイティ転換オプションのついた、将来の収益またはキャッシュフローの一定割合として返済される融資。

ポートフォリオ・リターン期待値（VC）
Portfolio Return Expectations
アーリーステージのエクイティ投資は非常にリスクが高い。ほとんどの小さな企業は破綻する。これは世界のどこの国でも同じである。そのため、エクイティ投資家は（ポートフォリオを構築することによって）多数の企業に投資すること、またこのようなリスクの高い投資に値する利益を出すために指数関数的成長を見込んでいる企業に投資することが必要になる。その計算は通常、次のようになる。アーリーステージ投資家が10社に投資する場合、そのうち1〜2社が大成功する必要がある（つまり、投資金額の10倍以上のリターンがある。しばしば10×と呼ばれる）。これは4社ほどは凡庸な業績で大きなリターンがなく、3〜4社は破綻すると予想しているからである。そのため、1社のスーパースター企業（運が良ければ2社）がファンド全体のリターンのほとんどを提供し、破綻した企業の損失をカバーすることになる。

ポートフォリオレベル・リターン
Portfolio-level return
投資家にとって、個々の投資には金銭的リターンが伴う。ポートフォリオ全体を見たそれらの総合がポートフォリオレベル・リターンである。

保証
Guarantee
いうなればアパートの賃貸契約書に友人か親族を頼って連帯保証人になってもらうようなもの。あなたがこれまでに家賃を払った実績のない若者だとしたら、大家さんはあなたに家を貸したがらないかもしれない。あなたに支払能力があるかどうかわからないからだ。しかしあなたよりも信用履歴のある人が出てきて、もしあなたに払えない場合は自分が払うと約束してくれれば、大家さんのリスク感は小さくなる。あなたのデット〔借入〕に保証人を獲得することには基本的に貸し手にとって同様のリスク緩和効果があり、あなたが借入資本にアクセスしたり借入の金利を大きく下げたりするのに役立つ。問題は、しっかりした評判があるか、あなたに代わってそのための現金を用意してくれる保証人がいなければならないことである。

保証を設定する方法は2つある。保証人が貸し手がアクセスできる口座に全額もしくは金額の一部を振り込む「資金提供あり」（スコール財団が非営利団体ライダーズ・フォー・ヘルス〔第14章〕のために行ったように）と、融資が保証されているという誓約に近い「資金提供なし」である。

保証人
Guarantor
借り手が債務不履行に陥った場合に債務の返済を約束する人。保証人は自分の資産を融資の担保に入れる。

補助金
Subsidies
通常は政府からの給付または減税という形で、組織の生産コストを下げるために提供されるお金。ある顧客集団に割安な価格で製品やサービスを販売できるよう、別の顧客集団に割高な価格で販売する（一般的にはニーズに基づいて）内部相互補助（cross-subsidization）の形を取る場合もある。

ポスト・レベニュー
Post-revenue
経常売上高ないし経常収益のある企業。レベニュー・ポジティブともいう。

マイクロファイナンス機関
Microfinance institution
低所得の個人や零細もしくは中小企業に小口の金融サービスや保険商品を提供することを主な業務とする正規の機関。

マイクロファイナンス融資
Microfinance loan
従来の銀行を利用できない借り手に提供する小口の融資。

マイルストーン
Milestone
あらかじめ定められた目標ないしターゲット。財務上のもの（売上Xドル）、社会的なもの（女性の雇用人数）、あるいは環境的なもの（Xメガワット分の太陽光発電機を設置）でもよい。

マネジメント・バイアウト
Management buy-out
会社の経営陣が自分たちが経営する企業の資産と事業を買い取る取引。

満期
Maturity Date
債務の総額が返済され（または）株が償還されることが期待される日。

ミッション・エンベデッドネス
Mission embeddedness
会社にあなたの社会的・環境的なミッションがどれだけ深く埋め込まれているかをいう。ミッション・エンベデッドネスの度合いが高い会社であれば、あなたは自分のミッションを定款で明確に述べている可能性が高い。なぜならそれが創業理由、製品とサービスの内容、提供する相手の主要部分をなしているからだ。

ミッション・ステートメント
Mission statement
会社、組織、あるいは個人の目的と価値観を正式にまとめたもの（『オックスフォード英語辞典』）。

ミッション・ドリフト
Mission drift
自社の社会的・環境的ミッションから逸脱してしまうこと。

ミッション関連投資
Mission-related investment (MRI)
MRI は法律用語ではないが、ミッションとの合致を投資の意思決定プロセスに組み入れる投資をいう。インパクト投資は MRI と互換的に使われることが多い。MRI は財団全体の運用資産と投資戦略の構成要素であり、財団の投資活動に一般的に適用される州および連邦政府のプルーデンス要件に従わなければならない。

ミッションロック
Mission lock
会社設立文書や出資契約書において、契約上であなたのミッションを守ること。

ミッシング・ミドル
Missing middle
ビジネス用語では、大口投資家には小さすぎ、小口投資家には大きすぎる会社を指す。

ミニ債券
Mini-Bond
投資家がある会社に投資して一定期間にわたって確定リターンを受け取り、決められた期間の最後に当初の投資金額が戻ってくるデット〔融資〕。ミニ債券では企業に直接融資ができる[7]。

用語解説 | 369

無担保付融資
Unsecured Debt
担保の裏付けがなく、そのためリスク度の高い融資。

無利子融資
Interest-free loan
元本残高のみ返済しなければならない金利ゼロの融資。

メザニン・デット
Mezzanine Debt
固定金利付きで返済され、ワラントや利益分配（キャッシュ）などのキッカーを通じたアップサイドがある融資。

メザニン・ファイナンス（略して「メズ」）
Mezzanine financing
デット〔借入〕とエクイティ〔株式〕の要素を組み合わせて、純然たるデット〔借入〕とエクイティ〔株式〕よりも柔軟性の高い資金調達を実現する。メザニン資金提供者には、ベンチャーキャピタル資金提供者（ベンチャーデット）の存在など、別の形のリスク評価を考慮する意欲がある。また、完全に無担保の融資をする意思もある。アーリーステージの会社に資金提供したり、他の資金提供者に劣後する立場を選んだりするという追加的なリスクを取るため、メザニン資金提供者は担保付融資の資金提供者よりも高いリターンを求める。そのようなリターンは固定金利およびキッカーという形をとった何がしかのアップサイドの機会から生じる。

メンターシップ
Mentorship
エクイティ投資家は被資金提供者の企業に深く関与し、メンターシップと貴重な人脈を提供するつもりがある。エクイティ投資においては資金提供者と被資金提供者ともに企業を成長させる意欲がある。

約定返済または義務的返済
Scheduled or mandatory payments
決められた期間に予定された、または投資家の要請を受けての支払。ストラクチャードイグジットにおいては、収益の3％相当額を四半期ごとに返済することを意味する場合がある。

友人、家族、「愚か者（Fools）」（3Fs）
Friends, Family and 'Fools' (the 3Fs)
一般的に、スタートアップへの投資として創業家が最初に頼る人々。（一般的には「Founder(自分)」、「Family(家族)」、「Friends (友人)」を 3Fs という）

猶予期間
Grace Period
借り手に短期間、返済の遅延を認める期間。

ユニコーン
Unicorn
ベンチャーキャピタル業界で、10億ドル以上の価値がある未上場のスタートアップを指して使われる言葉。

預金口座コントロール契約（DACA）
Deposit Account Control Agreement
債務者と貸し手と預金口座のある銀行が、債務者の同意がなくても預金口座内の資金の用途について貸し手の指示に銀行が従うことで同意した契約。

ライセンス収入
Licensing income
製品、サービス、ないしブランドの権利を許可することによって得た収入。

ラウンドを主導する
Lead the round
投資家が取引のリード投資家である場合をいう。これは通常、デューデリジェンスおよびタームシートと法律文書の起草を担当することを意味する。また、取引において投資家集団の中で最大額を出資する場合もある。

ランウェイ
Runway
会社の資金がなくなるまで経営を維持できる期間。手元資金の額とバーンレートの大きさに依存する。

利益分配
Profit share
会社の利益を分配する契約。

リスク／リターン
Risk/Return
リスクが大きいほどリターンが大きいことを示唆する計算。

リスク資本
Risk Capital
ハイリスクで見返りが大きい投資に配分された資金。

リスク調整後リターン
Risk-adjusted financial return

投資リスクとアップサイド予想の評価を基に期待されるリターン。

利息
Interest

ほぼすべての債務には利息がつき、借り手になんらかの利息支払を求める。一般的に、利息の支払は定期的に（月ごとに）求められ、元金（借りた元々の金額）のパーセンテージで計算され、国の金利とリンクされることもある。

利払い前・税引き前・減価償却前利益（EBITDA）
Earnings before tax, amortization and depreciation

会社の財務業績と現在の事業収益性の総合的な評価指標。
EBITDA ＝ 純利益＋支払利息＋税＋有形固定資産の減価償却費＋無形固定資産の償却費

リミテッド・パートナー（LP）
Limited Partners (LPs)

ファンドや企業に日常業務上の役割を持たない投資家。ほとんどのベンチャーキャピタル・ファンドとプライベート・エクイティ・ファンドは投資家を LP とする構造になっている。ベンチャーキャピタル・ファンドとプライベート・エクイティ・ファンドは LP の代理として資産を管理するジェネラル・パートナー（GP）である。

リミテッド・ライフ・ファンド
Limited life fund

特定の日までにファンドマネージャーが LP に資本を返還しなければならないファンド。

流通チャネル
Distribution Channels

企業が専有チャネルまたは共有チャネルを通じて製品やサービスを流通させる方法。

流動性
Liquidity

投資が流動的であるとは簡単にキャッシュに転換できるという意味。つまり流動性とは投資をキャッシュに転換できることを意味する。

流動性イベント
Liquidity event

買収、合併、IPO など、創業者と投資家が会社の株式を現金化できるイベント。契約上は倒産も流動性イベントと考えられるが、一般的にイグジットについて話し合われる場合に倒産は想定されていない。

流動性プレミアム
Liquidity premium

ある投資に長期間固定される資本は一般的に、いつでも引き出せたり返済期間が短かったりする資本よりも高額になる。これを流動性プレミアムという。

流動性リスク
Liquidity risk

資金提供者が必要なときに資金を引き出せないリスク。

購入型クラウドファンディング
Rewards-based crowdfunding

後で商品やサービスなど非金銭的な見返りを得ることを期待して、個人がプロジェクトや事業に寄付金を出す。

リングフェンス
Ring Fence

資産または資金調達を切り離して別扱いすること。資金提供者または創業者は特定の使途のために資本をリングフェンスできる。

レベニュー・ベースド・ファイナンス（RBF）
Revenue-based financing (RBF)

将来の収益またはキャッシュフローの一定割合として返済される融資。レベニューシェア・アグリーメントともいう。

労働者オーナー参加プロセス
Worker-owner participatory processes

代表民主制（Representative democracy）とも呼ばれる。労働者オーナーたちが共同で意思決定を行う。

労働者協同組合
Worker co-ops

従業員が所有し経営する企業。従業員所有企業（Employee owned enterprise）ともいう。

労働者協同組合への移行
Worker co-op transition

マネジメント・バイアウトに似ているが、少数の主要な管理職が企業を買い取るのではなく、大半のまたはすべての従業員が平等な所有権を提供され、利益分配に参加する機会が持てる。このような所有者を労働者オーナー（worker-owners）と呼ぶ。

ワラント
Warrants

資金提供者が将来株式を買える契約。一般的にメザニン・デット契約に付帯し、債務提供者が会社の将来的な成長に参加できる、つまりアップサイドを得られるようにしている。新株予約権証券ともいう。

割引率
Discount Rate

計算に適用される割引。本書では、将来の取引に適用される割引、つまりSAFEの投資家がシリーズAの投資家より1株当たりどれだけ安い価格で買えるかをいう。割引率が40％ならSAFEの投資家は1株当たりシリーズAの投資家の購入株価の60％を支払う。

---

1) https://www.galidata.org/accelerators/.
2) https://thegiin.org/impact-investing/.
3) https://www.cgdev.org/topics/development-impact-bonds.
4) https://www.informdirect.co.uk/company-formation/community-interest-company-cic-advantages-disadvantanges/#:%7e:text%3dA%20community%20interest%20company%20(or%2cmake%20a%20profit%20for%20shareholders.
5) https://www.worldbank.org/en/programs/reach.
6) https://nonprofithub.org/starting-a-nonprofit/jargon-free-guide-l3c/.
7) https://www.syndicateroom.com/alternative-investments/mini-bonds#:~:text=Mini%2Dbonds%20are%20a%20form,lend%20money%20directly%20to%20businesses.

表31-1 本書で取り上げたコンバーティブル契約

名称	転換元と転換先	対象企業	利用者	資金提供者のモチベーション	創業者のモチベーション
コンバーティブル・デット	デット〔融資〕 ↓ エクイティ〔株式〕	営利企業	ベンチャーキャピタリスト、インパクト投資家、個人	その企業の評価額を決める必要なしにごくアーリーステージの企業に資本を投入できる	評価額にコミットする必要なしにリスク資本を利用できる
コンバーティブルRBF	デット〔融資〕 ↓ エクイティ〔株式〕	営利企業	フィンテック企業、特定型ファンド、インパクト投資家	ストラクチャードイグジットを通じて流動性を作り、より包摂的なポートフォリオを構築する	評価額や指数関数的成長にコミットする必要なしにリスク資本を利用できる
償還可能株式	エクイティ〔株式〕 ↓ デット〔融資〕	営利企業	特定型ファンド、インパクト投資家	ストラクチャードイグジットを通じて流動性を作り、より包摂的なポートフォリオを構築する	リスク資本を利用しても会社の所有権を維持する明確な道筋がある
回収可能な助成金	助成金 ↓ デット〔融資〕	営利企業または非営利団体	非営利事業体：財団、寄付者助言基金（DAF）	資本を回収して別の助成対象組織に再投資する	タイミングのよいつなぎ資金、低リスクのPOC資金、転貸融資したり信用履歴を作ったりするための柔軟な資本を利用できる
返済免除条件付融資	デット〔融資〕 ↓ 助成金	非営利団体または営利企業	非営利または営利事業体：財団、インパクト投資家、個人、政府	社会的マイルストーンを使って組織に報酬を与える、あるいは財務上のマイルストーンを使って資本を再投資する	インセンティブを社会的マイルストーンの達成に合致させたデット資金を利用できる、あるいは財務業績が低かった場合に融通が利く
株式買い戻し	エクイティ〔株式〕 ↓ 助成金	営利企業	インパクト投資家、財団、寄付者助言基金（DAF）、個人	資金提供者に追加的な社会的・環境的インパクトを創出するインセンティブを与える	社会的・環境的ミッションの達成に基づいて所有権を買い戻す機会がある
転換権付助成金	助成金 ↓ エクイティ〔株式〕	営利企業	非営利または営利事業体：財団、インパクト投資家、個人、大学	大きなアップサイドの可能性がある、ごくアーリーステージで高インパクトの可能性を秘めた組織に資金提供する	他の方法では得られないかもしれない資金を利用できる

表31-2　投資プロセスの説明

創業者	ステップ	資金提供者
創業者として、あなたは自社に投資することに関心のある資金提供者を見つける必要があります。資金提供者とつながりができたら、最初の話し合いでは自分の事業とどのような会社を作りたいかを説明することになります。	ソーシング	資金提供者として、新しくて面白い企業を見つけるために、あなたは自分の人脈を使ったり、カンファレンスやピッチイベントに参加したり、ソーシャルメディアを見て回ったりと工夫を凝らし、最も良い投資案件をソーシングする必要があります。話し合いの糸口を作るために、申請フォームを用意して創業者に記入してもらうのもよいでしょう。
資金提供者があなたの会社に関心ありと判断したら、あなたとあなたの会社に対してデューデリジェンスのプロセスに入ります。これはあなたの現在の事業、市場、潜在顧客に関するデータの収集です。法的な問題や知的財産（IP）に関わる問題がないかの調査も含まれます。	デューデリジェンス	デューデリジェンスは会社への投資にまつわる機会とリスクを理解するチャンスです。多くの資金提供者は、本格的なデューデリジェンスのプロセスに時間とリソースを使う前に、プレデューデリジェンスの期間を設けて初期段階のチェックを行います。
正式に投資を行うためには、法的合意書にサインする必要があります。デットおよびエクイティ投資の場合、これは資金調達の条件を記述したタームシートから始まります。その後、タームシートを用いて、契約を完了するために必要な法的文書を作成します。第10章で、タームシート上のさまざまな条件を一つひとつ見ていきます。	契約	投資の条件を交渉するためには、テンプレートを準備しておくた弁護士と協力して法的合意書を作成する必要があります。投資に企業の評価を伴う場合は、それもここで行う必要があります。

資金提供の条件
投資期間中の資金提供者の関与の度合いは投資の種類によります。デット〔融資〕資金提供者はエクイティ〔株式〕資金提供者に比べて日常業務への関わりは薄いのがふつうです。

イグジット
エクイティ〔株式〕資金提供者にとって、イグジットとは会社の売却、合併、あるいは公開株式市場への上場（IPOと呼ばれる）のいずれかによって会社への投資が終了することです。デット〔融資〕資金提供者にとっての「イグジット」は融資が返済されるときです（ただし「イグジット」という言葉は通常、エクイティ投資にしか使われません）。

＊上記の手順のうち、一部の活動は順序が多少異なる場合があること、ステップの区切りが必ずしも明確ではないことに注意してください。例えば、投資家は通常、プロセスの早い段階、つまり実際のデューデリジェンスが始まる前に、条件の調査を始めます。

投資プロセスにかかる期間はどれくらいでしょうか。これは投資のタイプ、投資家のタイプ、地理、起業家など多数の要因に左右されるので答えにくい質問です。わずか数日でエクイティ契約を締結できるエンジェル投資家もいれば、デューデリジェンスと契約プロセスに何カ月もかけるエンジェル投資家もいます。第11章で見たように、テクノロジーを活用した資金提供プラットフォームであるVIWALAとゲットヴァンテージは1週間足らずでデット投資を成立させることができましたが、銀行であれば数カ月かかるかもしれません。この大きな但し書きをつけたうえで、エクイティ〔株式〕およびデット〔借入〕による資金調達の基本的なガイドラインをご紹介します。

あなたがエクイティ〔資本金〕による資金調達を行う創業者なら、投資家との最初の話し合いに数週間から数カ月かかると思ってください。相手はデューデリジェンスを始める前にあなたとあなたの会社を知りたいはずだからです。なぜならデューデリジェンスのプロセスには希少な時間とリソースを要するからです。相手が企業価値評価を伴うエクイティ契約を行う商業VC投資家なら、デューデリジェンスプロセスに最低でも1カ月、おそらくはもっとかかると予想できます。また、デューデリジェンスプロセスの間になるでしょうが、タームシートの交渉を行う必要もあります。変更したい条件の数によりますが、このプロセスにはかなりの議論を要する可能性があります。その後、法的文書が完成します。これは弁護士の領域であり、規制当局への書類提出が求められることが多いので、このプロセスにもまた数週間かかると思ってください。

あなたがデット〔借入〕による資金調達をする場合、最大の要素は借入先の機関の種類です。大手金融機関からお金を借りる場合は、融資プロセスはきわめて規格化されていてマニュアル的であることが多いでしょう。要求された情報を提出してから決定の回答があるまでに長く待たされるかもしれません。小規模な融資業者あるいはテクノロジーを活用した融資業者から借りる場合は、融資プロセスがもっと透明性が高く能率的かもしれません。最初からどれくらいの時間がかかるかを教えてくれるはずです。

【著者】
オーニー・パットン・パワー
Aunnie Patton Power

金融・インパクト投資に関する研究者・実践家。オックスフォード大学サイード・ビジネススクール講師、Skoll Centre for Social Entrepreneurship の Entrepreneur in Residence。ケープタウン大学ビジネススクールの非常勤講師、ロンドン・スクール・オブ・エコノミクス客員研究員。女性エンジェル投資家グループ「Dazzle Angels」の創設メンバーでもある。2010年にバンガロールのユニタス・キャピタルでインパクト投資のキャリアをスタートさせ、以来、アフリカ、アジア、ヨーロッパ、北米の新興企業、仲介業者、ファンド、ファミリーオフィス、財団、企業、政府などと協働してきた。

【監訳】
株式会社 Zebras and Company

「Different scale, Different future」をテーマに、誰もが社会課題解決と持続的で健康的な企業経営に挑戦できる「優しく健やかで楽しい社会」を目指し、投資と経営支援を行う。投資・経営支援、行政や金融企業との連携、「ゼブラ企業」に関するリサーチと情報発信を通してゼブラ的経営を体系化し、「ゼブラ企業」という概念が全ての企業にインストールされる世界を目指す。

【翻訳】
月谷真紀
Maki Tsukitani

翻訳者。主な訳書に、スコット・パタースン『カオスの帝王──惨事から巨万の利益を生み出すウォール街の覇者たち』(東洋経済新報社)、デヴィッド・オーターほか『The Work of the Future ── AI 時代の「よい仕事」を創る』(慶應義塾大学出版会)、ピーター・エルボウ『自分の「声」で書く技術──自己検閲をはずし、響く言葉を仲間と見つける』(英治出版) などがある。

日本語版の補足解説のウェブサイト
https://www.adventurefinance.help
日本の事例や用語集など、本書の理解に役立つ情報を載せています。ご活用ください！

[英治出版からのお知らせ]

本書に関するご意見・ご感想を E-mail (editor@eijipress.co.jp) で受け付けています。
また、英治出版ではメールマガジン、Web メディア、SNS で新刊情報や書籍に関する記事、イベント情報などを配信しております。ぜひ一度、アクセスしてみてください。

メールマガジン：会員登録はホームページにて
Web メディア「英治出版オンライン」：eijionline.com
X / Facebook / Instagram：eijipress

ファイナンスをめぐる冒険

組織のパーパスに適した資金調達はどうすればできるのか

発行日	2024 年 12 月 4 日　第 1 版　第 1 刷
著者	オーニー・パットン・パワー
訳者	月谷真紀（つきたに・まき）
監訳	Zebras and Company（ゼブラアンドカンパニー）
発行人	高野達成
発行	英治出版株式会社
	〒150-0022 東京都渋谷区恵比寿南 1-9-12 ピトレスクビル 4F
	電話　03-5773-0193　　FAX　03-5773-0194
	www.eijipress.co.jp
プロデューサー	石﨑優木
スタッフ	原田英治　藤竹賢一郎　山下智也　鈴木美穂　下田理　田中三枝
	平野貴裕　上村悠也　桑江リリー　渡邉吏佐子　中西さおり
	関紀子　齋藤さくら　荒金真美　廣畑達也　太田英里　清水希来々
印刷・製本	中央精版印刷株式会社
校正	株式会社ヴェリタ
装丁	竹内雄二

Copyright © 2024 Maki Tsukitani, Zebras and Company
ISBN978-4-86276-339-6　C0033　Printed in Japan

本書の無断複写（コピー）は、著作権法上の例外を除き、著作権侵害となります。
乱丁・落丁本は着払いにてお送りください。お取り替えいたします。